本丛书受文化名家暨"四个一批"人才工程项目资助

电视论丛

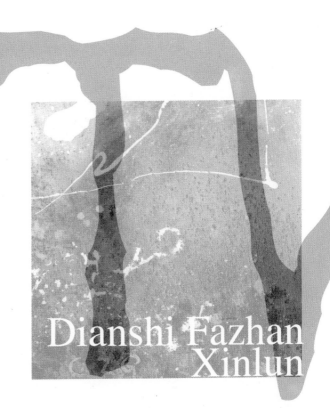

Dianshi Fazhan
Xinlun

电视发展新论

胡智锋等 著

中国社会科学出版社

图书在版编目(CIP)数据

电视发展新论/胡智锋等著. —北京：中国社会科学出版社，2016.1
（电视论丛）
ISBN 978 - 7 - 5161 - 6755 - 7

Ⅰ.①电…　Ⅱ.①胡…　Ⅲ.①电视文化—发展—研究—中国
Ⅳ.①G229.2

中国版本图书馆 CIP 数据核字（2015）第 182440 号

出 版 人	赵剑英
选题策划	刘　艳
责任编辑	刘　艳
责任校对	陈　晨
责任印制	戴　宽

出　　　版	中国社会科学出版社
社　　　址	北京鼓楼西大街甲 158 号
邮　　　编	100720
网　　　址	http://www.csspw.cn
发 行 部	010 - 84083685
门 市 部	010 - 84029450
经　　　销	新华书店及其他书店

印刷装订	三河市君旺印务有限公司
版　　　次	2016 年 1 月第 1 版
印　　　次	2016 年 1 月第 1 次印刷

开　　　本	710×1000　1/16
印　　　张	16
插　　　页	2
字　　　数	291 千字
定　　　价	59.00 元

总　序

　　多年来电视作为傲然群雄的最具影响力的大众传媒与艺术样态，以所向披靡之势引来对于它的各种各样的研究。而近年来，我们却不得不面对这样的情形：全球范围的电视普遍关注度下降，收视率下降，收入收益也在下降，与此同时以互联网为标志的新媒体则以燎原之势迅疾占据了社会的各个领域，成为当之无愧的时代新宠。对此，人们不无感伤乃至绝望地发出"电视将死"的悲鸣！

　　而就算电视的研究，这些年来研究者们也更多选取热闹的电视产业、市场、运营等领域，关于电视艺术与文化的关注已经相对稀缺，更何况是电视艺术、文化的基础性理论研究，自然就更少人愿意问津了！对此，不少研究者不无奚落地发出"理论无用"的呼声！

　　在这样的情境下，本人决意编纂推出这套"电视论丛"，似乎显得相当"不合时宜"也"不合时尚"！试想，如果按照"电视将死"的思路，我们应当赶紧拥抱新媒体，何苦回望过气的电视呢！如果按照"理论无用"的判断，我们应当迅速贴近产业市场前沿，何苦纠结传统的艺术文化呢！

　　诚然，与时俱进地瞄准正在热运行的媒体发展新动向，不仅是无可厚非的也是相当重要的，学术研究不能只顾闭门造车，应当关注时代与现实新的脉动，做"合时宜""合时尚"的研究。但这并不意味着对于"过气"对象的研究就"不合时宜"，对于非热点的领域的理论探讨就"不合时尚"，恰恰相反，越是"过气"，越能够相对冷静地予以观察；越是"无用"，越能够相对理性的予以深思。正是秉着这样的理念，我和我的研究团队坚持把这套"电视论丛"整理出来！

　　之所以名之为"电视论丛"，一是聚焦对象为"电视"，二是皆为"理论"性研究，三是按照艺术、文化、发展三个领域方面展开，初步形成了既相互不同又相互呼应的研究状态，成为有内在联系的"丛"书。

编纂本套"电视论丛"的各部著作，我考虑应当体现以下四个结合：

第一，本土化与国际化的结合。作为媒介与艺术形式，电视有全球通行的技术、艺术创作与制作规律与规则，也有相近的形态与方法。但作为植根于特定文化土壤中的传媒与艺术形式，不同国家、地区的电视一定会在各自的环境中，形成特有的体制、机制、内容、功能、价值等。因此，按照欧美发达国家地区的电视模式来衡量评价其他国家地区的电视，或只封闭地按照特定国家地区电视的特殊情形做整体判断而忽略国际发达国家地区成熟的电视经验，都是偏颇乃至偏执的。我历来主张电视研究既要植根深厚的民族文化土壤，立足现实国情，又要打开视野，以全球眼光审视观察，这就是"本土化"与"国际化"的结合，只有这样，我们的研究才能更到位。

第二，理论与实践的结合。电视研究自然应当有理论追求，这就是逻辑性、学理性、系统性的追求，不是简单的点评与表象的描述，而是深入地揭示具有稳定性、独特性、规律性的特征，进而提炼出具有更具概括性的概念、范畴，并形成各概念、范畴相互呼应、符合逻辑与学理要求的系统化演绎与表述。电视研究同时也应当基于鲜活生动的电视实践，应当在这些电视实践的经验基础上进行理性思考与提炼。只有将理论与实践有机结合，这样的理论才更扎实更有效。

第三，宏观与微观的结合。电视研究既关联政治、经济、社会、文化、生态等大的宏观的环境与语境，又关联技术、技艺、方法、手段等微观的细节与状态。只有将二者结合起来，这样的研究才能更具说服力。

第四，传承与创新的结合。我们的电视研究应当基于中外已有的电视及相关研究的历史传承，同时也要依据电视发展实际及未来发展的可能性，做大胆的理论假设与推进。传承当然也包括研究者自身已有研究的充分积累，创新更是离不开传承的前提。只有二者有机结合，电视理论才更具厚度与活力。

沿着这"四个结合"的思路，我和研究团队整理出关于电视艺术、电视文化、电视发展的三部"新论"。之所以说"新"，一是体系新。如关于电视文化，将生态、角色、政策、创新、传播整合在一起，这种表述体系应当是首次。二是概念新。如关于电视艺术，既有真实性等传统概念（当然也有对"真实性"的全新阐释），也有创意性、规制性、连续性、仪式性、戏剧性等全新概念集中推出。三是视角新。如生态、规制等视角以往研究中尚不多见。

我们希望这套"电视论丛"的推出，对于电视理论建设，电视实践运行和与电视相关的学科建设都能有些启发、借鉴或推进作用。电视理论的几个构成部分中，应用研究最活跃，成果也最丰硕，决策研究也始终得到各方重视，相对来说基础理论研究难度大，进展慢，得到关注支持也相对少，期待这套丛书给相对清冷薄弱的电视基础理论研究添砖加瓦。电视理论研究尽管未必可以直接指导电视实践，但这些研究的理念、思路期待能够给电视实践带来理性的滋养与启示。与电视相关的学科不论是新闻传播学还是广播电视艺术学、传媒艺术学等都在不断面临定位、内涵等新的调整与整合中，期待这套丛书的研究内容（不少也是跨学科、跨领域的研究）能给相关学科也能带去有益的参考与帮助。

我们正在面临全球化与媒介融合的新环境与新语境，电视研究也必然会与时俱进地延展前行。从这个意义上讲，这套丛书对于以往可谓是"新论"，而对于未来显然还是阶段性的成果。尽管我相信这个阶段性成果自有的意义与价值，但局限与不足也一定不少，欢迎广大读者特别是专业同行对我们的研究批评指正。

是为序。

胡智锋 2015 年 10 月 21 日凌晨于美国波士顿

写在前面

21 世纪以来，中国电视面临着全新的形势，呈现出不同于以往的独特景观。本书以"发展"为切入点，对这一时期尤其是近五六年来中国电视的现状、问题给予了观察、描述与剖析，并对未来走势做出了前瞻性思考。关于"新形势"，主要是偏于宏观的探讨，涉及产业、体制机制、政策、媒介融合、公共服务、文化生态等多个视角。关于"新景观"，主要是对于内容生产走向的描摹，包括节目格局、构成、创新及各类节目的新成果与特点。同时，聚焦于社会影响较大的电视文艺和专业影响较大的电视纪录片，对于它们的"新动向"与"新亮点"予以了揭示与阐释。其中，包括对于一些热播电视剧、电视综艺节目的点评，对于纪录片播出平台建设及特色纪录片创作的评析。

本书秉持理论与实践、历史与现实、宏观与微观相结合等方法，力图为中国电视发展的转型时期提供有材料、有观点、有意义的真实图景。

目　　录

第一章　中国电视发展新形势

第二章　中国电视内容生产新景观

第三章　中国电视文艺新动向

第四章　中国电视纪录片新亮点

第一章

中国电视发展新形势

中国广播影视产业未来发展的
五个重要问题

中国广播影视产业作为文化产业中最具活力和影响力的产业类型，一直在文化产业的发展中扮演着龙头的角色，担负领军的重任。如何看待过去若干年广播影视产业发展的整体状况？如何对它的发展进行评价？中国广播影视产业未来将会面临什么样的情况，又将呈现出什么样的发展态势？本文在对中国广播影视产业发展现状进行评价的基础上，探讨其未来发展的五个重要问题。

一 中国广播影视产业发展的现状

谈到中国广播影视产业的现状，就不能不提中国文化产业的现状问题。关于文化产业，民间有很多笑谈。有的认为文化产业并没有真正增加产业的能力，只是在做表面文章，甚至是一个带有骗术色彩的领域；还有的认为所谓文化产业就是"政府要政绩，商人要地皮，专家要课题"。不可否认，在过去的几年间，我们国家从上到下都形成了对文化产业的狂热推动，各地出现了文化产业狂飙突进的发展态势。政府的强力推动，企业的热衷支持，还有某些科研机构和高校"专家"的盲目跟进，都可能导致公众产生"文化产业虚火过旺"的感受。那么，我们应当如何评价上述情况，进而如何看待中国广播影视产业目前的格局呢？

笔者认为，从整体格局来看，中国广播影视产业大体上有四种类型。

第一种是有产业，无文化。最典型的就是打着文化产业的旗号，圈地建设所谓的文化产业园区。这些园区实质上是在经营房地产，或者从事一些其他的商业交易和贸易，基本没有什么文化可言。这是近年来打着文化产业的旗号，不做文化内容产品的典型类型。

第二种是无产业，无文化。就是既没有产业内容，也没有文化内容，基本上是皮包公司，属空手套白狼的类型。

第三种是有文化，无产业。主要指小规模，做小生意的小作坊，比如一些广播影视制作公司，有的做点广播节目，有的做点 DJ 经营，还有的做点影视节目，等等。这些小公司基本上都是小本经营，既没有能力获得比较大的投资，也没有能力形成比较强势的产业。虽然从内容产品上说有一点文化追求，但是无法形成产业规模。

第四种是有产业，有文化。主要指既具有相当的产业规模也产生相当的文化影响的广播影视机构，比如华谊兄弟传媒集团、光线传媒、海润影视等，它们既有文化追求，也形成了一定的产业规模。

总体来看，在中国广播影视产业的发展历程中，前三种类型占的比重更大，真正有文化、有产业的最后一种类型，不论是从数量上还是从质量上来看，远远不能占据主导地位，中国广播影视产业发展的困境大抵也是出于这个原因。

二 对中国广播影视产业发展的评价

笔者用四句话来评价中国广播影视产业发展的整体状况。

一是势在必然。不论是文化产业，还是广播影视产业的发展趋势都不是无源之水，而是全球经济产业转型的必然结果。从历史上看，每一次资本主义的经济危机，常常都伴随着新兴产业类型尤其是文化产业的崛起。例如：20 世纪二三十年代，美国的经济危机导致了好莱坞崛起；20 世纪70 年代，全球经济危机导致了日本影视剧和动画的崛起；20 世纪90 年代后期，全球经济危机导致了以韩国影视剧为代表的"韩流"崛起。近几年，新一轮经济危机冲击全球，文化产业再次成为人们首选的经济类型，这其中包含着历史的必然性。经济危机导致的一个最大问题就是能源的短缺，而文化产业是低能源占有的产业，因此每一次的经济危机都会直接促使低能耗、低能源占有和高智慧、高科技含量的文化产业的崛起。中国发展文化产业的决定，依据的是世界经济发展规律，是势在必然的。

二是决策正确。从党的十六大到十七届六中全会，中央做出了关于文化大发展大繁荣的决定，颁布了促进文化产业和广播影视产业发展的一系列文件，制定了一系列有关广播电影、电视剧、动画等产业发展的重大决策。全国20多个省、市、自治区将文化产业作为支柱产业，特别是北京市政府在有关支持文化创意产业发展的决策中，贴补100亿元人民币发展首都文化产业。尽管各地的决策不排除一些盲目判断和跟风行为，但笔者认为这些决策总体是正确的。

三是基础薄弱。过去中国广播影视产业更多的是作为公益性文化事业来经营，比如我们的广播电视是免费收听、收看的，缺乏市场运作的历练。尽管电影以市场化模式运作，但是由于产业链不成熟，无法在竞争环境中对文化产业发展起到支撑性作用。一部美国大片的票房，可能比我国全年国产电影的票房还要高；全国出版集团的收入也比不上美国一家出版集团的收入；我国广播电视全行业年收入也抵不过某家国际传媒巨头的一年经营收益。历史的原因导致中国广播影视产业的发展基础和产业链各个环节都相对薄弱。

四是良莠不齐。在上一轮文化产业大发展浪潮中，广播影视产业在投资、生产和运营领域出现了鱼龙混杂、良莠不齐的问题。一方面，有一些机构按照产业发展的规律来办事，按照发展文化的目标来推动；另一方面，有一些机构、组织和个人借发展文化产业之名，行忽悠欺骗之实，给广播影视产业的声誉带来了比较严重的负面影响。

三　中国广播影视产业未来发展的五个重要问题

基于以上对于中国广播影视产业目前格局的描述和评价，笔者认为未来中国广播影视产业发展任重道远。其中，有五个重要问题需要我们思考。这五个问题分别是：政策导向问题，着力点问题，发展方向问题，发展结构问题，支撑性因素问题。

第一，政策导向问题。如果说之前我国政府在发展广播影视产业方面制定的政策更多倾向于产业自身的建构，那么今后一段时间，我判断我们国家的政策将更多倾向于提供公共文化服务，或者说公共文化服务的比重在整个社会的文化发展当中会得到较大的提升。

文化产业和公共文化服务如同整个文化发展的两翼，应均衡发展，不可偏废。过去一段时间，我们在文化政策上过多强调了发展文化产业，直接导致了商业性热潮。按照政策导向设置的规律，为了维持一个社会文化建设的基本平衡，如果文化产业过热，必定要用另外一个政策去平衡。所以笔者判断未来几年，中国广播影视业在发展产业的同时，提供公共文化服务的力度可能会加强。一方面，广播、电视、电影要继续面向市场，做大做强。另一方面，在发展文化产业的进程中，一定要让更多的老百姓感受到文化的存在，享受到公共文化服务带来的利益。如果普通公众没有感受到自己获得的文化服务，只感受到票价在上涨，收视费在上涨，不但不符合社会发展平衡的规律，更不符合中国特色社会主义的原则性要求。

目前，广播影视产业在提供公共文化服务方面，已经取得了一定成效。在浙江、福建、广东等地区，当遭遇台风或者雪灾的时候，赈灾中的应急广播配备发挥了巨大作用；在浙江，从提出"村村通"到号召"户户响"，不但保证电视通到每个村落，还保证户户都有广播的声音；在边远农村和甘肃等西部地区，电影下乡将企业、社会团体、城市居民和农民联系在了一起，共同参与，共同分摊，令电影公共文化得以普及；西新工程将广播电视覆盖到新疆、西藏等少数民族聚居地区，不但给地域辽阔、地形复杂、民族众多的西部少数民族聚居地区居民带来了实惠，也在与"疆独"、"藏独"，以及西方国家反华言论和分裂中国势力的意识形态博弈中发挥了重要作用。不可否认，与欧美发达国家在公共文化服务的均等化、普惠性、便利性等领域的长期关注相比，中国广播影视产业在公共文化服务方面还有很大推进空间。在今后，除了要继续拓展产业本身以外，提供公共文化服务将成为广播影视领域全新和重大的政策导向。中国广播影视产业要抓住这个机遇，有所作为，一方面发展产业；另一方面也要思考如何为老百姓提供更好的公共文化服务，将产业所得利益回馈社会，与百姓分享，反过来也能更好地推进产业的发展。

第二，着力点问题。笔者认为强化创新是广播影视产业未来发展的着力点。创新包括内容的创新、形式的创新、技术的创新和艺术的创新。没有创新，广播影视产业不可能有未来。笔者曾经对中国电视的创新做过一个概括，认为中国电视的创新有四个"媚"：媚洋、媚俗、媚雅、媚利。同时，也指出了中国电视的创新为什么很难推进，是因为存在四种风险：政治风险、社会风险、艺术风险和市场风险（后文有详细阐释）。在广播影视产业的发展中，现实利益的纠葛和市场风险的存在是常态，中外概莫能外。但是从全球的成功经验来看，如果因为害怕风险就秉持犬儒主义思想，放弃创新，做出保守的选择，必将碌碌无为。以电影《泰坦尼克号》为例，卡梅隆的团队是在对内容、类型、剧情、角色，甚至演员选择上做了几年的大型调研的基础上，才做出了精准的市场定位，这是创新的必由之路。他的《阿凡达》同样十年磨一剑，通过对3D技术的创新性运用造就了全新的观影效果，取得了巨大的商业成功，也推动了整个电影世界的3D热潮。所有的成功都来自潜心创新，中国广播影视产业如果想有作为就必须在创新方面下更大投入，方能跟进、超越甚至引领全球影视产业的前沿和潮流。

第三，发展方向问题。任何产业都以经济效益为第一追求，无可厚非，但同时我们要看到广播影视产业的特殊性。广播影视产业不但具有商业属性，更重要的是具有意识形态属性和文化属性，需要担当重要的社会责任和文化责任。在塑造国家和民族形象，传播整体文化软实力领域，它可以产生巨大影响，因此我们必须要明确广播影视产业的发展方向。

在相当长的一个阶段，我们有很多专家主张全盘西化，以与国际接轨和遵循国际惯例为名，把全球化当作产业发展的首要选择，没有看到所谓的全球化其实意味着美国化。一味提倡全球化的发展方向不仅是错误的，而且是危险的。

我们不是狭隘的民族主义者和文化保守主义者，我们也不应简单封闭文化环境做产业，但是必须认识到广播影视产业作为文化产业的一个重要构成部分，其价值首先在于文化自身，没有雄厚的民族文化核心价值的支撑，产业不可能走远，也不可能长久。因此，对民族文化资源的保护、传承和开发应当成为我国广播影视产业发展极为重要的方向性问题。

在好莱坞，由于美国自身文化历史的短暂和文化积累的有限，其电影的主题常常是非历史的、面向未来的科幻片或者是面向当代生活的情感片、伦理片。当电影的主题涉及历史、文化的内容，就需要从文化底蕴更为深厚的欧洲去寻找，如斯巴达克斯、希腊、埃及，或者从东方去挖掘。近几年，随着中国经济的快速崛起，好莱坞在自己的电影里不断强化中国元素，以期更好地占领中国市场。从《花木兰》到《功夫熊猫》，发掘的都是中国的文化资源。

美国人在电影生产中，重视中国文化资源，用中国的文化资源赚中国人的钱，而我们自己却对本民族的文化缺乏保护和传承的意识，这确实是我们国家文化产业发展中存在的让人忧心的问题。在影视文化产业的发展方向上，我们更多的是崇洋媚外的心理，一味地把美国式的选择作为我们模仿的对象，不但在电影领域，在广播电视领域这种心理也比比皆是。比如，目前各类电视选秀节目大多是对欧美原版的复制和翻版，忽略了对本民族文化资源的传承、保护和挖掘。笔者认为未来在中国广播影视产业的发展方向上，必须坚定地走本土化路线，依托中国国情，充分挖掘本民族文化资源，同时吸纳全球的文化资源，打造"中国创造"的广播影视产品。

第四，发展结构问题。中国广播影视产业到底应该有怎样的发展结构，这是一个非常有意义的问题。这个问题跟我国媒体的体制机制关系密切。

由于历史原因，中国特色的广播电视事业体制与产业结构更多是按照行政区划的方式进行设置，形成了从中央到省、地市、县所谓四级办广播电视的体制。这种按照行政区划而不是按照市场有效配置资源的产业结构给广播电视的发展带来了阻碍。在很多不发达或者欠发达地区，一个省级广播电视机构的效益可能还不及东部发达地区一个县级同类机构的收益，尽管前者的行政级别更高。但如果完全按照市场化方式来建构广播电视产业，西部的很多广播电视机构就会被东部兼并，有可能带来意识形态宣传的失控局面。

笔者认为，目前纯粹按照行政区划来设置的产业结构仍然有保留的必要，尽管它对我国广播电视产业的发展存在消极的影响，但是彻底的市场化可能导致更严重的乱局。比如，一个效益高的县级台是不是就可以兼并一个经营不善的省级台呢？

从现阶段理想的产业发展结构来说，笔者的观点是鼓励前沿，适当控制后端，让中间的部分相对自由。比如，在国际化程度高、意识形态宣传上压力相对不大的上海，完全可以在广播电视产业的经营方面率先放开，用成功经验拉动中部地区在产业化探索上往前推进一步。而对于中西部地区，则可以用东部地区产业的收益去作补贴，维护西部广播电视业的基本生存，保证它承担更大的有关国家安全的宣传工作，比如在新疆和西藏地区建构战略屏障，保证政治安全。总之，在广播电视产业发展结构的设置上，必须根据中国的国情需要综合考虑，既要考虑市场因素，也要考虑政治因素。

电影的产业结构与广播电视有所不同。在我国目前的电影产业中，商业大片往往模仿好莱坞，尽管规模大、效益高、票房高，但内容也受制于西方投资方和发行方的约束，所以在文化表达方面，常常显得中国文化含量不充分，甚至出现扭曲的价值取向，给中国文化造成了一定的破坏。文艺片尽管有文化诉求，但投入小，效益不高，缺乏市场影响力。所以，从电影产业结构来说，中国缺的是介于商业大片和文艺小片之间的中等投资规模产品。这类电影投资相对不大，但是产值相对较高；既能激发产业的活力，又能融入适当的文化含量。比如，《云水谣》《致青春》和《泰囧》都是比较成功的尝试。中等投资规模的电影发展起来会对整个电影发展结构带来正向的效应。

第五，支撑性因素问题。支撑性因素问题其实就是人才的问题。在改革开放初期，资金的匮乏是广播影视产业发展的软肋，大陆从香港、台湾吸引了资金来发展广播影视业。在上一个发展阶段，广播影视产业缺乏的是政策环境，于是我国出台了推动产业发展的若干政策。到今天，当资金和政策已不是最迫切的问题时，人才问题日益凸显。在 20 世纪 80 年代，广播影视业曾经人才济济，生产出了一大批广播影视的精品。而今天相比美国、日本和欧洲，我们最欠缺的是广播影视各个方面的领军人才。因此，人才是广播影视产业发展的支撑性因素，这个问题的解决具有战略意义。

中国广播影视产业起步不早但发展迅猛。尽管在全球广播影视产业的竞争中仍属后来者，欠缺经验，也有很多历史的难题需要解决，但作为一个历史悠久、文化资源丰富的国家，一个有着非常庞大的 GDP 支撑、作为全球第二大经济实体的国家，一个拥有全球广播影视体量和规模最大、机构最多的国家，我们有理由相信，随着资金与政策支持的逐渐到位、着力点的明确、发展方向的调整、发展结构的完善以及人才培养的不断跟进，中国广播影视产业的未来有可以期待的广阔前景。

（本文发表于《中国广播》2014 年第 6 期，《新华文摘》2014 年第 17 期转载）

对影视文化创意产业若干问题的思考

　　当代影视文化建设是中国文化创意产业发展与文化大发展大繁荣战略的重要组成部分，也是世界各国加强软实力建设的核心内容。目前，有关影视文化建设与文化创意产业的研究存在两种值得注意的倾向：一是对于文化创意产业的研究过于宽泛，缺乏针对性和具体性；二是对于影视文化建设的研究又过于狭小，缺少宏观的文化观照。当代影视文化建设是在文化创意产业的语境下进行的，这就需要找到一个突破口，既要把文化创意产业研究落到实处，又要跳出传统影视文化研究相对狭小的圈子，将影视文化建设置于文化创意产业这一更为宏观的视域下来审视。这不仅是一个理论问题，更是一个现实问题。同时，中国影视文化建设和文化创意产业发展又是在全球化的语境下展开的，与国际接轨不仅关乎国内产业自身发展问题，也关乎国际竞争力、影响力和传播力问题。目前，关于这一领域也存在值得注意的两种倾向：一是全盘西化，完全套用西方的产业、资本运作等理论、思维方式来处理本土问题；二是以民族化的名义陷于"狭隘的民族主义"，自话自说，甚至自娱自乐，而忽略产业的国际惯例和规则。但实际上，一方面，我们需要融入世界影视文化的大市场中，了解主要发达国家影视文化的发展战略，吸取其经验和教训；另一方面，我们也必须清醒地认识到不能一味地迷信西方，而是要立足于我国的实际，牢牢地把握我国本土市场的需求和国人的喜好，打造自己的品牌，在全世界彰显我们特有的文化资源和禀赋。基于此，笔者提出"影视文化创意产业"这一概念命题，意在将"影视文化建设"与"文化创意产业"予以整合，以避免过于狭小和过于宽泛的倾向，为影视文化建设灌注富有鲜明时代精神的内涵。同时，以"问题"为切入点，从"全球化"与"本土化"的结合上，对其基本要素和研究命题及中国影视文化创意产业发展中的几个基本问题给予观察、分析和探讨。

一 影视文化创意产业的四大要素

文化可以定义为一个传播、再造、体验及探索社会秩序的必要的（而非唯一的）表意系统（signifying system）①。基于此，文化产业可以理解为与社会意义的生产最直接相关的行业，而从实质上讲，这些行业的产品都可以概括为文本（text）。因此，文化产业可以定义为从事文本的创造、生产和流通的行业，主要包括电影业、广播电视业、广告与营销业、网络业、音乐业、印刷与电子出版业、视频及电脑游戏业等核心产业以及体育运动、消费类电子产业、计算机软件业、演艺业和流行时尚、家具设计和家具物品等周边产业②。可见，文化产业的产品是诉诸人类精神需求层面的符号系统，其核心是富有个人色彩的创意，具有规模经济和范围经济的特点。而创意是所有文化产业的源头或灵魂，可以说没有创意就不可能存在任何形式的文化产业，所以英国等欧洲国家把文化产业称为创意产业；美国则从保护个人创造力和满足个体需求的角度将其称为版权产业；中国官方将其统称为文化产业，而北京等城市称之为文化创意产业。

影视文化创意产业横跨电影业、广播电视业、网络业、视频及电脑游戏业和旅游观光业等多个行业，与音乐、印刷与电子出版、时尚等产业又密切相关。可以毫不夸张地说，影视文化创意产业是文化创意产业的龙头产业、核心产业，也是最为活跃和最为复杂的产业。从文本属性上看，相对于书报刊、广播电视新闻等信息性文本而言，影视文化是满足人们艺术享受和娱乐需求的，应该归属艺术性和娱乐性文本，而艺术从文艺复兴运动，特别是19世纪的浪漫主义运动以来，就被普遍地视为人类创意的最高形式。从技术支持上来看，相对于书报刊出版、消费类电子以及家居物品等工艺文化，影视文化更强调技术革新。从产业化运作上讲，影视文化从诞生起就是商品化和市场化的，特别是在美国等西方发达资本主义国家。也就是说，相对于音乐、文艺演出等艺术来说，影视文化从开始就富有商业或经济色彩。由此，影视文化创意产业至少包含创意、艺术、技术

---

① Williams, Raymond. (1981). Culture. London：Fontana. p. 13.

② ［美］大卫·赫斯蒙德夫：《文化产业》，张菲娜译，中国人民大学出版社2007年版，第13—14页。

和产业四大要素。

（一）创意

创意是影视文化创意产业的首要和核心问题，同时也是一个广为应用、极为复杂、富有多义性、不断变化，甚至满是矛盾的概念。

一是从创意的缘起来看，创意的源头和本质是人的创造力。大多创意都是源于富有个人化的、奇妙的、超验性的、非理性的理念和想法，而且往往是独特的，不具有普遍推广性，又深受特定的社会、历史和政治环境的影响。其关键在于把理念、想法或灵感和常规、自觉和人为的表达符号整合成富有创造性的行为[1]，这个整合过程是难以言说的，关乎人的原创力，甚至有神授之感。

二是从创意表达或生产的角度来看，创意具有独创性。创意常常被解释为那些具有个人色彩、偶然性的想法和灵感的表达，所谓"电光石火，稍纵即逝""羚羊挂角，无迹可求"，其神秘性、天赋性似乎是与生俱来的。而随着大工业化时代的来临，社会分工和协作越来越细密和紧密，创意的个体性和神秘性变得似乎不再那么举足轻重，而是强调协作和复杂的劳动分工与标准化，美国学者霍华德·贝克（Howard Becker）和查理德·彼得森（Richard Peterson）等文化社会学家就持这样的看法[2]。早期有关影视文化的创意同样被普遍认为是导演和创作者的个人特质在起着决定性作用，一部影片或电视剧的创意往往源于剧本创作者和导演的个人禀赋和才华，这种看法在20世纪60年代前一直居于主导地位，也就是影视文化历史上所称的作者论。而随着影视的产业化，影视创意的创作和生产不仅仅只有个人生产方式，更多的是集体方式，这不仅包括作品制作时导演、制作者等多人合作的创意，还包括作品在流通展示过程中受众的再创造，这两者之间互动与张力会影响原创意，带来更新的创意和灵感。比如，现在的一些影视剧根据观众的想法来改变原创意，有的甚至是制作团队与观众互动中产生的创意。而且形成了类型化和模式化运作方式，像其

① Negus, Keith and Pickering, Michael. (2004). Creativity, Communication and Cultural Value. SAGE Publications. pp. 5 - 6.

② Becker, Howard. (1982), *Arts Worlds*. Berkeley and London: University of California Press. Peterson, Richard A. (1976). (ed.). The Production of Culture. Beverley Hills. CA: SAGE. pp. 7 - 22.

他商业一样的标准化生产成为影视创意表达的一种惯例。从另一角度来看，任何独创都离不开其环境的影响，也就是说影视创意或生产是一个社会化的过程，会受到组织结构和人员、社会劳动分工、各种参与者、明星制度、与组织密切相关的社会团体以及整个产业的影响。正如罗伯特·艾伦在分析电影史时所言，每个电影的制作实践都有一部社会史[①]，影视创意的生产实践同样也是一部社会史。

三是从创意传播的角度来看，理念和想法能否有效传达，也就是创造力对创意的接受问题。这不仅关乎个人或团体的创造力，还涉及技术支持问题。这是因为影视文化的创意与技术革新密切相关，不同于诉诸文字符号的文学艺术等，影视视像语言及其表达本身就有较高的技术含量。即影视创意往往更多地依赖于技术，同时影视技术的发展会促使创造力对创意的接受与有效传达。

四是从产生创意环境的角度来看，凡是创意就需要促使其迸发和转化的社会土壤，保护和尊重个人创造力，提供促使创造力勃发的宽松、自由的环境是创意萌发必不可少的条件。比如，欧美发达国家对知识产权的保护都有很详细的法律条文规定和尊重知识产权的社会共识，这是其影视文化繁荣发展的重要原因之一。即良好的政策环境与有效的制度设计会促进、保护创造力的激发、施展，反之则会成为阻碍或阻滞因素。

（二）艺术

迄今为止，人类已创造了多种艺术样式，包括诗歌、散文、小说等文字形态，音乐、绘画、舞蹈、建筑、雕塑等非文字形态，戏剧、电影、电视等综合形态，而且影视艺术在艺术文化、大众传媒文化和休闲娱乐文化中都居于不可替代的扛鼎地位[②]。在文化创意语境下的影视艺术关乎两个层面的问题。

一是影视艺术的生产力问题。首先是人的想象力与情感问题，任何影视艺术的展现都要靠人的丰富的想象力和情感的充分、恰当表达，然而也常常会有"手中之竹非胸中之竹"的遗憾，这不仅仅涉及创作经验、手

---

① ［美］罗伯特·C. 艾伦、道格拉斯·戈梅里：《电影史：理论与实践》，李迅译，中国电影出版社 2004 年版，第 221 页。

② 胡智锋：《中国影视文化建设三思》，《现代传播》2005 年第 6 期。

段等的运用,特别是掌握与运用技术的能力问题,还关乎对艺术属性的认识问题。进一步讲,创意者的理念、艺术素养和技能等决定着艺术生产力的高低,而这些又会受社会文化环境和时代的影响。比如,造型主义、写实主义对艺术的理解就很不一样,前者强调通过剪辑、抽象化的手段来超越现实,以体现艺术性,而后者则将艺术性与现实紧密关联,不过这两者都认为影视艺术依赖于伟大艺术家的想象力和技能。而接受美学观和文化研究学派则认为影视艺术等的生产力不仅仅是艺术家的杰作,更为重要的是受众、批评家的解读和再创造,是他们赋予了影视艺术以真正的生命力。

二是影视艺术的影响力问题。影视产品不仅仅是艺术品,还是消费品和娱乐产品。从一定程度上讲,影视产品不是纯粹的艺术品、不全是阳春白雪,而是影响面极为广泛、经世致用或下里巴人的艺术品、消费品与娱乐产品的混合体,具有真实性、具象性、假定性、虚幻性交融在一起的特点,而影视艺术则是艺术性与商业性、个人性与大众性复杂交织的产物,是一种复合性文化。因此,影视艺术具有艺术性、教化性、娱乐性、商业性等多重属性,其对社会的影响的双面性也是极为明显的,既有正面的、积极的、健康的和富有建设性的一面,又有负面的、消极的、不良的和破坏性的一面。好的影视文化可以成为影响几代人,甚至塑造国家和整个民族形象的经典文本,负面的影视文化则会造成消费主义、享乐主义、拜金主义等不良风气的流行,关于这一点阿多诺、波德里亚、波兹曼[①]等都有过深刻的反思与批驳。比如,阿多诺就曾批判美国广播音乐节目把音乐变成了日常生活的装饰品,成为体制下的伪快乐的正面艺术(fraudulent happiness of affirmative art),缺乏批判精神[②]。实际上,对于影视艺术,我们批判也好,赞许也罢,重要的是如何发展影视艺术的生产力和建构合理的政策和规制体系,以促使影视艺术创意的繁荣发展、影视文化资源的有效运用,防止那些低俗的、不良的"垃圾"充斥市场,发展高尚的、健康的、丰富的影视艺术产品。值得我们警惕的是,在全球化进程日益推进的今天,消费主义和享乐主义伴随着全球商业化浪潮,在世界范围内畅行

---

① [法]让·鲍德里亚:《消费社会》,刘成富等译,南京大学出版社2006年版;[美]尼尔·波兹曼:《娱乐至死》,章艳译,广西师范大学出版社2004年版。

② [法]阿芒·马特拉、米歇尔·马特拉:《传播学简史》,孙五三译,中国人民大学出版社2008年版,第47页。

无阻，甚至成为一种全球性的新宗教。正如波兹曼所言，我们步入了一个娱乐业时代，娱乐成为电视、电影、教育等的超意识形态，人们沉浸在视听快感的制作与享受之中，而渐渐地舍弃了思想①。凡此种种，使得有关影视文化创意产业的政策和规范问题日益变得更加微妙与复杂，这关乎影视艺术的生产力和影视文化的民族性、多样性、大众性等问题。

（三）技术

影视文化创意产业与技术革新是密切相关的，电影由无声到有声、从黑白到彩色、由胶片到数字等，电视由无线到有线、从模拟到数字、由单向到双向等，影视技术的每一次革新不仅会促使影视文化发生质的飞跃，还会改变人们的视听习惯、思维方式，甚至生活方式。可见，技术是影视文化创意产业的重要支撑力。不过技术对影视文化的影响绝非这样简单，历来对于技术与影视文化及社会的关系的讨论都颇为激烈，技术乐观主义对技术革新高唱赞歌，而悲观主义则聚焦在技术带来的负面影响上。实际上，技术与影视创意、艺术，乃至与社会之间都存在着复杂的互动关系。

首先是技术支撑力与文化多样性的问题。影视文化的技术含量是较高的，特别是在数字技术时代，技术条件成为决定影视作品成功与否的关键因素之一，影视剧中越来越多的虚拟影像极大地提高了创意的表达力、艺术的生产力和影响力，但同时也提高了制作成本和行业门槛，所谓大制作、高风险、高成本成为当代影视产业的一大特点，相对于平面印刷出版文化而言，其技术支持的投入是非常可观的。像好莱坞的一些大片动辄几千万，甚至上亿美元的投入已成为一种常态。这样一来，就会形成全球影视文化市场越来越掌握在少数几家大公司的手中，而中小规模的公司会因成本问题而趋于式微，由此文化的多样性就会受到侵蚀。

其次是技术理性与艺术标准化问题。随着技术在影视文化中的作用越来越大，技术理性就会成为一种凌驾于创意发展和艺术追求之上的统治力量，成为奴役个体的工具，个人的创造力会受制于技术，言语和思想会被简化为缺乏反思和批判精神的工具，由此产生了像马尔库塞所言的单向度

---

① ［美］尼尔·波兹曼：《娱乐至死》，章艳译，广西师范大学出版社2004年版，第109—120页。

的思想和单向度的人①。尽管这样的说法有过激之处，但越来越多的能制作出比现实看上去还要逼真的影视的新技术使得人越来越依赖于技术，使得人们越来越满足于虚拟的技术所打造的世界，由此影视文化也向着创意克隆化、艺术标准化的趋势滑落，而这正是需要在影视文化创意产业建设中防范与认真对待和思考的问题。

再次是技术个性化与审美日常化问题。电视的出现使得文化消费方式发生了转变，形成了以家庭为基础的、个性化的消费方式，而有线网络、卫星、互联网、DV、数字技术等的应用，强化了这种个性化、家庭化的消费方式，这使得审美日常化，曾经神秘的艺术创意和政治生活等的面纱被新技术彻底揭开。具体来说，电视剧将电影梦幻般的消费体验和休闲场景变得日常化、琐碎化，而互联网技术又将影视文化的创意、流通等环节变得更加个人化、自主化和去神圣化，这些问题都是影视文化创意产业中值得深思的问题。其中，互联网、DV 等新技术的个性化和便捷性会在一定程度上滋生伤害创意特别是原创的可能性，从而导致原创力的衰微，这对影视文化建设的损害是致命的。因此，有关的版权保护法与实施措施的建立与完善就显得非常重要。

最后是技术革新与应用推广的政策支持问题。欧美发达国家在 20 世纪 80 年代以来推行的放松规制政策使得大众传媒业、电信业等信息传播文化产业进行了空前的整合，从而促进了数字技术、互联网技术等的发展和应用。而在目前的数字技术革命中，各国已纷纷做出有利于推动数字技术发展的政策安排。比如，英国从 2002 年起将数字技术应用的任务交给了 BBC，推行普惠于所有英国公民的 Free view 模式，并计划在 2012 年实现全英的数字整体转化，并于 2003 年整合了广播电视业和电信业的管理机构，组建了 Ofcom，负责整个信息和娱乐传播业的宏观管理，形成了以影视文化、广播电视等大众传媒文化等为核心的创意产业。而有关影视文化技术的政策安排是有其深厚的价值依据和判断的，比如机顶盒等接收模式和标准的确定等政策安排不仅关乎相关利益集团的博弈问题，更为主要的是关乎社会公平、正义等价值问题，青岛、佛山等整体转换模式的成功实现就是一些很好的例证。

---

① ［美］赫伯特·马尔库塞：《单向度的人：发达工业社会意识形态研究》，刘继译，上海译文出版社 2007 年版。

（四）产业

从历史上看，把文化像其他商品一样进行工业化生产、流通和展示是人类文化生产的最新阶段，此前人类的文化生产还经历过两个时期。早在20世纪80年代，雷蒙德·威廉斯（Raymond Williams）就探讨过这个问题。他认为文化生产经历了三个时代，即从中世纪直到19世纪的资助（patronage）时代、19世纪初以来的市场专业主义（market professional）时代和始于20世纪初的公司专业主义（corporate professional）时代。资助时代的典型特征是诗人、画家和音乐家等文化创意者靠贵族的资助、保护和支持来生存，其创意产品的整个过程都是非商业化、个性色彩极浓，产品用来满足有闲的精英阶层的需求。到市场专业主义时代，文化创意者的作品渐渐地在市场上出售了，出现了专门负责销售的发行中介和负责组织生产的生产中介，比如书商、出版商等，这样一来，市场成为左右创意的风向标，文化生产开始出现更为复杂的劳动分工以及文化创意者的职业化和组织化趋势。而步入公司专业主义时代后，文化创意产品的委托生产变得更为专业化和更有组织性，出现了组织化极高的专业公司，文化创意者成为其雇员。这个时代的典型特点就是文化生产的专业公司化，创意者与市场、消费者并不像前两个时代那样有直接、紧密的关系，而是更多地受公司所左右。此外，文化创意作品的谋利方式增加了广告这一途径，而且广告本身也渐渐地成为一种文化形态。影视也正是诞生和发展于这个时期，因此影视从一开始就带有高度组织化和专业化的产业秉性，特别是在美国等奉行自由资本主义的国家更是如此。而且从20世纪80年代以来，公司专业主义在全球范围内风行，公司经济成为当代世界经济的主要特征。比如，美国时代华纳、迪士尼等大型影视文化跨国公司在国内外和不同行业间整合资源，完善其产业价值链。可见，影视文化生存的产业环境是专业分工更为错综复杂、资本流动更为全球化的公司经济，难怪大卫·赫斯蒙德夫用复杂专业主义（complex professional）①来概括这一时代。而这正是当今乃至未来相当长的一段时间内，世界影视文化生存的最直接的生态环境。在这种全球性的公司专业主义语境下，影视的创意、艺术等问

---

① ［美］大卫·赫斯蒙德夫：《文化产业》，张菲娜译，中国人民大学出版社2007年版，第59—60页。

题都与高度专业化的组织结构、模式和政策安排等有着密切的交互关系。

首先，创意的自主权问题。无论是哪个时代，艺术家、作家、编剧、导演、制片人等创意者都应该能独立地从事创意活动，应该有高度的自主权，唯其如此，才会有内容创作的繁荣。当今西方发达国家影视等文化产业的创意者变得更加团队化和组织化，往往以项目小组的形式出现①。其中，包括编剧、导演等主创人员，录音师、摄像师、舞台监督、页面设计师等技术人员，制片人等创意经理以及所有者和执行者②，这些人员，特别是前三者是创意实现的核心，通常是在较为宽松的控制下从事创作工作，因此项目小组变得越来越小规模化，成为一个个独立的自主的创造基地，以摆脱大公司式的、臃肿的官僚机构的无端挟制，以保证创造环境的自由与富有活力。这是复杂专业主义时代影视文化专业化创意团队的发展趋势，而且随着诸如数字技术、互联网等诉诸个性化的技术的发展和应用，这种趋势会更加强化。也正是基于此，版权保护和对创意团队的报酬问题成为一个非常值得关注的问题，小规模化的创意团队与大的影视文化公司之间常常冲突、斗争和妥协，影视文化公司往往会从利润最大化的角度出发来盘剥创意人员，特别是对那些有一定知名度但名气又不大的创意者（常常被喻为"蓄水池"）更是如此，因此版权法的完善与著作权意识的强化就显得尤为重要。

其次，流通展示问题。虽然创意团队趋于小规模化，不过发行、流通和展示的规模变得越来越大，电影院线、电影电视频道、主题公园等播出展示平台和推广团队等都在不断地拓展、延伸，这符合文化产业的范围经济和规模经济的特点。

再次，集团化与全球化问题。集团化问题与前一点紧密相关，而且发端于美国。20世纪中期影视巨头好莱坞在充分细分化的基础上完成了影视产业的垂直整合，实现了创意、制作与流通的纵向一体化，而到20世纪六七十年代开启了跨行业的水平和垂直整合，石油、矿业、金融、电信等行业开始有计划地并购影视制作室、电视台等，推行产业融合和协作，也就是集团化，出现了像GE、时代华纳等"巨无霸"式的公司。这一方

---

① Ryan, Bill. (1992), *Making Capital from Culture.* Berlin and New York: Walter de Gruyter. pp. 124 – 134.

② ［美］大卫·赫斯蒙德夫：《文化产业》，张菲娜译，中国人民大学出版社2007年版，第61—62页。

面对于资源整合、流通推广、技术革新大有裨益，但另一方面却对丰富多元的创意、影视文化的艺术性形成一定的潜在威胁。与集团化相伴的是全球化问题，美国以其活跃的创意团队、高度专业化水平和雄厚的资本力量，加上政策上的支持和国内休闲市场的成熟，将其影视文化推向全世界，而且迅速居于世界影视产品市场的主导地位。这对各国影视文化的创意与产业的发展无疑有极大的影响，也是目前欧洲、亚洲等地的国家所关注的问题之一。

最后，政策安排问题。步入公司专业主义时代，影视文化的发展与政策安排、制度设计的关系更为密切，这关系到创意环境、技术革新、艺术水准、产业发展、社会公平等问题。

总之，创意、艺术、技术和产业是影视文化创意产业不可或缺的四大要素，思考和研究这四大要素及其关系不仅是建构影视文化创意产业理论的核心问题，也是实践运作的重要问题。

二　影视文化创意产业研究的三大命题

关于影视文化创意产业的研究涉及面极广，笔者认为其中至少有三大基本命题是最为关键的和基本的，具体包括四大要素间的关系、体制和政策以及影视文化传播与社会影响。

（一）四大要素间的关系问题

影视文化创意产业的四大要素间有着相互影响、交织与复杂的关系，其各自的角色分别可以概括为：创意是核心，体现为原动力；艺术是样态，体现为表现力；技术是保障，体现为支撑力；产业是环境，体现为整合力。从产业价值链的角度来看，创意和艺术居于价值链的上游，是影视文化创意产业的内容制作的源泉和产品的本质和样态，这两者的关系更为紧密一些，其个人性和自由度较高。而技术和产业要素主要关系到影视文化创意产业的下游，即产品的包装、流通和展示领域，任何影视技术的推广都需要产业化运作，而影视产业是技术含量极高的产业，影视产品的包装、流通等离不开高新技术的发展和应用。进一步讲，无论是技术和产业相对于前两个因素来说，更为组织化、规模化和工业化，具有很强的非个人性。而有关创意和艺术、技术和产业间的关系，上文已有所阐述，且这些问题在影视艺术和影视文化的研究历史上多有论述，本文着重探讨一下产业要素与其他三者的关系。

最早思考这个问题的是两位流亡美国的德裔犹太哲学家——西奥多·阿多诺和马克思·霍克海默，在他们1947年出版的《启蒙辩证法》一书中用题为"文化工业"一章的篇幅讨论了他们对美国电影、广播音乐节目等文化产品的看法。这两位法兰克福学派的批评家对美国文化产品工业化生产深表忧虑，认为存在着一种把文化视为消费品的全球性潮流，美国电影、广播节目等文化产品具有标准化、系列化和大量复制性的大工业生产的特点，这就把文化降低到仅仅是商品的地位，抹杀了文化应有的批判力，消解了其可能拥有的任何真正体验的痕迹，致使文化的枯竭及其哲学角色和存在意义的堕落[1]。由此，他们创立了文化工业理论。显然，在阿多诺和霍克海默看来，创意、艺术与产业是对立的，产业化的影视会侵害创意和艺术的神圣感和神秘感，即这种基于经济利益和社会控制的产业化会使影视丧失独特性，成为标准化、广普性的大众文化，毫无审美价值可言；而且也会销蚀影视创意的创造力，工业化导致同质化、类型化或刻板印象化。这种看法与其经典欧洲文化和艺术传统背景有关，因为当时欧洲的文化和艺术尚未步入产业化阶段，仍处于纯艺术和精英文化时期。而这种审视影视文化的理念迄今仍有较大影响，这从欧洲特别是欧洲的先锋电影、纯艺术影视等可见一斑，而在反思高度产业化过程中存在的局限性的研究中也可以看到这种观点的影子。从20世纪60年代末，影视创意和艺术、产业和社会之间更加深远地相互影响、更加紧密地相互交织，特别是美国的好莱坞电影产业形成了一整套完善而有效的产业化运作体系，并延伸到电视业，不仅培育了成熟的国内消费市场，而且逐渐雄霸全球视听产品市场，进而形成了一种全球性的影视文化产业化浪潮。基于此，米亚基（Bernard Miege）等法国社会学家反思文化工业理论，把单数的INDUS-TRY变成复数的INDUSTRIES，也就是我们现在所说的文化产业。虽然他们的提法表面上看只是单复数上的差异，但其深层次的内涵却与文化工业理论有很大不同。首先，米亚基等文化产业社会学家更乐观地看待文化产品的商业化趋势，没有将创意、艺术与产业对立起来，认为文化的产业化

---

[1]　［法］阿芒·马特拉、米歇尔·马特拉：《传播学简史》，孙五三译，中国人民大学出版社2008年版，第47页。

会带来更多的创新。其次，米亚基等认为文化的产业化进程不像其他领域那样容易，会是一个充满矛盾和相当复杂的过程。① 可见，影视文化的产业化运作是这种新型文化形态发展的一种现实状态，而且一个无可否认的事实是美国推行的影视业大工业化生产模式使得美国影视文化取得了巨大的成功。到 20 世纪 90 年代，全球无线电视和基础有线电视收入的 75%，付费电视收入的 85% 靠的是美国的电视节目。全球 55% 的电影票房收入和 55% 的家庭录像收入也靠的是美国产品。美国的 CD 和录音带占全球录音产业收入的约 50%。② 毫无疑问，在全球影视产业中，美国居于支配地位。其成功还表现在成熟的产业运作模式，如影视业的规模经济和范围经济的有效应用（多窗口战略）、价值链的整合等，更为重要的是美国影视文化及其附加的美国式价值观在全球范围内流行。因此，正视影视创意、艺术与产业间无法割舍的紧密关系才是当今影视文化建设和文化创意产业的研究焦点和重点之一。这是因为影视是艺术性颇强的精神产品，同时也具有很明显的经济属性，包括影视业在内的文化创意产业越来越成为主要发达国家国民经济增长的重要支柱产业之一。但过度产业化或不当的商业行为不仅会侵蚀、降低影视创意和艺术的动力和水准，还会影响文化的多样性和丰富性。实际上，本书所论只是影视文化创意产业四大要素间关系的冰山一角，需要探讨的问题还很多。比如，在产业语境下如何促进创意的勃发以及保护创造力等问题、如何平衡创意的艺术水准与市场需求等问题、如何看待数字技术的虚拟性与艺术真实、生活真实的关系问题，等等。

（二）体制和政策问题

政策和体制始终是促进产业发展的关键问题，从一定程度上讲，几乎所有的问题都会归结到或关乎政策安排、体制和制度的设计问题。合理的政策安排和有效的制度体制设计会促进影视文化创意的勃兴、艺术的繁荣、技术的研发与推广以及产业的发展，反之亦然。而影视文化创意产业的体制和政策问题至少包括以下几个层面：

---

① Miege, Bernard. (1989). The Capitalization of Cultural Production. New York: International General. pp. 9 – 12.

② Turow, Joseph. (1997). Media System in Society: Understanding Industries, Strategies, and Power. Second Edition. New York: Longman Publishers. pp. 236 – 237.

一是促使创意激发和保护的政策安排问题。创意的勃发要靠创造力，而创造力的培育需要自由、有效的政策环境，这关系到内容的制作和繁荣等问题，许多欧美发达国家的成功案例已经证实了这一点。因此，研究这些发达国家在制度体制设计和政策安排的经验和教训，同时挖掘有利于创造力和创意兴盛的政策和体制是这方面研究的重点问题。

二是保障艺术和文化多样性、多元化的政策体制问题。多样性的艺术和多元化的文化是人类文化建设和发展追求的理想目标，而随着市场化、产业化和全球化进程的推进，多样性和多元化受到了很大的冲击，如何保护和促进民族性、本土性、个性化艺术的发展成为各国影视文化创意产业政策安排的重要问题之一。

三是促进技术研发和推广的政策和体制问题。技术是中性的，但因所处国家的体制和政策的不同，使其具有积极或消极的发明以及应用环境和社会影响，这个问题不仅仅关系到技术本身，而且也影响到创意、艺术和产业等要素。

四是促使产业发展的政策和体制问题。这至少涉及如何鼓励竞争和促使效率最大化等的政策安排等问题。影视文化创意产业政策安排要促使市场主体积极、规范和有效的竞争，以避免几家大公司独霸市场，进而繁荣影视文化。同时，政策体制的设计又要发挥规模经济、范围经济的特质来促进产业的效率最大化，而如何平衡鼓励竞争、促使效率最大化和维护社会公平正义之间的关系是政策安排和制度体制设计的难题和焦点。

（三）影视文化传播与社会影响问题

帕洛·阿尔托学派（Palo Alto Group）有句著名的格言"人们不能不传播"，也就是本质上将传播等同于人类行为[①]。事实也确如其所言，任何人类的行为都离不开信息的流动和交流，也就是传播，特别是在当今所处的信息社会中更是如此，知识、技术和科学的传播成为各国发展的决定性因素。影视文化更是如此，如果没有传播，影视还处于实验室之中，就难以形成一种艺术样态和文化形态，更不会有社会影响，而且影视文化本来就是大众传播系统的一员。影视文化的传播又有其自身的特色，是艺术

---

① ［美］E. M. 罗杰斯：《传播学史：一种传记式的方法》，殷晓蓉译，上海译文出版社2002 年版，第 104 页。

的传播、文化的传播，还是一种休闲娱乐方式的传播，其间有许多规律和技巧值得关注。同时，影视文化从一开始便对社会产生广泛和深远的影响，当然这种影响有好的、积极的一面，也有坏的、消极的一面。那么，在影视文化创意产业的语境下，影视文化传播和社会影响问题更加需要深思。首先，产业化的影视文化传播具有全球性、商业性和体系性，这些特点在何种程度上改变了传统影视文化的传播模式？构建了哪些新型的模式？由此，其传播主体、传播内容、传播手段和渠道发生了哪些变革？其次，影视文化传播实践会发生哪些转变？其传播机制、技能和行为又会有哪些新的特征？最后，在这些变革驱动下，影视文化会对社会产生哪些影响？实际上这是影视文化的传播效果问题。这个问题至少涉及三个层面：一是负载着人类普适性价值的跨国影视文化对各民族国家的价值理念、人们的行为和生活方式的影响如何；二是各民族国家的文化对世界的影响如何；三是带有全球症候的消费主义和享乐主义对各国社会和各个阶层的影响等问题。

三　中国影视文化创意产业的四个基本问题

新中国成立以来，中国把影视作品视为宣传品，具有很浓的意识形态宣传色彩，直到改革开放后影视作品才被先后视为作品和产品①，逐渐认识到了影视文化的商业属性，开启了影视文化的产业化进程，而把影视文化建设逐渐纳入影视文化创意产业层面，则是世纪之交才开始讨论的问题。对中国影视文化创意产业的研究除上文所论及的普遍性问题之外，还要考虑中国的特殊国情，比如意识形态宣传的要素、条块分割的产业格局以及城乡二元经济结构影响下的影视文化消费心理和行为差异等，这是我们的现实基础，脱离了这个基础我们的研究就失去了着眼点和归属点。我们既要放眼世界（全球化视角），同时又要脚踏实地（本土化视角）；既要关注理论的建构与完善，又要扎根和指向实践。由此，我们初步梳理出目前我国影视文化创意产业研究的四大基本问题，即归纳为四种力量的问题。

---

① 胡智锋、周建新：《从"宣传品"、"作品"到"产品"——中国电视 50 年节目创新的三个发展阶段》，《现代传播》2008 年第 4 期。

（一）创意的创造力问题

中国影视创造了许多人们喜闻乐见、艺术品位极高的影视作品，形成了丰富灿烂的影视文化，但是随着市场化和产业化进程的不断深入，出现了原创与创新严重匮乏、跟风和拷贝层出不穷的现象，肤浅化、恶俗化之风也屡禁不止，滋生这样的问题的根本原因是创意匮乏，即原动力不足。进一步讲，创意问题不仅仅是我国影视文化创意产业的首要问题，而且是焦点问题和难点问题，而其核心是一个创造力的培育、发掘、激发、施展和保护等的问题。

首先，由于历史的原因，中国在促使国民个体创造力的提高方面的政策和体制供给不足，这关系到政策安排和制度设计的价值理念的转变、政策制定过程的民主化以及实施的刚性等问题。比如，长期以来过多地、片面地强调集体和组织利益与刻板化的意识形态宣传优先等价值观，在客观上阻碍了个人创造力的培育、发掘和激发；而在政策制定过程中的过强的权力意志、实施中的刚性不足等，同样会销蚀个人创造力的施展和保护。

其次，中国在创造力保护的法律保障方面不尽完善。创造力是人类极为脆弱的稀缺资源，需要有效和完善的法律保护，由此美国把文化创意产业称为版权产业，其要旨就是强调对创造力的保护。好在我国已有版权方面的立法，不过如何保护在全球化、数字化和社会转型中的我国影视文化创意却是一个新的更为复杂的问题。

最后，中国影视业起步较晚、经验不足。长期以来，美国等西方国家的影视产品横行天下，主导着世界电影市场，凭借其雄厚的资本力量和本土化战略，在世界范围内整合全球的影视文化资源，建构和巩固其市场优势，而中国影视业发展不仅起步较晚，而且无论从资本积累、创意生产，还是市场运作等方面都远远不及美国等发达国家。纵观我国影视文化发展历程，一个明显的轨迹是学习好莱坞等西方电影创意与民族性的独创之间复杂而矛盾的交织。新中国成立前的旧中国更多的是学习，甚至是拷贝西方的影视创意，一切以好莱坞模式为准绳，大有全盘西化之势；而新中国成立初期的影视创意则走向另一个极端——闭门造车，对好莱坞等西方影视全盘否定，独创自己的革命剧与样板戏及意识形态宣传色彩极浓并极具民族性的影视作品；改革开放以来，特别是在初期，已经发展成熟的欧美国家的影视作品纷至沓来，其创意之巧妙、制作之精良，使得国产影视相形见绌，民族自豪感和原创力受到前所未有的冲击，甚至是打击，加之影视创意及其转化的成本与风险不断增大，我国影视业又步入了一个以好莱坞等西方影视产品为准绳的时期；随着我国政治、经济和社会文化和影视业的不断发展，影视业的市场化、产业化进程的不断推进，中国特色的影视创意能力得以提高，一大批反映我国改革开放和中华民族传统文化的影视作品应运而生，中国式影视原创力和创新能力得以挖掘、激发，创造民族品牌和建构中国特色影视文化创意体系成为学界和业界关注的热点问题。特别是党的十六大和十七大提出发展文化产业的战略举措以来，影视文化创意问题受到前所未有的重视。不过，我们也要清醒地看到，目前我国影视原创力仍然相当匮乏，拷贝和模仿西方影视创意的作品比比皆是，因此如何处理好学习西方和提高自身的原创和创意能力之间的关系仍是影视文化创意产业研究的首要问题之一。

（二）艺术的生产力问题

艺术生产力和其他生产力一样都具有人和物两个层面的要素。其中人的要素是最为重要的，这又是与创意问题紧密相连的，生产力发展的源泉和关键还是人的创造力的问题。而物的要素是指艺术生产的手段等生产资料和生产对象，其中技术、资金是最为重要的生产资料，而非物质形态的精神文化资源是艺术生产的对象，这关乎对影视艺术品属性的认识问题。

首先，影视技术越来越成为决定影视艺术生产力的重要因素之一，这不仅仅是因为影视艺术从诞生前就负载着较高的技术含量，而且当代影视艺术生产过程中对技术的要求和依赖越来越高，比如大量的数字模拟画面和高保真声响成为当代影视作品不可或缺的元素。近年来，我国在数字技术等新技术应用和推广上取得了长足的发展，但是技术应用的区域性差异，特别是城乡之间的差异，成为制约我国影视技术水平全面提高和协调发展的阻滞性因素。此外，如何处理技术应用与激发创造力的关系问题亦是一个值得深思的问题，过度的技术理性和盲目的技术乐观主义会导致人的工具化，使人沦为技术的奴隶，从而致使艺术创造力降低。

其次，目前我国影视内容制作上仍然存在投入不足，无力或很少从事高技术、高成本、高风险和高质量的影视内容制作，只能满足或停留在小打小闹、自给自足、自娱自乐的小作坊式生产和低层次的制作上，无法形成专业化和产业化生产，从而造成在内容制作上恶性循环，囿于低水平的重复之中。因此，降低影视内容制作和播出的门槛，吸纳社会资本流入，同时加大政府对公益性影视产品的投资力度，是促使影视艺术生产力迅速提高的重要保障。

再次，一直以来，我国文化艺术生产秉承"文以载道"的古训，我国影视艺术表达或制作从一开始就有很强的教化和社会责任感，特别是新中国成立以来强调影视艺术的意识形态宣传功能，不屑于从事娱乐性、个性化强的艺术生产，而从 20 世纪 90 年代以来又步入了娱乐满天飞的时期，娱乐成为影视内容制作的时尚。实际上，影视艺术本来就具有教化性、娱乐性、商业性等多重属性，因此在理念上要正视影视艺术的多重属性，彻底解放艺术的生产力，创作和生产多样化的艺术产品，以满足多元化的社会需求。

最后，在全球化语境下，影视艺术的生产对象不仅仅是本土性、民族性的影视文化资源，而且要在世界范围内整合资源。时代华纳、迪士尼、环球影视公司等跨国影视集团已经开始挖掘、再创造其他国家的文化资源，比如"木乃伊"系列组合的是埃及、中国等国家的故事、文化元素，《功夫熊猫》《美丽中国》等是美英影视公司演绎的我国传统文化资源和自然风光等。

（三）产业的推动力问题

与英美等发达国家相比，我国的影视文化创意产业正处于市场化、资本化和产业化过程中，专业化、规模化的程度较低，产业发展的推动力不足。

首先，我国影视文化创意产业的价值链不完善，甚至断裂。产业价值链的整合、重组和完善是成熟的影视文化创意产业的重要标志，搞活产业的上游，给创意以多元化和多样化的自由创造空间和环境，同时拓展产品的流通与展示等下游环节，开发诸如主题公园、玩具等衍生产品，实现创意多窗口、多层面表达，从而降低成本和风险、实现效益最大化，如此才能推动整个产业的发展。这是我国影视业亟须解决的问题。目前我国影视业过多地依赖票房和广告收入，创意的多层次、多窗口拓展严重不足，没有形成上下游贯通和整合的价值链，往往囿于单打独斗、小作坊式的运作。

其次，过度分割的市场结构导致竞争不够充分，而推动力恰恰源于有效和积极的市场竞争。目前要实现影视文化资源跨越省市都是一件很难的事情,更不要说跨地区、跨行业整合了。开始于20世纪90年代的集团化至今也未能改变我国影视业的市场结构,而2001年旨在推进跨地区、跨媒介的21号文件也只能成为一个愿景。因此,打破条块分割的行政化市场结构,进而摒弃地方保护主义等不当理念,是激活我国影视文化创意产业的产业动力的又一关键问题。

最后,在产业政策安排上,中国存在着放宽上游和规范下游、促使价值链整合的政策供给不足等问题。

(四) 政策体制的生命力问题

政策、体制是影视文化创意产业生存的游戏规则和宏观环境。当前,中国正处在完善社会主义市场经济体制的关键时期,政治、经济和社会文化都成为一种变量,中国正由计划经济、市场化的初级阶段向完善的中国特色社会主义市场经济模式转型。影视文化创意产业在我国还处于起步和发展阶段,对创造力的激发和保护以及促进技术研发和运用等方面的政策供给、体制制度设计还有许多亟待完善的地方。加之,全球政治经济形势风云变幻,金融问题、能源问题、粮食问题等都会影响到我国政治经济生活的各个方面,特别是近来的华尔街金融危机和由此产生的世界性的金融问题,再一次证明了市场不是万能的。这使得我国影视文化创意产业政策安排、体制制度设计问题变得更加错综复杂,而且有关政策制定和制度设计也是史无前例的、具有中国特色的。

因此,增强政策体制的生命力是我国影视文化创意产业发展又一重要命题,至少包含以下几个问题:一是如何激发创意的创造力的政策和体制供给问题;二是促使艺术生产力科学发展的政策安排问题;三是平衡技术创新与艺术追求、意识形态宣传性、艺术性和创意之间的政策安排与体制设计问题;四是增强产业动力的政策安排问题;五是应对全球化影响的政策安排问题。而这些政策安排是否具有完整性、稳定性、激励性和创新性又是其生命力强弱的关键所在,这是因为:首先,中国影视文化创意产业起步较晚,市场又不够成熟,相关政策体制还很不完善;其次,由于目前中国政治、经济和社会尚处于不断的变革之中以及政策安排中的科学决策不到位,政策体制安排同样处于变动之中,更为严重的是政策的可持续性和稳定性不足;最后,长期以来事业和产业不分、管办不分、企事不分造成创新和激励机制缺位和匮乏等问题，形成了政策体制的激励性和创新性不足。

　　当前，中国影视文化创意产业正处于发展的关键阶段，在这一方面我们有足够的优势，也有相当的劣势。从文化积淀上看，五千年文化和十几亿人的才能与智慧都是弥足珍贵的优势所在，而在体制、机制和政策环境，尤其是产业发展方面，我们探索的时间相当短暂，经验和积累不足，这是我们的劣势所在。但近几年随着中国改革开放的不断深入，影视业也在探索与创新中快速成长，逐渐走出了具有中国特色的发展之路，只要我们扬长避短，充分地挖掘、发挥自身的优势，充分地学习、借鉴世界各国的先进经验，弥补自己的劣势，就一定能够使中国影视文化创意产业又好又快的发展，创造出无愧于时代、对世界产生积极影响的辉煌业绩。

　　　　　　（本文与李继东合作，发表于《东岳论丛》2010 年第 31 卷第 1 期）

开拓城市广播电视创新发展新空间

在我国这样一个地域广阔、人口众多、民族多样的国家，各地的风貌与文化往往差异较大，不同城市的性格也各不相同，民众对于周遭信息的需求也不尽相同，因此地方广播电视传媒（可简称为"广电传媒"）成为中国国家传播系统中非常重要的一环。我国城市广播电视传媒的地位和作用，在很大程度上高于世界多数国家和地区的城市广播电视传媒。自1983年第十一次全国广播电视工作会议上提出"四级办广播电视"的重要政策之后，中国的城市广播电视传媒获得了快速的成长：从基层插转站发展成为具有独立技术、内容、运营特质的重要媒体，成为中国广播电视传媒格局中一股生机勃勃、极具发展潜力的力量，为完成党和政府交给的宣传任务，为满足广大百姓日益增长的精神文化需求，探索多样的广播电视节目内容和形式，拓展广播电视经营产业的领域等，做出了重要的、不可磨灭的贡献。

我们站在2013年的门槛，面对中国电视"逢3则变"的现象，有必要在回溯城市广电传媒历史发展进程的基础上，展望未来城市广电传媒的创新发展空间。

当前，网络、手机等新媒体不可思议地迅猛发展，给传统广播电视行业带来了巨大的压力和挑战。国家级和省级的广电媒体在此情形下，也不断地开疆辟土，从客观上日益挤压着城市广电传媒的生存发展空间。中国的城市广电传媒在新媒体急速增长和国家级、省级广电媒体日益扩张的情形下，如何找到自己不可替代的发展创新空间？对此，笔者有四点思考：

第一，在发展方向上，中国城市广电传媒应坚持走本土化路线。在全球化的语境和环境下，中国广播电视传媒经过几十年的探索，积累了本土化发展创新的丰富经验。如果说对于国家级和强势省级媒体而言，本土化意味着民族化，意味着体现当代民族文化新的风貌与风采的话，那么对于地方城市广电传媒而言，本土化则意味着区域化、本地化，这就是对区域和本地的风情与文化资源的开掘、再现与表现。多年来，城市广电传媒在多种竞争的压力下，紧密结合本地和区域的历史文化积淀与风情特点，而一些取得重要突破的、成功的城市广电传媒，已然成为体现和代表本地、本城市独特文化风情的重要城市文化名片。坚持走本土化路线，坚持以挖掘区域和本地的历史文化与当代风情为己任，打造亮丽的城市文化名片，应当成为中国城市广电传媒未来发展的方向。

第二，在内容与功能上，坚持走人文化路线。所谓人文化，意味着以人为本，体现在城市广电的内容与功能上应该是更多地接地气、抒民情、以民意、重民生、贴民心。也就是说，应当在内容和功能上不断深入生活、贴近百姓，急百姓之所急，想百姓之所想，以百姓的生活需求、情感需求为关注的重心，凝练出百姓喜闻乐见的内容与形式。并且努力挖掘本土的人文历史与故事，为城市的发展留存社会学、历史学意义的声音与影像，填补城市经济快速发展背后的精神高度失位，提升城市人文积累与品级。努力用"人文化"的思维将城市广电传媒打造成为城市社会生活和百姓精神生活的窗口与灯塔。

第三，在技术上，坚持走融合化路线。当今，传媒技术的发展已经突破了单一媒体样态的限制、单一传媒思维的限制。不论是传媒作品、产品的生产端起点，还是接受终端，以及生产与传播的中间渠道和环节，传统意义上媒体介质的藩篱早已被打破，媒体技术的融合成为必然的态势。尽管由于历史和行政管理等原因，现实的媒介融合还存在着诸多困难，但毫无疑问，以网络和手机等新媒体为代表的媒体技术，已经显现出强大的媒介力量。城市广电传媒，本身由于规模有限，在媒介技术的应用和运作中，较之于国家级和省级媒体而言，更具灵活性，所谓"船小好调头"。因此，在技术上应当主动、积极地与网络、手机等新媒体进行融合，进而转化为多种新的传播样态和手段，从而拓展媒体的传输与覆盖新空间。

第四，在经营上，坚持走多元化路线。现代社会，传媒在提升竞争力时，各种要素如果不能构建为一种产业化的组合和运作模式，必然在很大程度上缺乏内在的生命活力。中国广播电视在多年的经营探索中，形成了广告等成熟的经典盈利模式。但在新的媒体环境和市场环境中，除广告以外的经营模式探索远未充足，如付费、企业合作以及生产与传播的前后端产业链开发，尤其是跨媒体、跨行业、跨区域的经营探索，都远未达到理想状态。对于城市广电传媒而言，广告的依赖程度相对较低，这恰恰为其多元化的经营探索留下了开阔的空间。在媒介融合的时代，城市广电传媒亦需开拓思路，深刻把握传统媒体与新媒体之间的关系及传统广电新闻、艺术与新媒体平台的关系，寻找新的经济效益增长点。

　　总之，展望未来的中国城市广电传媒，我们坚信如果以更加积极的姿态融入城市、融入百姓、融入新媒体、融入多元经营，深刻思考城市广电传媒如何反映本土的生活、风貌，提升城市文化与市民精神高度，在全媒体时代寻找自身的突围之路，探索多种开发、经营、盈利模式，那么城市广电传媒就一定会开拓出属于自己的新的发展与创新空间！

（本文发表于《中国广播》2013 年第 2 期）

解放与发展生产力　推进文化体制机制的改革与创新

中国共产党第十七届中央委员会第六次全体会议通过的《中共中央关于深化文化体制改革　推动社会主义文化大发展大繁荣若干重大问题的决定》（以下简称《决定》）是新中国成立 60 多年来，特别是改革开放 30 多年来，我党关于发展社会主义文化问题最集中、全面、完整、系统的决议，具有全局性、战略性意义。《决定》对于全面推进社会主义文化的改革、创新、发展和繁荣提出了令人振奋的原则、目标，清晰明确的方针、路线，以及极具现实针对性的若干重要举措。本文以中国电视的体制机制改革与创新为切入点，围绕解放与发展生产力、推动文化体制与机制创新略陈已见。

一　中国电视体制机制改革与创新的政治、经济、社会背景

包括电视领域在内的文化体制机制的改革与创新从来都不是孤立和封闭的，而是与特定的政治、经济、社会发展背景和状态息息相关。

新中国成立以来，中国共产党领导全国各族人民在社会主义革命和建设的探索中，形成了一系列政治、经济、社会的体制特征。鉴于当时特定的历史背景，中国共产党在政治上实行强力威权的无产阶级专政，在经济上实施高度集中的社会主义计划经济体制，在社会层面采取城乡二元分立的社会管理体制与治理模式。这样的体制特征，保证了新中国成立后党的领导地位的确立，保证了国家统一、社会稳定、民族团结，是符合彼时历史发展阶段需要的正确选择。与此相对应，新中国的文化建设在当时紧紧围绕党和政府的大政方针，满足了意识形态宣传的需要，为社会主义新中

国的稳定、团结做出了重大贡献。

改革开放以来，随着国内外形势的变化，在中国共产党的领导下，我国社会主义政治、经济、社会等各个方面都开启了新的局面，开启了中国特色社会主义的发展道路。在政治上不断探索、完善社会主义民主与法制，在经济上成功实现由社会主义计划经济体制向中国特色社会主义市场经济体制的转变，在社会建设方面突显以人为本、维护民生的社会主义特征，取得了举世瞩目的辉煌成就。

文化体制的改革与创新，与深刻变化着的政治、经济、社会背景相关联、相适应。改革开放以来，中国走出了一条从相对单一的计划经济时代以意识形态宣传为主的文化体制，转向事业与产业、宣传与市场协调平衡发展的文化体制变革之路。

中国共产党十七届六中全会着力于强调深化文化体制改革，这是从中国特色社会主义建设的大局出发，适应中国已然达到的政治地位（联合国五大常任理事国之一）、经济地位（世界第二大经济体）和社会发展成就（社会管理不断完善）的需求而作出的又一重大的历史性选择。

中国共产党十七届六中全会的《决定》为深化我国社会主义文化体制改革与创新确立了明确的目标与任务。文化体制改革与创新的目标是要"进一步深化改革开放，加快构建有利于文化繁荣发展的体制机制"。为实现这一目标，《决定》要求"必须牢牢把握正确方向，加快推进文化体制改革，建立健全党委领导、政府管理、行业自律、社会监督、企事业单位依法运营的文化管理体制和富有活力的文化产品生产经营机制，发挥市场在文化资源配置中的积极作用，创新文化走出去模式，为文化繁荣发展提供强大动力"。关于文化体制改革与创新的任务，具体内容包括：（1）深化国有文化单位改革；（2）健全现代文化市场体系；（3）创新文化管理体制；（4）完善政策保障机制；（5）推动中华文化走向世界；（6）积极吸收借鉴国外优秀文化成果。中国电视体制、机制改革创新的总体目标、任务与文化体制改革创新的目标、任务是完全一致的。

二　中国电视体制机制改革与创新的问题与困境

中国电视在半个多世纪的发展中取得了一系列成就，尤其是改革开放以来，其发展速度之快在大众传媒体系与艺术文化体系中无疑居于领先地位。改革开放以后，特别是 1992 年邓小平同志"南方谈话"之后，中国电视市场化、产业化的探索与发展极其迅猛。在巨大的产业利益诱惑下，在强调"发展是硬道理"的背景下，中国电视市场化、产业化探索取得了重大突破，2010 年电视广告收入已达 679.8 亿元，同比实现 26.79% 的收入增长①。但是，中国电视体制机制的改革与创新依然面临着许多问题与困境。

首先，多元化的产业格局带来巨大产业效应的同时，电视传媒的社会文化责任担当却出现了不尽如人意的状况，特别是在传播主流价值、推出优秀产品、营造文化氛围、提供公共文化服务等方面的践行有所不足和忽略，未能很好地协调社会文化使命担当与经济利益追求之间的关系。在市场化、产业化的浪潮中，在"娱乐至死"的环境下，个别媒体过度追求效率，忽视文化品格，出现了一些为人诟病的问题，如恶性竞争、低俗化、收视率至上等问题，严重损伤了中国电视的口碑、形象和尊严。

这些问题影响到社会层面，成为造成一些领域道德失范、诚信缺失，一些社会成员人生观、价值观扭曲的重要原因。传媒是社会道德与文化构建的重要力量，过去我们往往将传媒与文化分割得太清：传媒是传媒，文化是文化。意识到这一点，也就认识到电视传媒参与建设社会主义核心价值体系，参与引领社会思潮任务的紧迫性。保持中国电视主流媒体的地位，就必须保持应有的理性，必须担当应有的文化责任和社会责任。

其次，在媒体自身内容和导向方面出现了舆论引导力不足，公信力、影响力下降，国际传播力不强等问题。中国电视对内面临舆论引导能力尚待提高的问题，要提高壮大主流舆论的能力，提高舆论引导的及时性、权威性和公信力、影响力；同时，中国电视也面临着精品力作的生产能力、文化产品创作生产的引导力度有待提高的问题，需要在社会生活中汲取素材、提炼主题，以充沛的激情、生动的笔触、优美的旋律、感人的形象，创作生产出思想性、艺术性、观赏性相统一的人民喜闻乐见的优秀电视作品。

中国电视对外面临提高国际传播能力、提升国家文化软实力的任务。现阶段我国电视媒体的对外传播力与我国的国家地位和社会需求不相符合、不相匹配，通过电视媒体使中国文化"走出去"的效果尚需加强，中华文化的国际影响力尚需进一步增强。

---

① 《中国广播电视年鉴（2011）》，中国广播电视年鉴社 2012 年版，第 65 页。

最后，与出版、电影、演艺等领域相比，尽管中国电视经历了艰难而富有成效的发展，但电视领域体制机制的改革与创新的步伐还略显迟缓，在宣传与市场，事业与产业的关系处理，以及人、财、物的管理等宏观、中观层面，不少媒体机构已然陷于落后的状态。这也与我国文化产业整体规模不大、结构不合理，束缚文化生产力发展的体制机制问题尚未根本解决的因素有关。此外，中国电视领域的发展也有其特殊困境：电视于20世纪八九十年代刚刚确立其中国第一大大众传媒的地位，便在21世纪遭遇到新媒体越来越强烈的挑战与冲击，这是中国电视现阶段改革与创新面临的客观难题。

三　中国电视体制机制改革与创新的原则和思路

中国电视体制机制改革与创新的原则是坚持中国特色社会主义文化发展道路，深化文化体制改革，推动社会主义文化大发展大繁荣，必须全面贯彻党的十七大精神，高举中国特色社会主义伟大旗帜，以马克思列宁主义、毛泽东思想、邓小平理论和"三个代表"重要思想为指导，深入贯彻落实科学发展观，坚持社会主义先进文化前进方向，以科学发展为主题，以建设社会主义核心价值体系为根本任务，以满足人民精神文化需求为出发点和落脚点，以改革创新为动力，发展面向现代化、面向世界、面向未来的，民族的、科学的、大众的社会主义文化，培养高度的文化自觉和文化自信，提高全民族文明素质，增强国家文化软实力，弘扬中华文化，努力建设社会主义文化强国。

中国电视的进一步发展要通过体制机制改革，解放和发展生产力，推动社会主义文化大发展大繁荣。中国电视体制机制的改革创新要与我国政治、经济、社会、文化发展的状况相一致，不超前，不滞后；要充分发挥作为事业与产业主体的积极性与创造性，坚持宣传与市场、事业与产业、效率与品格平衡协调推进，提高电视媒体的公信力、影响力，进而提升国家整体的文化软实力和国际传播力。

在探讨电视体制机制改革与创新的思路时，我们需要融入以下背景进行思考：全球化浪潮带来的世界传媒新的体制、机制和运行方式，来自于政治、市场、文化、社会及艺术和技术等多种外部因素的制约，文化产业特别是文化创意产业迅猛发展带来的新需求，以网络、手机等为标志的新媒体快速成长带来的冲击等。通过对现阶段中国电视发展背景、现状与趋势的综合考察，我们认为中国电视体制机制改革与创新应秉持以下思路。

（一）在宏观层面推进中国电视相关法律、法规、政策的完善

在中国特色电视体制机制的探索中，经常会遇到法律与政策的屏障，推进中国电视内容生产、经营管理等方面相关法律、法规与政策的完善，可以有力保护、监控、推动电视体制机制的改革与创新。

（二）在中观层面建立有效的人、财、物管理体制机制

第一，近年来中国电视发展的经验告诉我们：人才是发展中最具活力的因素，是行业可持续发展的最重要的保证。在电视媒体人才激烈竞争的现状下，完善的人才管理体制机制可以解放和发展生产力，而忽视人才队伍建设，再好的平台也会产生人才流失，生产力得不到有效释放。近年来各级电视媒体在人才队伍的建设方面实行了一些创新举措，涵盖了人才选拔、培养和使用等各个层面，有效地保证了电视媒体的可持续发展。电视媒体采用竞争上岗、公开招聘、选拔考试、国际国内培训、建立首席制、完善职务和业务职称的晋升等手段，培养了一大批优秀的节目编导、主持人、记者，推出了一大批骨干制片人、频道总监等各个媒体的领军人才。这些体制机制的改革与创新是卓有成效的。面对未来，人才的竞争会日益激烈，电视媒体需要不断完善人才建设的体制与机制，尊重创造主体，建立有效的激励机制，选拔好、培养好、使用好人才。电视媒体也要加强人才的职业道德建设和作风建设，电视文化工作者要成为优秀文化的生产者和传播者，必须加强自身修养，做道德品行和人格操守的示范者。

第二，在新媒体时代，新技术、新内容、新形式的融合，技术无国界、跨区域的特点，促使我们反观传统的电视传播方式。国际传播与国内传播的新任务，卫星电视的高度覆盖，国内外记者站的建立，国际传输网络的完善，都给传统电视传播思维提出挑战，我们需要更加适应这些新情况，而非仅凭传统的行政方式解决问题。

第三，产业主体的多元化，特别是媒体将若干经营性资产上市经营，需要我们融入现代企业制度进行管理和经营，融入董事会、股份制等管理与经营方式，处理好人才、技术与市场等多方面的关系。以建立现代企业制度为重点，加快推进经营性文化单位改革，培育合格市场主体。科学界

定文化单位性质和功能，区别对待、分类指导，循序渐进、逐步推开，加快公司制股份制改造，完善法人治理结构，形成符合现代企业制度要求、体现文化企业特点的资产组织形式和经营管理模式。另外，在中国电视体制机制的改革创新中，事业与产业双主体的身份还涉及产权、版权的维护等诸多问题。

（三）在微观层面建立畅通有效的运行机制

我们要在借鉴国际、国内经验的基础上，建立中国特色电视运行机制。例如，在电视直播时代的背景下，对电视媒体采、编、播机制进行相应调整。加强各环节的顺畅协调与合作，特别是减少突发事件中第一时间形成的直播壁垒，以保证直播日常化的需求，发挥电视媒体即时同步的声画一体信息的传播优势。

再如，在媒介融合的背景下，电视媒体不再孤立，而是与互联网、手机等新媒体的联系更加密切。电视媒体要正视网络视频、手机视频等新媒体视频传播形式的冲击，正视微博、社交网站等新媒体内容对受众注意力的转移，这都需要对电视媒体的运行机制进行相应调整。

还如，在跨国传播时代，电视媒体需要加强国际传播能力建设，打造国际一流媒体，提高新闻信息原创率、首发率、落地率，扩大有效覆盖面。这些都为中国电视体制机制的改革与创新提出了全新命题。

总之，十七届六中全会为我们的体制机制改革与创新提出了宏伟目标，描绘了发展路径。在新的形势下，中国电视媒体既面临新的发展机遇，也面临新媒体环境下的挑战。因此，我们的体制机制改革与创新理应遵循本土化、国际化、人文化和专业化的思路。我们要以本土化的内容、形式与风范体现中国特色、中国风格、中国气派，以国际一流媒体的视野、眼光与方式打造一流的人才队伍，锻造一流的专业水准，展示一流的管理水平，体现中国电视产品与作品独特的人文感染力、吸引力和说服力。在中国电视本土化的道路选择中，还要坚持"创意"和"责任"这两个关键的核心元素。创意指向专业层面，责任指向社会层面，中国电视需要将二者结合，找到最准确的历史与现实定位，为深化文化体制改革，推动社会主义文化大发展大繁荣做出独特贡献。

（本文与刘俊合作，发表于《电视研究》2012年第2期）

"三善"的时代意义与价值

当前中国社会正处于转型时期，政治、经济、传媒领域的巨变已悄然在我们身边发生，其中传媒与政治、政府的关系特殊而敏感，这种关系的点滴变化都足以成为我们所关注的重要命题。

2010年伊始，李长春同志在全国宣传部长会议上提出："要适应时代发展要求，努力提高与媒体打交道的能力，切实做到善待媒体、善用媒体、善管媒体，充分发挥媒体凝聚力量、推动工作的积极作用。"这一表述一经报道，迅速成为国内外媒体聚焦的热点话题。

"善待媒体、善用媒体、善管媒体"这"三善"的表述，是我们党和政府面对新的形势、面对新的机遇与挑战，就执政党与媒体关系作出的最新表述，具有重要的时代意义与价值。

一 "三善"提出的宏观背景

党的十七大报告中指出，新世纪的前20年是"重要的战略机遇期"。10年弹指一挥间，中国的国际地位已今非昔比，国际国内形势也正发生着深刻的变革。从2010年到2020年的10年，将是中国进一步深化改革，全面推进中国特色社会主义现代化建设，进一步提高中国国际竞争力，提升党的执政能力，推进和谐社会、和谐世界构建的关键10年。在此背景下，如何更科学、更有效地处理党和政府同媒体的关系，必然成为完成上述战略性目标的不可或缺的重要组成部分。"三善"的提出恰逢其时，从宏观上看，至少适应了以下三个需要：

（一）提升中国国家软实力，不断提高中国国际竞争力的需要

纵观世界发达国家，无一例外都高度重视政府与媒体的关系，视这种

关系为国家软实力和国家国际竞争力的重要内容。作为一个正努力从世界大国向世界强国迈进的发展中国家，提升我国的国家软实力和国际竞争力，必然离不开高度重视政府与媒体的关系。特殊的历史发展进程使我们在这一关系的处理上不论是经验还是理念，都存在亟须改善、改进之处。我们需借鉴发达国家在这一关系处理上的经验与理念。"三善"的提出，适应和满足了我国提升国家软实力和国际竞争力的需要。

（二）建设和谐社会，推进中国特色社会主义事业建设的需要

随着中国经济持续增长，社会分层加速，社会关系进入了前所未有的多元复杂状态，社会利益冲突加剧，社会矛盾凸显。政府与公众之间亟须建立更加通畅、信息对称的传播关系，以规避和化解可能的社会风险。媒体在党、政府与公众之间扮演的角色日益重要。恰如胡锦涛同志所说，"舆论引导正确，利党利国利民；舆论引导错误，误党误国误民"。"三善"的提出，适应和满足了化解社会矛盾、引导舆论、建设和谐社会、推进中国特色社会主义事业建设的需要。

（三）提升党的执政能力的需要

新时期以来，我们党逐渐完成了从"革命党"到"执政党"角色的转变，这一转变使党的执政能力面临着全新的考验。而如何适应新的角色转变，提升执政能力，涉及多个领域和方面。其中，如何处理好党和政府与媒体的关系是提升执政能力的不容忽略的有机组成部分。我们党在近90年的历史中，积累了运用、管理媒体的丰富而宝贵的经验与思想，但面对新的形式和环境，尤其是面对党自身角色的转变，如要进一步提升执政能力，必须调整、改进党和政府与媒体的关系。"三善"的提出，适应和满足了提升党的执政能力的需要。

二 "三善"提出的现实依据

近年来，面对新的形式，党和政府在处理与媒体的关系上不断进行着各种新的探索，也形成了一些行之有效的理念、思路与方法。但是，从复杂多变的国际国内形势和党自身执政能力提升的迫切要求来看，还存在着不少亟待解决的问题，突出表现在以下三个方面。

（一）对国际传播和国际媒体不够熟悉

随着中国国力的增强，中国已日益成为世界媒体关注的焦点。我们过去习惯的"内外有别"的边界日益模糊，中国的新闻常常是世界性新闻。我们长期习惯性的"以我为主"的思路、理念与方法正在遭遇国际舆论包围的挑战。我们看到，由于秉持内宣思维，面对国际舆论，我们常常陷于被动，对于国际传播和国际媒体的理念、思路与方法总体上不够熟悉，因此产生了不少误会、误解、误读。我们不否认国际舆论与国际传播当中"国家利益至上"的政治动机必然存在，但也不必把所有看似"负面"的报道简单去做意识形态的解读。如何面对国际传播与国际媒体，以营造有利于我国的国际舆论环境，"三善"为我们提供了全新的理念、思路和方法。

（二）对国内舆情新的变化与格局不够适应

在新的媒介信息环境下，国内舆情出现新的变化，并形成了新的格局。总体上来看，关乎国计民生的事件、现象与问题，无论是数量还是速度都比过去大大增多和加快了。在这种情形下，许多地方和部门依然习惯于"围堵"，通过各种渠道和手段企图"捂住"，然而常常适得其反，带来更大的风险乃至危机，如一些群体性事件、突发性事件等。如何适应国内舆情新的变化与格局，化被动为主动，"三善"为我们提供了全新的理念、思路和方法。

（三）对媒体发展的新特点与规律把握不够深入

当前以互联网和移动媒体为代表的新的媒体形态迅速崛起，使媒介发展出现了传统媒体与新媒体相互融合的新景观、新状态，呈现出新特点与新规律，如媒介主体的多元互动和公众的广泛参与；如媒体的市场化、产业化程度的不断强化等。面对这种情形，许多地方和部门不能够深入把握，企图习惯性地以管理者的姿态"控制"媒体尤其是新媒体；企图以领导者的要求"干预"媒体按照自身规律和特点进行运作。如何深入把握媒体发展的新特点与规律，创造性地引领媒体的发展，"三善"为我们提供了全新的理念、思路和方法。

三　如何理解与实现"三善"

"善待媒体、善用媒体、善管媒体"这"三善"的内涵意味着什么？如何实现"三善"？

笔者认为，"三善"体现了新时期、新阶段党和政府处理与媒体关系的全新的理念、思路与方法。其中，"善待媒体"意味着新理念，"善用媒体"意味着新思路，"善管媒体"意味着新方法。

（一）"善待媒体"在理念层面体现党和政府面对媒体的新姿态

"善待媒体"意味着党和政府面对媒体的姿态，应从自上而下的管理者调整为平等相待的服务者，在坚持社会主义核心价值和意识形态，保证国家舆论安全的前提下，尊重媒体按照自身规律去进行自己的新闻报道、内容生产和经营运作，并为媒体提供更多的服务保障，以拓展媒体独立发展的新的空间。平等相待并不意味着党和政府放弃对媒体的管理与引导，而是以更高的境界，把握大局，引领方向，提供宏观的指导；放下身段，提供服务，以利于媒体更好地发挥其作用与影响。如在舆论监督方面，应当"允许媒体在符合法律、党和政府总体要求的前提下，独立实施、组织和展开新闻传播活动"。尤其是在处理好监督和被监督关系上，政府官员和政府部门应逐步展现出"被监督是幸福"的姿态。例如，为满足公众知情权的需要，本着公开、公正的原则，应积极主动地为媒体提供信息服务，以改变信息不对称的局面，深化新闻发言人制度、重大事件的直播制度的改革，鼓励媒体以更加独立的方式展开报道活动。

（二）"善用媒体"在思路层面体现党和政府面对媒体的新角色

"善用媒体"意味着党和政府面对媒体从"控制者"的角色调整为"使用者"的角色，在围绕大局、围绕中心、围绕党和国家发展需要的前提下，不搞"一刀切"控制，而是遵循媒体发展规律，按照媒体的不同特点分层级、分类别进行灵活的使用。不轻易下禁令，不轻易画圈圈，不轻易否定媒体按照及时性、接近性、重要性所作出的实践安排。

充分利用和发挥不同层级媒体的不同特点，如国际主流媒体的外向性，海外媒体的对象性，国内媒体的贴近性等；充分利用和发挥不同媒的不同特点，如电视影像传播的现场性，网络言论的丰富与多样性，传统纸质媒体文字的凝练、概括与权威性等，分别组织有针对性的内容形式设计与供给，以达到更好的传播效果。

（三）"善管媒体"在方法层面体现党和政府面对媒体的新职能

"善管媒体"意味着党和政府从微观管理到宏观管理的职能转变，在保证媒体正确舆论导向的前提下，善于使用法律、法规、政策等多种方法手段，激励和推动媒体在体制机制和事业产业等多个领域大胆地进行改革与创新。进一步建立健全相关法律法规，以制度建设推进媒体的改革；进一步完善媒体发展的相关政策，以政策导向激励媒体的创新，提升媒介事业发展层次、推动媒介产业发展进步。

党和政府应从战略高度谋篇布局，更多使用法律、法规和政策的方法手段，指导媒体的管理运行。应从微观管理的琐碎操作层面解脱出来，充分发挥媒体的主观能动性，使媒体在管理运行机制上大胆改革创新，以此激活媒体，实现创造性的效能和效益，为党和政府打造更具公信力、影响力的信息传播平台。

（本文与张毓强合作，发表于《中国广播电视学刊》2010年第3期）

传媒领导者媒介素养提升论要

媒介素养的理论与实践起源于20世纪30年代初期的英国，起因是电影——这一如今在大众传媒意义上已然势弱的传媒艺术形式——的普及，彼时电影与相生的流行文化挑战着传统意义上的学校教育与社会价值，被认为对青少年有负面影响，这些负面影响需要媒介教育进行矫正。

传统意义上的媒介素养教育的对象是媒介使用者，其中又以普通公民，特别是青少年和其他弱势群体为主。媒介素养教育的内容主要有两个关键词——"批判"与"运用"："批判"即警惕、批判，乃至弃置媒介内容；"运用"即学会恰当地接触、运用，乃至参与到媒介社区的建设中来。前者带有被动拒绝的意味，是自20世纪30年代以来西方媒介素养教育的固有之义；后者带有主动利用的意味，是20世纪60—80年代以后西方媒介素养教育新的聚焦点。20世纪90年代末媒介素养的理念传入中国之后，至今在理论介绍和建设方面渐成热点，但媒介素养教育的实践依然较为滞后，总体尚属起步发展阶段，所关注的对象和内容也大致如上。

当前，国内传播形势伴随着新媒体的深度参与，以及国内多问题、多矛盾爆发这两大困境与挑战的交织，而且日趋复杂；国际传播形势一方面有我国提升文化软实力、提升我国传媒国际传播力的迫切需求，另一方面又深刻地受到不平衡的国际传播秩序制约。在这样的国际、国内传播形势之下，媒介素养的理论与实践需要在加强已有研究与措施的基础上，拓展新的内容、聚焦新的方略。

从传播过程来看，在传者发出端、传播过程端（正向传播、逆向反馈、噪声参与）、受者接受端中，当前媒介素养的理论与实践更加关注"受者接受"一端。在传播过程的"三端"中，虽不能说接受端不比前两者重要，但前两者的地位同样是不言而喻的，特别是传媒领导者和从业人员直接参与更多的"传者发出端"，它决定着信息如何被规定，意义重大。

而在中国传媒体制机制下，传媒领导者对"传者发出端"的重要影响又是不言而喻的，传媒领导者的媒介素养在某种程度上甚至决定着我们传播工作成效。各个媒体或者开放、自由，或者保守、传统的种种表现也往往取决于媒体的监管者和领导者的意识与决策。我们对一家媒体的叫好或者唾弃，虽然与该媒体从业人员的整体素质、该媒体运作和发展思路等因素有关，但也常常直接取决于传媒领导者的媒介素养。鉴于此，我国传媒领导者的媒介素养亟须整体提升，这种提升应该形成系统与常态机制，而不是优秀的传媒领导者的出现总是处于一种"可遇而不可求"的状态。况且，虽然传媒领导者的媒介素养的提升可以部分由传媒人职业素养与道德的教育来承担，但在我国国情下这一群体承担的任务又远非职业素养与道德的范畴能够涵盖。因此，在新的国际国内传播形势下，我国传媒领导者的媒介素养，应当受到媒介素养研究与实践的关注。

"研究公民（公众）媒介素养的学者认为公民不能仅仅局限于自然人。持这一观点的学者提出公民应涉及三个方面的群体，即政府公民、传媒公民、个体公民。"[①] 对传媒领导者媒介素养的关注，并不是消解或者取消媒介素养教育的主体和主要对象是媒介使用者这一理论与实践状态，而是对媒介素养教育的涵纳进行有益的拓展，对传媒领导者的媒介素养进行有益的提升。需要说明的是，本文在观照传媒领导者整体的同时，特别关注了我国特殊国情下传媒领导者媒介素养提升的一系列问题。

一 提升传媒领导者媒介素养的必要性

（一）传媒领导者在传媒"拟态环境"构建中的作用至关重要

传媒不仅呈现现实，也在构建现实。近百年来，对这一问题有艺术和传播两个维度的思考：鲍德里亚从传媒艺术的角度提出"仿真"说，李普曼从传播学角度提出"拟态环境"的概念。

前者即"仿真"是鲍德里亚"仿像"观点的第三等级，它指的是一

---

① 戴永明、蒋宏：《媒介"封杀"与公民媒介素养》，《新闻记者》2004 年第 5 期；胡连利、王佳琦：《我国大陆媒介素养研究的进展与缺失》，《河北大学学报》（哲学社会科学版）2007 年第 1 期。

种模仿之真，而不是现实、客观、原始、朴素的真实，但是这种模仿出来的真实比现实、客观、原始、朴素的真实还要真实。

而后者的存在，更直接地彰显了传媒领导者媒介素养提升的必要性。世界上每个人的实际活动范围和注意力都有限，不可能对与自己有关的整个外部世界都保持经验性接触，对于超出自己亲身感知以外的事物，人们只能通过各种新闻供给机构去了解。于是，在人们与真实的物质环境之间，便存在一个由新闻机构的报道所营造的"拟态环境"，这种"拟态环境"是经过新闻机构有意无意地选择过的。人的行为不再是对客观环境及其变化的反应，而成了对新闻机构提示的"拟态环境"的反应，并且人们不会有意辨析"拟态环境"与客观环境的区别，往往把"拟态环境"当作真实环境来对待。① 传媒的报道内容比事实本身更重要，甚至当真正的物质世界现实被呈现的时候，反而让我们不敢相信，目瞪口呆。

当前，虽然新媒体在一定程度上冲击了传统传媒机构的关注度和影响力，但如前所述，在中国特殊国情下，作为传媒发展的重要影响因子，传媒领导者对传媒及其所营造的拟态环境有重要的规定作用，而且这种规定性来得十分直接，在一些中观、微观层面这种规定性甚至可等同于决定性。毋庸置疑，艺术家、科学家、政客、商人、意见领袖、社会活动家都可以对传媒施以影响，但相对而言，传媒领导者的眼光、胸怀、判断、境界对传媒发展、对拟态环境的营造、对民众与社会生活的直接影响力是无可比拟的。现实是人们对世界进行基本判断，对行为进行合理选择的根本来源；传媒领导者的媒介素养高低，对于呈现和构建正向还是负向、混乱还是善意、局部还是整体、极端还是辩证的现实，对于影响受众认知、判断和行为，责任重大，不容忽视。

（二）媒介素养的理论与实践欠缺对传媒领导者的关注

如前所述，媒介素养的观念起源于对青年人接触电影及流行文化的担心，旨在提高其对媒介内容的辨别力，是传统价值观与教育理念面对新的媒介现象和文化的努力，这是 20 世纪 30 年代初期的事。

20 世纪 60 年代以后，随着学者对媒介功能认识的提高，在媒介教育的观点上发生了一个根本转变，即由抗拒观点转变为培养辨别能力的观

---

① ［美］沃尔特·李普曼：《公众舆论》，阎克文、江红译，上海人民出版社 2002 年版。

点。训练青少年正反两辩地看待媒介，辨别媒介传播的内容与价值，区分媒介真实与现实真实，而且学校必须考虑媒介教育的责任。当 90 年代的研究者回顾媒介教育发展的历程时，更深切地感到了"抗拒"大众文化的不合理性。研究者们认识到，媒介教育者不应以自己的体验代替学生的体验，并粗暴地以自己的判断代替学生的判断，甚至也不应该仅仅教给青年人一种美学判断。①

通过对媒介素养理论与实践发展的梳理，我们可知：一则媒介素养因关注青年人而起，也一直将学校对青年人的媒介素养教育视作重中之重；二则无论关注点是"主动参与"还是"被动拒绝"，媒介素养都更加关注媒介接受者的状态。西方媒介素养的发展是如此，我国的情况也大致相同。从我国媒介素养的理论与实践来看，现阶段对"普通人群和弱势群体"等"媒介接受者"关注较多，如重点对儿童、青少年、成年普通百姓、农民、少数民族加以关注，而对相对"强势"的"传播发出者"——传媒领导者的媒介素养水准的关注明显不足。

由于传受双方的位置、功能、影响力和价值观不同，甚至差异较大，所以对接受者的媒介素养研究与实践，必然难以直接适用于另一维度的传媒领导者。鉴于前述我国传媒领导者在对内、对外传播中的重要地位和重要作用，媒介素养的理论与实践应当拓展对传媒领导者的关注，并将传媒领导者还原为个体、还原到常识、还原至环境中来对待，以切实提高其媒介素养。

（三）媒介融合时代传媒领导者与媒介接受者一样面临知识沟困境

每一种新型媒介样式出现之时，都考验着人们对这一未知媒介的接触、使用、参与和认知的意识与能力，也都是媒介素养教育需要发力之时。在以互联网、手机为代表的新媒体进入中国人的工作、学习和生活的不足 20 年的时间里，在传媒科技加速发展的当下，媒介融合的速度急剧加快，我们如今需要同时面对传统媒体问题、新媒体问题、传统媒体的新媒体呈现的问题等一系列传媒问题。深入来看，互联网、智能手机等新媒体在政治、经济、社会文化及个人生活等方面的全方位渗透，使媒介融合时代深刻地改变着当代人的个体特性和集体人格，使人类生活的许多权力

---

① 转引自卜卫《论媒介教育的意义、内容和方法》，《现代传播》1997 年第 1 期。

关系与权力结构发生了分化和重构；我国当前的舆论结构与社会权力正发生重大改变，网络舆论的"去中心化"、网络意见领袖的"再中心化"、"自下而上"的舆论结构勃发等现象正逐渐引发社会权力方面的变化。

当前在我国，许多传媒领导者历经传统媒体的多年淬炼，熟悉并习惯于以传统媒体的操作与运作方式思考问题；与此同时，为数不少的传媒领导者往往因为年龄、精力、知识与经验等问题而忽视媒介融合时代媒介生态的新颖与复杂，在突然面对新媒体、新问题时往往容易显得一时无所适从。特别是媒介融合时代挑战着我国传统意义上政治（后期也包括资本）强势控制新闻/信息传播，公民不仅可以随时随地发布任何信息（删查问题另论），而且信息牵涉的面与层次也不断拓展，这些信息甚至常常对抗着、消解着传统传媒机构的信息内容与发布权力，这都是传媒领导者面临的新情况、新问题，媒介融合时代里传媒领导者与其他传媒传受者一样，同样面临知识沟困境。

当新媒体传播带来了全新的质疑频发的执政环境、改变了单向度的社会舆论结构、带来了互联网"去中心化"与意见领袖"再中心化"的社会权力结构，并带来了多元思潮（如新自由主义、新左派、民粹主义、狭隘的民族主义、新消费主义等）[1] 之时，我国传媒领导者提高自身的新媒体媒介素养刻不容缓。况且，当传媒科技理性取代包括道德价值在内的诸多价值，当即时速度取代历时厚度成为新的"宗教"，当资讯越来越多、智慧未必增加，传媒领导者有责任对媒介融合时代有更加深入的理悟。

（四）全球化时代传媒领导者需要切实提高对话能力

无论是我们肯定全球化给人们带来交流的便利和发展的同步，还是我们因为全球化使人类越来越共时地追求"同时同刻"的存在而遗失历时厚度、本土精神家园而否定它，全球化都正在并继续风风火火地践行着、推进着。作为全球化重要的推助器，传媒在全球化进程中的黏合作用意义重大，传媒领导者在全球化面前的态度与素养储备因而具有至关重要的作用。

---

① 李良荣：《从网络到移动终端：当前的新传播革命》，在"南都岭南大讲坛·公众论坛"上的演讲。

在全球化时代，传媒领导者要有极高的媒介素养以应对国内传播的需要，不仅要完成国情体制下的新闻传播工作，也要为媒介融合与转型时期中国社会裂口的弥合承担责任，弥合精英与大众之间、权贵与百姓之间、城市与农村之间、不同地域之间的差距与矛盾。

全球化时代更给我国传媒领导者的国际传播素养提出了挑战。当前受不平衡的国际传播秩序以及中国文化软实力、国际传播力的制约，中国的国际传播远未在价值观、思维方式、生活方式等方面对其他文明、国家或社会产生影响，这与中国的国际地位极为不符，严重影响到我国的软实力主权。这既应成为中国传媒和传媒领导者的忧虑，也为其提出了挑战。我国传媒领导者作为中国传媒这一国际传播主体的管理者、当家人，亟须提高自身在国际传播中的对外"对话"能力，积极思考传播主体的身份与形象从"一元"到"多元"、从"官方"到"民间"、从"政府"到"行业"、从"宣教"到"专业"转变的新思路①。这为提升我国传媒领导者的媒介素养提出了又一个紧迫的要求。

此外，由于媒介素养教育还可能成为传媒管理者的"救生圈"，所以传媒领导者不仅亟待提高自身的媒介素养，还亟待提高利用媒介素养教育同公众交流的能力。"在电子数码海洋中，管理者要想对'海盗'和黑客加以管理，几乎是异想天开。但是在管理者看来，通过对媒介素养教育的支持，他们就是在履行其职责，即采用一种长远而明智的观点，通过教育手段使受众获得足够的知识，从而能对自己的媒介消费行为做出明智的选择。"②

二 传媒领导者及影响其媒介素养的因素

（一）传媒领导者的不同类型与不同关切重心

在我国，传媒领导者主要有两个维度的指涉：他既指各级各类传媒机构的管理者、决策者，当家人、掌舵人；也指各级党和政府媒体监管部门的领导人员。传媒领导者的媒介素养需要同时兼顾这两个重要的群体。

---

① 胡智锋、刘俊：《主体·诉求·渠道·类型：四重维度论如何提高中国传媒的国际传播力》，《新闻与传播研究》2013 年第 4 期。

② ［英］凯丽·巴查尔格特：《媒介素养与媒介》，张开译，《现代传播》2005 年第 2 期。

虽然由于我国新闻宣传工作的内外部情况复杂，传媒领导者往往兼有多重任务、多重身份、多重特征，无法对其进行科学思维式的精确定位与判断，但通过一些传媒领导者呈现的类型特征和关切重心，我们可以大致将其分类如下：（1）政治家型，如国内的党政官员，这一类传媒领导者往往有着丰富的从政经历和强力的政界支持，其关切的重点往往聚焦于政治诉求。（2）企业家型，这一类传媒领导者往往具有丰富的经营管理经历与经验；有的传媒领导者拥有雄厚的资本支持，因为不同原因而转向媒体运作。他们常常以产业诉求为关切重点。（3）媒介专家型，这一类传媒领导者自身具有良好的媒介专业素养与专业理想；有的甚至就是由学者转型而来，他们往往有着有力的行业及学界支持，并以提升传媒自身素质与创新能力为关切重点。（4）其他单一或复合型媒介领导者。当然，在不同类型的传媒领导者身上也会出现悖论，比如由于各种因素的影响，政治家型传媒领导者可能更热衷于产业，企业家型传媒领导者可能对政治有更多诉求。不过无论哪一种类型的传媒领导者，都应该以传媒专业与行业的理想与操守为底色。

（二）影响传媒领导者媒介素养水准的因素

传媒领导者的媒介素养水准常有参差，其媒介素养水准往往受到多元因素的制约。

第一，传媒领导者的媒介素养取决于其内在的媒介素质与修养，特别是其对媒体本身的定位、性质、功能、价值与影响的把握能力，以及其对传媒生存与发展的国内外环境的判断能力，这需要传媒领导者对国内外传媒发展的历史流变、理论建设与实操实例有经常性的接触、厚实的积累与敏锐的感知。

第二，上述种种传媒领导者类型与诉求悖论提醒我们，外部条件也是制约传媒领导者媒介素养水准的重要因素。面对纷繁复杂的外部条件和环境，传媒领导者对事物的判断与认知可能是正确的，但却不得不受如体制机制、环境等各方面因素的制约，而无奈地做出带有偏差的，甚至是错误的选择，从而影响了其媒介素养的体现。

第三，传媒领导者媒介素养水准的体现，也取决于其所领导的传媒的影响力。传媒领导者与其所领导的传媒在发挥影响力方面既是互动关系，也是互促关系。特别是优质媒体和传播过程的成功，与优秀的传媒领导者媒介素养的积累与释放有至关重要的关系。此外，时代因素、社会变迁等也是影响传媒领导者媒介素养水准的重要因素。

总之，受多维的内部、外部因素制约，在政治与经济夹缝这一特殊生态中生存，面对甚至应对复杂多元的转型时期问题矛盾的中国传媒，其领导者、掌舵人媒介素养的提升路径、方向与方式是一个多元而系统的问题。

三 如何提升传媒领导者的媒介素养

在美国，1992 年的"媒体素养领袖会议"曾就媒介素养做出了统一的定义：公众使用、分析、评估各种媒介信息，达到沟通交流的目的。该定义包括三个层面，即获取信息的能力、解读信息的能力和使用信息的能力。英国媒介教育学者 David Buckingham 认为，媒介素养指使用和解读媒介信息所需要的知识、技术和能力，并把媒介素养分为使用和解读媒介信息两个层面。[1]

由此定义知，一方面，传媒领导者的媒介素养是对媒介素养问题的拓展，即由传播的接受方拓展到传播的发出方。相比之下，美国学者凯瑞·巴扎尔盖特指出的媒介素养的构成同时兼顾了传播发出方与接受方，包含："（1）技术和应用层面，即能从事媒介部门的工作；（2）语言、语义、美学和价值观层面，对媒介内容的鉴赏与辨别能力；（3）结构层面，媒介部门的结构、经营管理等方面的知识。"[2] 另一方面，传媒领导者的媒介素养与公众的媒介素养也有共通之处，只是二者在不同的层面和出发点上锻炼其获取信息的能力、解读信息的能力和使用信息的能力。

基于此，笔者认为，传媒领导者的媒介素养应该包括四个层次的内容：（1）以个人的素养和经验为底色；（2）推及社会层面的思考，并在社会层面继续沉积素养与经验；（3）通过前两者的感性接触与理性体悟，触及对一些根本问题的思考；（4）形成一种"浑然一体"的、自觉的高品级人格。

在前述内容基础上，结合媒介素养的基本指向，笔者认为提升传媒领

---

① 张艳秋：《国外媒介教育发展探析》，《国际新闻界》2005 年第 2 期。
② 参见陈龙《媒介全球化与公众媒介素养结构的调整》，《现代传播》2004 年第 4 期。

导者的媒介素养需要注意四重维度。

（一）价值观：态度决定一切

"君子务本，本立而道生"，价值观是人们一切接触、判断、认知、行为之本，这适用于包括传媒领导者在内的任何个体。如果出发点错了，那么结果的错误便难以修正。当下的这个时代，后现代的时代气氛加特殊时期的中国现状，使得理想与价值观常常被忽略甚至嘲笑，也有太多人以"情况的复杂"为由放弃对价值观的追求。诚然"复杂的情况"是包括传媒领导者在内的任何个体需要面对和思考的情况，但以此为由放弃"务本"绝不是"高人一等"的体现，反而是个人修养不足的体现。传媒领导者价值观的端正与否，是个人素质与修养的问题。优秀的传媒领导者一方面需要依靠执行力、创造力应对现实社会中的复杂情况，同时也要在内心保持端正且高尚的价值定力。现实状态的不理想是在任何时期、任何国家、任何社会都会存在且饱受病诉的，但如果个体内心没有对"理想状态应是怎样"的认知和追寻的话，有朝一日当现实状态趋于理想时，个体反而会不知所措、迷失自己。

具体到传媒层面，中国改革开放 30 多年来，特别是 1992 年邓小平同志"南方谈话"之后，中国传媒市场化、产业化的探索与发展非常迅猛，取得了一些突破。2011 年中国首次超过德国，成为全球第三大娱乐与传媒消费和广告市场，仅次于第一位的美国和第二位的日本。但在多元化的产业格局带来巨大产业效应的同时，中国传媒的社会文化责任担当却出现了不尽如人意的状况。在市场化、产业化的浪潮中，在"娱乐至死"的环境下，一些中国传媒机构与公司过度追求经济利益，出现了不少为人诟病的问题，如虚假新闻的炮制、植入性行销的泛滥，恶性竞争、低俗化、收视率至上等问题层出不穷，严重损伤了中国传媒的口碑、形象和尊严。这些问题影响到社会层面，成为造成一些领域道德失范、诚信缺失，一些社会成员人生观、价值观扭曲的重要原因。这些均考验着传媒领导者及传媒机构的价值观境界。

就传媒领导者的媒介素养而言，在专业层面需要在内心秉持客观公正、独立自由、交流为大、传播育人、珍视转型时期民众稀缺的注意力等价值理念，并在实践中巧妙地最大限度地展现这些价值追寻。而在更为宏大的层面，传媒领导者更需要有对历史、对社会、对未来、对人类、对道德、对价值的担当，培养自己具有仁爱与兼爱互补的爱人观、兼济天下的责任观、学无止境的问道观、悲天悯人的待人观、君子不惟器的学养观[1]。价值观是态度问题，"本立道生"的基本常识彰显着价值观与态度对一切人、事物的决定性。

当然，我们也反对一味"去政治化"地观照传媒领导者媒介素养问题。传媒不能脱离政治，政治无法离开政党与政府，就是最自由、最先进的、采行公共电视制度的民主国家也概莫能外。"世界上任何形式的政党与政府，无论直接或间接，绝不可能完全退出新闻媒介。"[2] 现代传媒的存在和作用的发挥，总是各方利益让渡和协调的结果，提高传媒领导者媒介素养问题也不可能只是坐而论道。

（二）执行力：细节影响成败

传媒领导者媒介素养中对执行力的要求和培养，是指培养传媒领导者实现各类价值的方法，特别是在体制、机制限制的空间中施展领导能力的方法。由于前述中国传媒在政治与资本夹缝中生存的独特现状愈演愈烈，加之近年来由于新媒体快速发展而带来的民众民主监督力的加大，使得传媒领导者必然要面对不断复杂而深入的执行力问题。

我国传媒领导者媒介素养的提升过程中，在拥有端正的价值观基础上，在我国传媒发展、新闻宣传和报道手法中长期注重宏大与宏观的状态下，传媒领导者也应学会从"细节"入手寻找解决问题的方法、提升解决问题的能力。特别是前述我国媒体当前面临着"两大困境交织"的舆论宣传困境与挑战，一方面是技术层面带来的困境与挑战。传播技术以日新月异的速度发展至今，新媒体特别是微博以其强力而便捷的交流、扩散特征，使得传统媒体的声音很容易被忽视或者消解，自下而上的声音因为传媒技术的发展而越来越难以被屏蔽。另一方面是社会层面带来的困境与挑战。当前中国社会诸多的矛盾和问题集中爆发，不易弥合的阶层差异、贫富差异、城乡差异、地域差异，伴随着各方对政治体制改革的呼声，伴随着风险社会中自然灾难与社会事件的频出，伴随着精英价值观与大众价

---

① 刘俊：《文化·传媒·青年：台湾传媒教育开路人郑贞铭的教育观》，《现代传播》2012年第6期。

② 李瞻：《台湾电视危机与电视制度》，载《台湾危机》，台湾渤海堂文化公司2007年版，第196—197页。

值观的裂口，伴随着近 30 年来中国社会中个体"人"的地位和价值被不断放大。更为重要的是，上述技术层面与社会层面的二元困境并非在各自的维度上平行发展，而是已经相互交织，并将继续交融下去。

在这种状态下，传统上单一的以"宏大"为特征的传媒语态与姿态、运行与操作思想已经显现出其局限性，成为受众反驳的重点；而新媒体传播的个人化、特征化、风格化等特点需要各类各级传媒机构不断锻炼、深刻把握"细节"思维。传媒领导者在宣传与市场、事业与产业的关系与结构问题的处理中，在人、财、物的管理等宏观、中观层面的运作中，以及内容生产与传播的微观问题上，都可寻找关键性的细节，从而找到解决问题的有效办法。

"概念好炒，落实困难，一流的执行才能保证一流的战略。""目标"是前提，"实现"是根本，成功的关键取决于媒体管理者、从业者的执行力。而具体到传媒运作层面，要保证传媒内容与产品的品质、水准和质量，"需在'细节'上着着不让，否则差之毫厘，谬以千里"①。

（三）艺术性：诗意提升现实

传媒，特别是新闻传媒，系"硬"度较大的社会公器，它亲近现实与理性而常常需要与感性保持一定距离，传媒领导者的媒介素养与个人气质当然要与这一特点相称。但这并不等于说传媒领导者仅需培养理性的媒介素养，仅需培养应对现实问题的能力。传媒不仅反映现实，也构建现实，还创造美——创造现实中的美，美中的现实。艺术与美是日常现实的一种停顿，在停顿于艺术的这一刻，现实被抽离为美感，使得人们能够突然跳出日常生活与世俗现实，陌生化地观照日复一日、习以为常的经验，发现现实的或崇高或丑陋，或壮美或荒诞，或伟大或卑微。当人们从停顿于艺术的那一刻走出再回到现实中时，现实在人们的心中已经得到升华，人们也便可以从更高的视野、以更从容的心态来观照现实。这就要求包括传媒领导者在内的传媒从业人员需要有健康、丰盈的艺术观与审美观，在反映和构建现实的同时提升现实。

此外，由于较之于西方文明，中华文明的理性思考往往让位于感性体悟，如混沌一体的思维方式对抗着西方因果点状式的思维方式；同时，在

---

① 参见王甫、吴涛、胡智锋《2005：中国电视备忘录》，《现代传播》2006 年第 1 期。

与思维方式相关联的行事方式中，中国人多选择"持两端用之中"，而非极端的行为追求。这种思维与行为取向，给中国式的实务处理方式留有较为充分的余地和空间，突出表现便是处理事务的方式多是"艺术"化的，甚至直接被称为"艺术"，如管理艺术、执政艺术、军事艺术、烹饪艺术。所以，作为传媒领导者媒介素养的组成部分，对宣传与领导艺术的培养不可不察，如果"艺术的"处事手段与方法运用得当，其所得到的良好结果，必然也是一种对现实的提升。

（四）创造力：智慧改变世界

面对复杂而多样的外在压力、外在诱惑，传媒机构既要保持自身独立，又要赢得发展空间；既要满足受众需求，又要协调多方关系，这需要有创造力的智慧来实现。饱富智慧的创造力对于调适传媒发展空间、改变外部环境具有重要意义，这必然成为传媒领导者媒介素养提升的重要方面。

有关传媒的一切都离不开鲜活的社会生活实践，离不开悠远的历史文化传统，离不开理想与现实的交融，也离不开本土和国际的会合。在特殊的国情条件下，在种种对峙与冲突中，要学会辩证地、历史地、中肯地协调各种矛盾和问题，化腐朽为神奇，化危机为转机，这就离不开创造性思维这把钥匙。中国传媒不仅要用智慧改变自身，还要通过智慧改变世界，这是他们的社会责任和历史使命。[1]

拥有创新精神的智慧，一则基于传媒领导者对历史的熟悉，无论哪个领域，绝对的、纯粹的"新"是并不多见的，所谓的创"新"必然多基于已有的积累。优质的创"新"、对事物精准的预判，这与深刻把握了已有情况的运行轨迹、对已有情况了然于心有密切关系。二则传媒领导者的创新智慧，不仅可以助推传媒发展高歌猛进，也体现在对限制与危机的规避上，这需要胆识、学识、能力、性格、魅力的综合参与，需要智力与体力的高度紧张与勃发。传媒领导者饱富智慧的创新力既是一种能力，也是一种过程，还可以表征着一种结果，对它的判断也是综合性的。三则在新媒体时代，技术进步支持下的新技术、新内容、新形式的融合，技术无国界、跨区域、即时传播等超越时空的特点，为创造力的打磨与实现提供了

---

[1] 参见王甫、吴涛、胡智锋《2005：中国电视备忘录》，《现代传播》2006 年第 1 期。

平台。具有优秀媒介素养的传媒领导者需要正面积极地拥抱这一创"新"发展的"新"平台，而不是因对平台的不适应而主动放弃它。

在这样一个信息爆炸的时代，传媒领导者接触的信息更为多元且数量庞大，但巨大体量的资讯是否就是智慧？是否能助推创造力的提升？只有基于多元资讯和多方诉求，透过自我经验的过滤、观察、分析与辨别，以及常态的反省，辅以健全的人格，才可能逐渐形成有益于传媒领导者本身、有益于传媒、有益于社会和国家、有益于文明、有益于人类的智慧。

在西方媒介素养的理念与实践中，曾有一个比喻，即媒介素养教育的地位好比医疗卫生教育的地位，后者是教会人们避免外在物理病菌侵入身体，保证身体健康；而前者是在保护人们避免精神病毒腐蚀身体，保持精神强健。这正是媒介素养关注点拓展到传媒领导者的意义所在，传媒领导者的精神强健，无论是对于接受者的认知，还是对内对外传播工作的有效开展，都有不容忽视的"保障"意义。媒介素养的理论和实践也应顺势逐步从方法战术层面走向顶层战略层面。

（本文与刘俊合作，发表于《新闻记者》2013 年第 11 期）

2013 年政府媒体管理与服务的三点观察

2013 年我国政府在传媒管理与服务方面，呈现出一些新的现象与趋势，特别是在媒介融合时代，政府对媒体管理的整合化、加强对网络新媒体的管理与服务、重视媒介内容的市场化与公益化相结合等方面表现突出，值得关注。

一 媒介融合时代政府对媒体管理整合化

美国马萨诸塞州理工大学的浦尔教授最早提出"媒介融合"概念时，恐怕不会想到日后的世界会如此迅速而深刻地走向数字化生存、全媒体生存。①

随着以数字技术、网络信息技术为代表的现代信息传播技术的发展，以及人类对多媒体环境的熟悉与依赖程度不断增强，媒介融合已成为当前人类信息传播领域中最重要的特征。报社、出版社、通讯社、广播电台、电视台和互联网的融合发展，已成为人类信息传播的大势所趋。

改革开放 30 多年来，我国的新闻出版和广播影视业有了长足发展；但一些突出问题一直没有得到妥善解决，例如政府按照不同媒体类别分别管理与审批，不同媒体类别的传媒集团间存在交流障碍等。部门分割、条块封锁等问题困扰着传媒产业的进一步融合与发展。

面对这一现象，2013 年 3 月我国政府切实推进"大部制"整合，将原先的新闻出版总署和国家广播电影电视总局整合，组建成新的"国家新闻出版广电总局"，不再保留广电总局、新闻出版总署。2013 年 7 月 17

---

① 胡智锋、刘俊：《主体·诉求·渠道·类型：四重维度论如何提高中国传媒的国际传播力》，《新闻与传播研究》2013 年第 4 期。

日发布的《国务院办公厅关于印发国家新闻出版广电总局主要职责内设机构和人员编制规定的通知》中，"新总局"七项"加强的职责"涉及新闻出版广播影视领域的公共服务、业态整合、数字与网络出版传播、著作权保护、国际传播、市场调节、社会监督和行业自律等事业与产业体制机制改革的内容。① 在此之前，从地方政府的管理实践来看，一些地方行政单位已经将其文化、出版、广播电视，甚至旅游、体育等管理部门进行整合。

这一举措也借鉴了海外的成功经验，一些发达国家和地区的文化管理与服务部门往往承担着对新闻出版、广播电视、文化艺术、（艺术）教育与（人文）旅游等领域的综合管理与服务工作。

我国政府面对时局变化，对媒体管理与服务部门进行调整，有其重要意义：

第一，从传媒业自身发展角度而言，这一举措是传媒发展的必然呼唤与必然结果，也有助于媒介融合时代中国传媒的进一步发展壮大，特别是有助于传媒事业与产业的双重解放。不同媒体形态管理与服务的条块壁垒得以打破，不同种类信息产品的提供端与传播端的壁垒得以打破，一定程度上为我国传媒业的发展繁荣扫清了障碍。

第二，从政府管理与服务角度而言，这一举措是我国政府传媒管理服务逐渐走向自觉的表现，也必将有助于政府更清晰地认识到媒介融合时代媒介社会角色的变化，提高"管办分离"的程度，提高对事业、产业调控与推动的力度，进一步提高管理与服务的能力。此次国家层面的媒体管理机构整合可以视作地方层面整合的延伸，有助于各级别媒体管理的统一。

第三，从提高中国国际影响力、提升文化软实力角度而言，这一举措借鉴了发达国家和地区的有效经验，释放了我国传媒的发展能量，有助于实现新闻出版和广播电影电视业着力打造世界一流媒体和世界一流文化产品，提高在信息自由流动时代中国传媒和国家整体的国际传播力，瞄准打破不平衡的国际信息传播秩序的目标，最终提高国家文化软实力和综合国力。

---

① 《国家新闻出版广电总局取消一般题材电影剧本审查》，人民网（http://media.people.com.cn/n/2013/0717/c120837-22227177.html）。

整合之后的国家新闻出版广电总局需要进一步解决内部原有的利益分割等问题，做到既"整"又"合"。如何将新媒体管理与新闻出版、广播影视管理相结合，也是下一步政府管理需要考虑的问题。

二　加强对网络新媒体的管理与服务

针对互联网媒体的管理与服务，2011年5月4日国务院办公厅就设立"国家互联网信息办公室"发出通知，这是我国政府近年来针对新媒体管理与服务的重要举措；2013年春季，国家互联网信息办公室进行了一轮人事调整，并会继续出台进一步的管理与服务措施。

国家互联网信息办公室的部级单位级别受到各方瞩目，在所有的传媒形式中，我国政府对互联网的重视支撑它以超常规的速度发展。究其原因，主要有以下几点：

第一，在全球范围内，网络新媒体的崛起速度惊人，迅速取代电视成为世界第一大媒体。电视曾以惊人的速度取代广播成为世界第一大媒体，但其取代的过程无论在速度上还是在影响上都无法比肩当下的互联网媒体。新媒体地位的快速提升，极大地影响着媒体自身格局，媒体边界日益模糊：新媒体与传统媒体的相互融合、大众传媒与自媒体的多元存在、主流媒体与非主流媒体的同时发声……互联网显然是搅动这个格局的关键。

当今世界，传媒不仅是人们认识世界、改造世界的手段，而且改变了人们的生活方式，特别是网络新媒体正深刻地改变着当代人的个体特性和集体人格，使人类生活的许多权力关系与权力结构发生了分化和重构。

第二，就中国而言，网络新媒体的发展速度也十分惊人。十几年前还只是满足民众信息搜索、社群聊天的充满风险投资意味的互联网，如今已经在参与政治、协助商业、供给社交、满足娱乐、开展公共服务等方面成为最强势的媒体。

2013年7月17日发布的《第32次中国互联网络发展状况统计报告》显示，截至2013年6月底，中国网民数量达到5.91亿，互联网普及率为44.1%；手机网民规模达到4.64亿。手机作为上网终端表现抢眼，不仅成为新增网民的重要上网工具，而且在即时通信、电子商务等网络应用中均有良好表现。值得一提的是，我国互联网在农村普及速度较快，半年内新增网民中农村网民占到 54.4%。① 中国互联网行业的发展也十分迅速，截至 2013 年 6 月，我国域名总数为 1470 万个，其中 ".CN" 域名总数为 781 万个，相比 2012 年底增长了 4.0 个百分点。中国网站总数升至 294 万个。② 世界互联网发展已有 "G2" 之说，中国互联网的发展速度几乎与美国平行，许多美国较为成功的电商、视频、社交网站模式，在中国都能很快地成功出现。

第三，面对上述现象，在新的发展时期，我国政府管理部门亟须不断调整对互联网的管理和服务战略，在管理和服务两大方面以 "整合"、"专门" 的思维对互联网的监管采取措施。

一则从管理角度而言，在我国互联网一方面在推动舆论监督、民主协商、政治改革等方面贡献巨大，这一点值得肯定并需要各方继续推动；但同时，互联网自身环境也亟待净化，网络行为不端已成为影响我国社会和谐稳定的重要因素。由于我国互联网领域的一些乱象，导致有损中国形象的国际事件和国内群体性事件屡见不鲜，这需要我国政府有专门的整合机构进行监督。此外，近来的 "斯诺登事件" 进一步使我们认识到国家整合各方力量保障网络安全的重要性；社交网络媒体的重要性也逐步被政府认知。正是由于互联网媒体的迅速发展，并已经成为国家对外、对内安全的重要一环，所以对政府管理而言，亟须改变互联网领域监督、管理的被动局面。

二则从服务角度而言，我国政府亟待解决先前的互联网内容管理中存在的问题，如文字新闻类由国新办管理，影音内容准入牌照归广电总局审发，出版、游戏类由文化部和新闻出版总署监管。针对这些交叉重叠、条块限制等管理与服务问题，新成立的国家互联网信息办公室将集中统一负责网络新闻业务及其他相关业务的审批和日常监管，指导有关部门做好网络游戏、网络视听、网络出版等网络文化领域业务布局规划等。③ 这有助于我国互联网业的发展壮大，在对内传播与国际传播方面都有重要意义。

---

① 中国互联网络信息中心，[2013 – 07 – 17]. (http://www.cnnic.net.cn/hlwfzyj/hlwxzbg/hlwtjbg/201307/t20130717_40664.htm.)

② 中国互联网络信息中心，[2013 – 07 – 17]. (http://www.cnnic.cn/hlwfzyj/hlwxzbg/hlwtjbg/201307/P020130717505343100851.pdf.)

③ 陈振凯：《国家互联网信息办公室挂牌》，《人民日报（海外版）》2011 年 5 月 5 日第 4 版。

我国的地方政府也出台了相应的举措，以整合互联网管理。

总之，这一举措一方面使我国互联网"政出多门"的多头管理体制得到一定程度整合，若政府措施得当、管理合理则有利于我国互联网业的进一步发展；另一方面有助于网络环境的净化，规范互联网各方参与者的行为。未来我国政府在互联网的管理与服务方面将进一步推出长效举措，并可能进一步推动网络立法的进程。

三 重视媒介内容的市场化与公益化相结合

传媒公共服务既是一个国家公共服务的重要组成部分，也是文化建设的重要领域。传媒掌握的社会资源是公共信息通道、交流平台，它营造了一个可供大众共享的空间，其在国家与社会中的公益性角色尤为重要。

改革开放30多年来，特别是1992年邓小平同志"南方谈话"之后，我国传媒市场化、产业化的探索与发展非常迅猛，取得了一些突破。2011年中国首次超过德国，成为全球第三大娱乐与传媒消费和广告市场，仅次于第一位的美国和第二位的日本。

但在多元化的产业格局带来巨大产业效应的同时，我国传媒的社会文化责任担当却出现了不尽如人意的状况。在市场化、产业化的浪潮中，在"娱乐至死"的环境下，一些传媒机构与公司过度追求效率，过度强调产业、收视率、票房，出现了不少为人诟病的问题，如恶性竞争、低俗化、收视率至上等，严重损伤了我国传媒的口碑、形象和尊严。这些问题影响到社会层面，成为造成一些领域道德失范、诚信缺失，一些社会成员人生观、价值观扭曲的重要原因。

所有这些传媒公共文化服务践行方面的不足，市场化与公益化之间的不平衡等问题，我国政府必须积极应对，正面回应，寻找解决途径。

近年来，我国政府在宏观层面发出了有力的声音，如在2011年10月中国共产党十七届六中全会通过的《关于深化文化体制改革推动社会主义文化大发展大繁荣若干重大问题的决定》以及2012年11月的《中国共产党十八大报告》中，都强调了传媒公益性的重要性。在微观层面，我国政府也出台了一些措施，如2011年10月原国家广电总局下发了《关于进一步加强电视上星综合频道节目管理的意见》（坊间称"限娱令"）及《关于进一步加强广播电视广告播出管理的通知》（坊间称"限广令")等。2013 年 7 月 17 日发布的《国务院办公厅关于印发国家新闻出版广电总局主要职责内设机构和人员编制规定的通知》中，新成立的国家新闻出版广电总局有七项"加强的职责"，其中有三项明确规定了加强公共服务、公益性指导的职责。[①]

这些政策实施之后取得了一定成效，特别是 2013 年我国传媒业界在平衡公益性与市场化的自觉方面，有一些良性表现，这一点在电视综艺和纪录片等影响力较大的传媒作品中表现突出。

第一，就电视综艺节目而言，近年来，特别是 2013 年的一些电视选秀类节目呈现出一些重视传媒公益性的特征，主要有以下表现：（1）通过传媒平台筹集公益基金，通过"梦想类"选秀节目发放公益基金，达到公益目的；（2）尊重、聚焦普通人的人生，为普通人取得成功提供渠道和舞台；（3）重视情感的打造，特别是对百姓亲情、爱情、友情的展现与抚慰；（4）鼓励原创，提升对民间原创的关注，提升民间原创的地位。虽然综艺选秀类节目不可避免地带有"编剧"色彩，但至少上述价值观引导是正向的，值得鼓励。

中央电视台综艺节目《梦想合唱团》可做此类节目的代表。该节目表现的是，八位中国视听界当红明星回到家乡，通过海选召集 20 位来自各行各业的当地百姓，组成城市"梦想合唱团"，经过训练、竞赛及他们的情感故事，赢得晋级，获得相应的公益基金，并将公益基金投入到其家乡的公益事业当中。此类节目将海外成功的娱乐节目模式与中国传统的道德元素相结合，体现了市场化与公益化的相得益彰，这也是未来我国电视文艺的发展方向之一。

第二，纪录片作为电视文艺中提供严肃、知性等"硬"内容的表现形式，相比其他电视文艺形式散发着更多的公益气息，海外诸多国家和地区的公共电视都将播放纪录片作为重要内容。近年来，我国政府也充分认识到纪录片在对内提供公共服务、对外提高国际传播力方面的作用，原国家广电总局于 2010 年秋发布了《关于加快纪录片产业发展的若干意见》，这是中国国家管理部门第一次对纪录片发展提出的整体性指导意见。受国家政策导向等因素的影响，近两年我国纪录片的发展速度明显加快，出现

---

① 《国家新闻出版广电总局取消一般题材电影剧本审查》，人民网（http：//media. people. com. cn/n/2013/0717/c120837 - 22227177. html）。

了《舌尖上的中国》等精品力作，培育了中央电视台纪录频道这一国家级纪录片制播平台。央视纪录频道开播两年多来已在内容生产、播出渠道、产业运营、文化引领、国际传播等方面有力地推动了我国纪录片的发展。

传媒市场化与公益化的结合，是新一届中国政府正视、重视当前转型时期中国社会现状的表现。弥合不同阶层、地域与城乡之间的差距，解决不同阶层、地域与城乡之间的矛盾，将成为无论是政府施政，还是传媒未来发展的重中之重。当然，市场化和公益化相结合，不是放弃市场而一味追求公益。毕竟在现代社会，传媒发展壮大的过程中，各种要素如果不能构建为一种产业化的组合和运作模式，必然在很大程度上缺乏内在的生命活力，传媒的影响力便无从谈起。

总之，2013 年我国政府在新闻出版、广播电影电视、网络新媒体的管理与服务以及重视传媒公益性和市场化结合等方面，呈现出一些新的管理与服务的思路与变化，取得了一些成绩，但同时也面临着不少问题。在未来，如何进一步保持我国传媒的良性快速发展，考验着传媒管理者、业者、学者的智慧。

（本文与刘俊合作，发表于《视听界》2013 年第 5 期）

四重维度论如何提高中国传媒的国际传播力

在当前全球传媒的国际传播格局中,"西强我弱"的不平衡传播结构依然难以打破,我国传媒的国际传播力与我国的政治、经济大国的国际地位很不相符,这极大地阻碍了中国文化软实力和综合国力的进一步提升。中国传媒需要在国际传播的实践当中,在与国际一流媒体的比照当中,在对国际传播历史演进的考察与辨析当中,不断积累有效经验、寻找发展短板,并最终获得理性而自觉的认知与判断,切实提高国际传播能力。

一 背景与问题:中国传媒国际传播力亟待提高

当下的中国,对外界而言像是一个巨人,体量庞大,让人赞叹,它吸引着外界向这个巨人拢近;但是,在拢近的过程中,外界逐渐发现这个巨人的脾气与秉性却并不为人所知,并且由于缺乏了解产生了恐慌与隔阂。由是,在拢近的过程中便出现了障碍,延缓了进程。况且,巨人越是缺乏对外告知的能力,外界越是只能通过巨人庞大的体量去直观判断:体量可怕,脾气也应可怕。这一比喻反映了如下矛盾:从全球环境来看,改革开放30多年来,中国的政治地位不断提升,经济上也已成为世界第二大经济体,中国在国际社会的地位与影响力甚至紧逼美国,国际社会早有"G2"之说。但与此同时,面对快速发展的中国,国际社会对真实、深刻的中国形象感知度不高,多是停留在对一些中华文化与人种符号的浅层认知上,或是秉持中国政治、经济、军事、资源环境等"威胁论"。中国的国际传播远未在价值观、思维方式、生活方式等方面参与到对异质文化的影响中。从很大程度上讲,国际传播从策划到传播过程到效果达成与反馈多是由一国传媒来具体承担的,因而我国传媒的国际传播力不高是造成上述"不符"的重要原因。

根据中国国际传播领域研究人员，对比中国与世界主要国家的传媒实力而进行的量化统计：中国的传媒实力位居世界第二位，超过日本、英国、德国等发达国家。从动态变化的情况看，中国传媒实力在过去 20 多年时间里发生了巨大变化。不过，上述成就主要反映在"量"的方面，就"质"的方面而言：中国的国内传播实力相对最强，相当于美国的 89%，传播基础实力也相对较强，相当于美国的 56%；但需要特别注意的是，中国的国际传播和传媒经济实力还十分羸弱，分别只相当于美国的 14% 和 6.5%。[1] "世界上 80% 的书刊首先是用英语出版，一半以上的日报和电视节目是用英语刊登或播出，并不断被译成其他文字。"[2] "西方的四大主流通讯社：美联社、合众国际、路透社、法新社每天发出的新闻量占据了整个世界新闻发稿量的 80%。传播到世界各地的新闻，90% 以上由美国等西方国家垄断。西方 50 家媒体，跨国公司占据了世界 95% 的传媒市场……美国控制了全球 75% 的电视节目的生产和制作。"[3] 长期以来，西方媒体凭借其在综合实力、技术装备、品牌人才等多方面的绝对优势，牢牢掌握了国际突发事件报道的话语权。有研究专家作过粗略统计，目前国际新闻尤其是国际突发事件的报道和后续报道，大约 90% 来自西方媒体，其结果往往是是非颠倒，或者是非不分。[4]

面对上述问题与困境，我们必须放眼考察国际传播环境和结构，主动出击。正如美国学者托马斯·麦克费尔所言："在传播领域内，对于全球大赢家来说，战略性计划就是'全球性'计划而不是'国家'计划。"[5] 近几年在提升我国传媒国际传播力方面，党和国家做了许多制度设计和政策指导，比如十八大报告中提出"构建和发展现代传播体系，提高传播能力"，十七届六中全会提出"提高社会主义先进文化辐射力和影响力，必须加快构建技术先进、传输快捷、覆盖广泛的现代传播体系。加强国际传播能力建设，打造国际一流媒体，提高新闻信息原创率、首发率、落地

---

① 参见胡鞍钢《中国是一个迅速崛起的传媒大国》，2004 年 7 月，新华网（http：//news. xinhuanet. com/newmedia/2004 -07/03/content_ 1565018_ 3. htm）。

② 郭可：《国际传播学导论》，复旦大学出版社 2004 年版，第 41 页。

③ 胡正荣、关娟娟主编：《世界主要媒体的国际传播战略》，中国传媒大学出版社 2011 年版，第 208 页。

④ 王庚年主编：《国际传播发展战略》，中国传媒大学出版社 2011 年版，第 132 页。

⑤ 明安香：《传媒全球化与中国崛起》，社会科学文献出版社 2008 年版，第 17 页。

率"。中央领导同志围绕现代传播体系也做了很多讲话和指示，提出了一些有针对性的政策和观点。

当然，这一问题不仅是政府层面的担忧，也是传媒业界、学界及社会各界的焦虑。而且这种"不符"与"担忧"、"焦虑"还将在相当长的一段时期内持续存在，影响到我们国际交往、国内社会生活的方方面面；甚至造成我国文化交流中的"逆差"①，严重影响到我国的软实力主权，给自身文化带来极大的被动并导致精神家园的荒芜。由此，如何提升中国传媒的国际传播力，已经成为摆在我们面前的重要课题。本文从主体、诉求、渠道、类型四重维度回应上述问题与困境。

二　"四重维度"的应对：提高中国传媒国际传播力的多元路径

（一）主体：淡化"硬"身份，打造"软"身份

不可否认，在世界传媒的国际传播史中，政府官方背景或身份曾一度成为传媒这一传播主体的首要标签，连英美等国际传播发达国家也概莫能外。但"二战"之后，特别是"冷战"结束以来，西方优质传媒在国际传播中越来越淡化甚至隐去传播主体的政府官方的"硬"背景与身份，而是让传媒有民间、行业、专业的"软性"主体身份或形象，并配合外交领域"公共外交"的理念与实践。我们认为，传播主体的身份或形象从"一元"到"多元"、从"官方"到"民间"、从"政府"到"行业"、从"宣教"到"专业"，这正是我国传媒未来提升国际传播力的必由之路。

1. "软"、"硬"益彰："官方→民间、政府→行业、宣教→专业"的跨越

世界上从来不存在与政府官方绝缘的传媒："媒介不能脱离政治，政治无法离开政党与政府……就是最自由的最商业化的美国新闻事业，与政党政府的关系，更是密切关联。政府透过公共关系，直接参与新闻媒介的运作……世界上任何形式的政党与政府，无论直接或间接，绝不可能完全

---

① 段京肃：《略论文化交流中的"逆差"现象》，《国际新闻界》2001年第2期。

退出新闻媒介。"①

　　但在当今世界，随着国际传播主体的传播手段更为高明、传播客体的媒介素养更为深厚，政府早已不应是国际传播中传媒的唯一背景，也不见得是最重要的主体身份。虽然就国际传播本身而言，大多是一国政府官方的"硬"诉求；但如今"硬"诉求要用"软"身份来实现，"软"、"硬"益彰，才能达到上佳的国际传播效果。特别是由于历史的、深刻的政府官方背景以及长期的事业单位属性下的思维方式与行事方式，中国传媒在国际传播中向来为西方传媒与受众所过滤或拒绝。在国际传媒与受众的刻板印象里，我国传媒曾长久地被画了两个等号，即"中国传媒 = 政府官方 = 宣传"，这使得我们不得不在新的国际传播态势下，主动而智慧地隐去"硬"身份，凸显"软"身份。近年来，在一些国际传播实践中，体现出我们主体身份的理念改变，值得探析。

　　第一，从"官方"到"民间"的身份与形象变换，其要义在于国际传播中，我们要巧妙地培育或容纳一部分媒体，这些媒体或声音与官方保持一定距离，或以根植于社会与民众的"独立"低姿态身份出现。

　　就前者而言，近年来，如"财新传媒"等带有资本运作性质的中国媒体，其稿件在国外媒体的刊登率较高，并与国际大型媒体有密切合作；虽然如财新这样的传媒依然是我党领导下的媒体，但是它的资本运作，它的一贯作风与官方声音有一点距离，这让西方媒体和受众感觉这类中国传媒是比较"民间"的，是可信的。② 民间的面貌、适当的距离、通过市场进行资本运作，这是否应是未来中国政府官方矫正身份，切实提高传媒国际传播力的智慧所在？"在西方，媒介大多是民营性质，以独立自主和代表或维护民众的利益为荣，因此，始终扮演着监督、批判政府或社会的角色。……负责任的国际传播机构并不以一味地批评政府为乐，而是在报道具体问题的时候十分注意官方态度和民间态度的平衡。"③

　　就后者而言，我们注意到：中国政府官方主导制作的国家宣传片（人物篇），在纽约时代广场播放后并未收到预期效果；该片以美国人陌

　　① 李瞻：《台湾电视危机与电视制度》，载《台湾危机》，台湾渤海堂文化公司 2007 年版，第 196—197 页。
　　② 苗棣、刘文、胡智锋：《道与法：中国传媒国际传播力提升的理念与路径》，《现代传播》2013 年第 1 期。
　　③ 陆地、高菲：《如何从对外宣传走向国际传播》，《杭州师范学院学报》2005 年第 2 期。

生的中国精英来代表中国形象，放弃了中国在更广阔层面的"人、景、物、文"温存而真实的风貌，这反而让西方受众感到中国人"生冷遥远"、"不易接近"。根据英国广播公司全球扫描（BBC – Globe Scan）的调查显示，广告播出后，对中国持好感的美国人从 29% 上升至 36%，上升 7 个百分点；而对中国持负面看法者，则上升了 10 个百分点，达到 51%。① 与之相对照，具有"民间"身份的独立制片人孙书云，潜心记录西藏百姓的日常生活，历经春、夏、秋、冬四季的观察拍摄，由此而成的纪录片《西藏一年》既未受到官方资助，也没有为播出造势，却在 BBC 一年内播出 3 遍，并得到了美国、加拿大、法国、德国、西班牙、挪威、阿根廷、伊朗、沙特阿拉伯、以色列、南非、韩国以及覆盖整个非洲的非洲电视广播联合体、覆盖整个拉美的拉美电视广播联合体、覆盖整个亚洲的亚洲发现频道等 40 多个国家和地区的主流电视台订购与播放。② 《泰晤士报》《卫报》《每日电讯报》《星期日独立报》《金融时报》《每日邮报》等英国各媒体都对该片进行了报道。英国《每日电讯》评论："首次揭开神秘面纱，让人真正走入西藏。"英国《星期日独立报》评论："第一次打开了一个真实的圣域。"③ 这部作品中看不到官方的意图与背景，而是充满"民间"记录的追求，却引发了西方社会广泛的正面反响：中国政府对西藏的扶持与建设，对西藏文化生态与自然生态的保护，通过西藏民众"不愿回到过去"的内心满足来体现，得到了国际受众的肯定。

　　第二，从"政府"到"行业"的身份与形象变换，其要义是传媒从直接承担强大的政治功能这一身份，退回到"传播"本身这一传媒行业职责，以行业的任务行事，以行业的做法达到国际传播效果。

　　这一点上，中国国际广播电台在 2006 年、2007 年"中俄国家年"期间曾有不错的实践。"中俄国家年"是中国外交的重要活动，在配合这一政治任务时，国际台没有纯粹、直接、裸露地配合政府宣传，而是把握其传媒的"行业"特色，以传媒"传播"的本职来寻找国际传播的突破口。

---

　　① 《国家形象片效果欠佳》，凤凰网（http：//news. ifeng. com/gundong/detail_ 2011_ 11/17/10717461_ 0. shtml? _ from_ ralated）。

　　② 白瀛：《纪录片"西藏一年"将在国内播出，BBC 曾 1 年内连播 3 次》，新华网（http：//tibet. news. cn/gdbb/2009 –07/16/content_ 17120637. htm）。

　　③ 孙书云：《西藏一年》，北京出版社出版集团、北京十月文艺出版社 2009 年版，封底飘口。

在 2006 年"俄罗斯年"里，国际台策划组织了中俄 10 家主流媒体的 40 多名记者，分坐 13 部越野车深入俄罗斯境内，行驶 15000 公里，对俄罗斯沿途 20 多座城市进行了历时 45 天的联合采访。在 2007 年"中国年"里，国际台同样邀请了 12 家俄罗斯主流媒体，驾车在中国 26 个省市采访报道，以外国媒体为载体，向目标国家的社会和民众传递中华文明和当代建设的图景，巧妙地配合了两国交流的政治活动。"中俄友谊之旅"采访，开创了中俄新闻交往史的先例，不仅得到了两国元首的好评，更得到了俄罗斯传媒业界和民众的支持与接纳。① 再如，2013 年 3 月习近平以国家主席身份首次访俄，如《纽约时报》等级的欧美媒体，如《联合报》等级的港台媒体重点关注了彭丽媛作为主席夫人的亮相，并给予了该亮相高度的评价，这符合国际传播中传媒与受众对"第一夫人"特别关注的传统；而《人民日报》在头版也与国际媒体互动，同样突出了"主席与夫人"的焦点，这是一种符合国际"行业"通用理念的做法，显示了我国主流媒体"行业"思维的回归，值得赞赏。

第三，从"宣教"到"专业"的身份与形象变换，其要义是在与海外传媒机构交流时，拥有相同的业务认知"前结构"，达到以"专业"对"专业"的身份形象与行事规则的对等；在与国际受众对话时，让"客观"、"真实"、"优质"、"接近"的传媒专业品质满足受众的基本期待，填补受众因信息不足而带来的"心理认知失衡"，降低受众对异域文化不确定性的"焦虑感"。

就对话海外传媒机构而言，我们注意到，中央电视台纪录频道自 2011 年 1 月 1 日开播之后，迅速得到海外传媒机构的广泛关注；特别是该频道以"CCTV – Documentary"这一"专业频道"的形象（而非国家电视台的形象）亮相各大专业节展，在国际合作、市场效益等方面不断取得突破，受到海外专业同行的认可。在海外交流中，央视纪录频道一改以往"领导带队、级别排序、官方口径"的国际交往行事做派，而是放平心态，以专业的风貌利用酒会、推介会等形式，增强了中国传媒与国际专业机构的对话能力。淡化意识形态"宣教"色彩、突出频道"专业"，

---

① 时任俄罗斯总统普京认为，"这是推动两国在人文和民间领域交流的一项重要努力"；时任中国国家主席胡锦涛表示，"相信这些活动将增进两国人民的相互了解，深化两国人民的友谊"。参见王庚年主编《国际传播发展战略》，中国传媒大学出版社 2011 年版，第 216 页。

也正是央视内部对纪录频道的整体定位。

就对话海外受众的成效而言，中国新闻社（简称"中新社"）60余年来的"专业"身份与形象定位，可做借鉴。中国新闻社，于1952年10月1日由中国新闻界和侨界知名人士发起成立。应华侨和华文报刊需要而成立的这一背景，为中新社的创建和发展提供了必要的前提条件和广阔的生存空间，特别是树立了其作为具有"专业"特征通讯社的形象。"中新社强调其新闻产品应贴近海外受众的需求和思维方式……在20世纪八九十年代，中新社电讯稿的采用率保持在80%以上……路透、美联、法新、共同、台湾'中央社'等外电也大量转发中新社稿件……进入21世纪，随着互联网的崛起……通讯社电讯稿的传统媒体用户市场普遍萎缩，但中新社稿件的报刊采用率仍保持在70%的水平。"①

总之，无论对于国际传媒机构还是受众而言，"具有侵犯性、试图改变其观点"的传播姿态，总是让人不愉快、不接受的，而民间、行业、专业的身份可以将概念化、符号化的"硬"内容转换成受众易于感知、深感亲近的文本，再配合适当的仪式化修辞，便可以大大降低上述"不快"的发生。其实，淡化"硬"身份，打造"多元"身份与形象，不仅是传媒提升传播力的应有思维，对于整个国际传播而言，也是有益的。

2. 多元主体的合力，公共外交的理念

更进一步，随着全球化的推进与全媒体时代的到来，就整个国际传播而言，理想的状态也不应是官方的主体地位强势，其他主体的地位势弱，而是应由政府官方、传媒、（跨国）企业、非政府组织/民间社团以及公民个体等，共同组成国际传播的多元主体；整合外交、对外贸易、对外宣传等多方面的力量，同时巧妙利用目标国家的各方力量，合力塑造国家形象，实现国家利益。传播的内容也应从政治类信息独大，扩展到商业、教育、体育、文化、娱乐、艺术、服务、科技、军事等各个方面。国家形象并非单一、笼统的概念，它需要细分为上述多方面的政治、经济、社会、文化、艺术形象，并由这些图景共同组成。

哈佛大学肯尼迪政治学院国际关系学教授约瑟夫·奈曾指出，在对外传播中，"政府广播……其弱点在于无法对人们在不同的文化背景下如何

① 胡正荣、关娟娟主编：《世界主要媒体的国际传播战略》，中国传媒大学出版社2011年版，第192、201—202页。

接受信息施加影响。信息的发送者知道自己说什么，但却并不总是知道传播活动的对象听到什么。文化上的障碍往往使人们听到的东西变得扭曲……对于传达信息和兜售一种积极的形象来说，完成得最好的往往是公民个人。今天，采用软的一手进行推销可能会被证明比采用硬的一手更有效。"① 在国际传播中，无论公民个体是否真的是最佳传播主体，但"软"、"硬"兼施，多元传播主体的思维，的确是当前国际交往、国际传播中最主要、最有效的理念与实践。

这一点已为公共外交的成效和成功所证实。"公共外交既继承了传统外交工作的诸多特征，又倚重和借助大众传播，实现国家层面对国外大众的外交。其核心的本质区别就是通过传播来影响国际公众的态度，塑造本国形象。"② 公共外交是当前国际社会盛行的外交理念与实践，虽然它的行为主体依然是政府，但是不同于古典外交，其行为对象是公众，而且强调扶植体制外的多种外交"利益集团"，并借助传媒，达到对他国政策制定以及涉外事务处理施加影响的目的。公共外交强调要赢得公众的支持，就必须具有稳定可靠的沟通手段。③ 显然，在全球化的媒介融合时代，如果依然放大传媒主体单一的政府背景、官方身份，便不能达成国际传播中"稳定可靠"的沟通结果。

（二）诉求：从"宣传"走向"传播"

在我国国际传播发展历程中，受官方意志的左右，传媒曾长期秉持"以我为主"的对外宣传思维，严重无视"宣传"与"传播"的区别，也不了解对外"宣传"与国际"传播"的不同（见表1），造成了中国国际形象与传媒国际传播力长期落后的困局，并给日后的"提升"与"赶超"带来极大困难。因此，与前述传播主体"淡化'硬'形象，打造'软'形象"的要求相关联，在传播"诉求"维度上，中国传媒需要从以单一"宣传"目标为主导的诉求，逐步走向以"传播"目标为主导的诉求。

---

① ［美］约瑟夫·奈：《网络时代"公民外交"的利弊》，《纽约时报》2010 年 10 月 5 日。
② 叶皓：《公共外交与国际传播》，《现代传播》2012 年第 6 期。
③ 参见高飞《公共外交的界定、形成条件及其作用》，《外交评论》2005 年第 3 期。

表1　　　　　　　　　　　对外宣传与国际传播的区别①

对外宣传	国际传播
政府主管	公私兼营
冷战的产物	全球一体化的结晶
政治喉舌	社会媒介
单向传播	多向传播
国内题材为主	国内外题材并重
讲导向	重平衡
你听我说	你听他说
主观性强	客观性强
按政治规则变化	随市场规律波动
是一种政治行为，讲政治效益	是一种经营行为，重经济效益
专题报道多	新闻信息多
强调报道时机	追求传播时效
强调友谊、友善、友爱	追求娱乐、新奇、刺激
具有战役性、阶段性	具有战争性、常规性
强调国家形象	注重媒体形象
直接反映国家或政府利益	间接反映国家或民族利益
显性	隐性
内宣的延伸	外交的延伸
受国内宣传纪律约束	遵循国际传播惯例

1. 中国气质，共通表达

从"以人为本"的提出，到十八大报告从国家、社会、个人三个层面提出"富强、民主、文明、和谐"、"自由、平等、公正、法治"、"爱国、敬业、诚信、友善"24 字的社会主义核心价值观，我党的执政思想不断从单一政治意识形态至上的阶段，过渡到充满多元、普世、人本情怀的阶段。因此，中国传媒在国际传播过程中，要以中国气质为根基并着力寻求人类共通的表达方式，增强具有亲近性的分享感、减少具有明显"试图改变对方"的凌厉感，这正是我们在国际传播中从"宣传"目标走

① 陆地、高菲：《如何从对外宣传走向国际传播》，《杭州师范学院学报》2005 年第 2 期。

向"传播"目标的应有思维。

"我国有关部门经常会花费大量资金做西藏文化展。有几个外国朋友曾经和我讲:'我们原来都以为西藏是中国的,但当看完你们政府的大展之后,我们似乎认为西藏不是中国的。因为所有展览的文字和内容都告诉我们,如此奇特的景观、如此奇特的山川、如此独特的生活风尚、如此独特的宗教与民俗习惯,与中国其他地方差异太大!'"① 与一味追求"宣传"目标的实现形成鲜明对比的,是前述独立制作人纪录片《西藏一年》的向"传播"理念找诉求。为了创作该片,独立制作人在西藏古镇江孜与片中八位普通的藏族人生活了一年有余,片中选择的记录对象都是普通的人:如农村巫师、医生、农民、寺院喇嘛、基层干部、包工头;片中记录的场景都是普通的日常生活:如吃饭、看病、打工、婚庆、算卦、打官司;片中体现的内涵却是多元而真实的:一方面改革开放之后西藏人民渴望现代也走向了现代,另一方面他们又背负着沉重而封闭的千年文化传统,于是片中他们人生的喜怒哀乐、日常的举手投足都与时代的碰撞相关。该片通过人本的、情感的、真实的表达,将价值预设与猎奇心态降到最低,让西方受众感到这是在"传播"而非"宣传",其达到的传播效果正如英国《卫报》的评论:"以罕见的深度、惊心动魄的力量,公正记录当今世界最有争议、最偏远地方人们的真实生活。"《泰晤士报》的评论:"轻扬如飞雪、深远如禅宗,见证了一个真实的神秘藏地。"② 该片脉脉浸润着的正面中国形象,得到了国际社会的肯定。2008 年 3 月 6 日,BBC第四台播出《西藏一年》第一集。播出前,BBC 第四台台长骑着自行车赶到伦敦孙书云的工作室审片,看完了《西藏一年》,他说了一句:"非常好,我不想动任何地方。"BBC 播出第一集的几天后,西藏发生了"3·14"暴力事件,之后这个片子在西方得到了更多的关注。③ 该片在西方主流媒体的播出,恰好是对 2008 年北京奥运会前后西方媒体辱华大潮的一次温润而有力的回击。

---

① 胡智锋在北京师范大学"世界文化格局与中国文化机遇"国际研讨会"中国文化有效性传播"论坛的发言,2012 年 12 月 20 日。

② 荣守俊:《纪录片〈西藏一年〉在西藏受到广泛好评》,2009 年 10 月,新华网(http://tibet. news. cn/jrxz/2009 – 10/21/content_ 18008846. html)。孙书云:《西藏一年》,北京出版社出版集团、北京十月文艺出版社 2009 年版,封底飘口。

③ 王尧:《〈西藏一年〉从 BBC 到 CCTV 的幕后》,《中国青年报》2009 年 7 月 31 日第 7 版。

同样巧妙隐去并意在摒弃"宣传"目标，而思考如何实现并成功实现"传播"目标的，还有 2012 年度最热纪录片《舌尖上的中国》。该片不仅获得海外市场的高度评价，发行到东南亚、欧美等 27 个国家和地区，首轮海外销售即达到 35 万美元，创造了近年来中国纪录片海外发行的最好成绩；① 更突破了纪录片专业领域，引领了社会话题和风尚，在海外引发了一股"中国热"，成为国际传播中经典的文化事件。《舌尖上的中国》的上佳，在于对中国吃食的精心网罗与诱人呈现，也在于对吃食背后中国人生存故事的低姿态表述，更在于它似乎在寻找一些线索，寻找许多属于中国人也属于全人类通用的温情传递、道德规约、远年告知，让现代人不至于过于多元放肆、过于无所畏忌。无论这些食物是相似还是不同，它们的制作中都融入了中国人的生态与性格：顺天顺形的乐天适应，也刚也柔的形气变幻，放眼量取的苍翠传递，品质细察的悠长追寻。② 而这些，也是西方人、西方价值观所认同和亲近的，国际观众也会从中体悟到对亲人的情感、对朋友的情感、对家乡的情感、对民族的情感、对一方土地的情感……这些都是人类共通的情感。这种情感既是中国的，也是世界的；既是当下的，也是永恒的。在"传播"过程中，如果受众对信息不易或难以进行"对抗式解码"，便会极大提高传播目标有效达成的可能；而"宣传"目标主导下的传播效果，却往往相反。

"一部影片的影响，超过 100 本书和 100 次讲演。"③《舌尖上的中国》与国家宣传片的效果相反，《西藏一年》与西藏展览的效果相反，可见：多元、人本、情感的价值呈现助推传播目标的达成，使中国的良好形象立体起来，而单一宣传至上的诉求往往只能不断加强西方民众对中国模糊、负面的刻板印象。前者是"作品"与"产品"时代的国际"传播"应有思维，而后者是"宣传品"时代对外"宣传"的惯常心态。我们当下的传媒国际传播，早已越过"宣传品"阶段，历经"作品"时期，逐步走向"产品"时代。④ 虽然"产品"时代依然存在许多问题，但正是有了

① 白瀛、左元峰：《普通人的生活、共同的兴趣——中国纪录片迈进国际市场》，2013 年 1 月，新华网（http://news.xinhuanet.com/fortune/2013-01/15/c_114377592.htm）。

② 胡智锋、刘俊：《2012 年中国电视文艺的几大亮点及几点思考》，《艺术百家》2013 年第 1 期。

③ 杨猛：《〈西藏一年〉的真实镜像》，《南都周刊》第 336 期。

④ 胡智锋、周建新：《从"宣传品"、"作品"到"产品"：中国电视 50 年节目创新的三个发展阶段》，《现代传播》2008 年第 4 期。

孜孜不倦的追寻，我国传媒国际传播能力才不断在反思中积累，最终得以提升。

总之，我们在传媒的国际传播中需要借助人类共通的语言，向人类共通的体验力找寻诉求，将灿烂的本土文化中某些元素提取、包装并转换为可供人类共享的文化，将千年中国传统文化的内核融入现代思考并转换为易于现代"地球村民"接受的文化，将无论输出还是引进都"以我为主"的文化思维转换为双向融合、多向传播的文化，① 以打造中国积极合作、富强进取的经济形象，文明现代、正义负责的政治大国形象，和平、友好的军事形象，坚持原则、灵活务实的外交形象，以及底蕴丰富、创新发展、兼容并蓄的文化形象。②

2. 贴近不同受众的文化背景与接受习惯

对于处在国际传播范畴内的传媒而言，一方面，如上所述，我们需要充分理悟"中国声音、世界表达"的理念，从而向"传播"目标找诉求；另一方面，我们需要看到传播的对象——国际受众的复杂性和多元化存在，在传播中要区分不同文化背景、价值习惯和行为方式的传播对象，继而进行饱富贴近性与针对性的传播，即理悟传媒国际传播的"本土化"理念。

首先，国际传播的"本土化"理念需要我们研究并细分受众，以做到内容本土化。如前所述，我国传媒曾长期以单一的对外"宣传"目标为主导，极大地影响了我国国际传播事业的早期积淀。1981 年，外文出版局编印一本名为《谈谈对外宣传的针对性》的小册子，时任局长的范敬宜为它写的一篇"代前言"中说："针对性是对外宣传的灵魂……胡耀邦同志说：'对外宣传的最大问题是外国人看不懂。'这真是一针见血的批评。"③ 面对这一现象，最早提出"对外传播学"名词的我国国际传播领域前辈段连城先生④，早在 1990 年便提出"对外传播学九条述要"，直指彼时忽视传播对象的做法，这九条包括：①常照镜子（不断追踪我国国际形象在国外受众心中的状态）；②锻炼功力；③研究对象（在语言文

---

① 黄培：《中国电影海外推广的战略思考》，北京广播电影电视研究中心汇编《北京广播影视发展研究文集》，北京出版社 2011 年版，第 287 页。

② 胡晓明：《国家形象》，人民出版社 2011 年版，第 56—61 页。

③ 沈苏儒：《对外传播的理论与实践》，五洲传播出版社 2004 年版，第 89 页。

④ 同上书，第 229 页。

字、生活方式、行为规范、风俗习惯、价值观念、审美情趣、思想意识等方面注意"内外有别"和"外外有别");④端正心态(拒绝庸俗宣传心态和盲目"骂国求宠");⑤解疑释惑(历史地、辩证地向国际受众告知);⑥舆论一律又不一律(遵循国际受众对舆论多元化的习惯);⑦清晰易懂(慎用或注意解释中国特殊的文史地名词、行话术语、政治口号、空洞辞藻、诗词楹联等并注意"去复杂语境化");⑧生动活泼(多讲故事并注意通过形象性、人情味、幽默感、普世观、妙语哲思等达到"移情"效果);⑨尊重翻译(翻译时可根据前述要求对中文定稿进行加工和改写、注重解释性翻译)。①

我们不仅要注意根据上述要求贴近受众,降低受众对抗式解码的可能,还要注意细分受众,有重点、有层次、有区别地将国际传播受众分为:①重点受众、次重点受众和一般受众;②每一层受众再细分为顺意受众、逆意受众和中立受众;③从这些受众的最终行为趋向将其分为潜在受众(未明确正反态度)、知晓受众(未实施正反行为)、行为受众(心理定式固化并采取行动)。当前美国传媒已开始更加具体地对受众市场进行细分,如美国国际广播将国际受众分为 125 个具体的"市场方向",BBC也对其 32 种语言广播划分了 13 个主要的市场方向。② 贴近受众、细分受众正是现代传播理念的关键性规则。此外,我们还要创造条件争取建设并完善全球受众调查网络。

其次,传媒国际传播的"本土化"理念需要我们实施好人才本土化与运营本土化战略。1992 年,第一个欧洲迪士尼乐园在巴黎郊外建成营业,但旋即遭到了法国社会的抵制,法国民众将代表美国文化的迪士尼乐园视作"文化切尔诺贝利核电站"。为了扭转这一困局,迪士尼削减欧洲迪士尼管理层中的美国人数量,大量起用本土人才,淡化美国烙印,突出欧洲本土"在场",以此逐渐消除文化差异的阻碍,并最终成为法国最受欢迎的景点。③

在国际传播中,类似上述重视本土人才与运营的案例不胜枚举。一方

①　段连城:《对外传播学初探》,五洲传播出版社 2004 年版,第 148—157 页。
②　王庚年主编:《国际传播发展战略》,中国传媒大学出版社 2011 年版,第 39—40 页、第 69 页。
③　参见张金海、梅明丽编著《世界十大传媒集团产业发展报告》,武汉大学出版社 2007 年版。转引自王庚年主编《国际传播发展战略》,中国传媒大学出版社 2011 年版,第 76 页。

面，传媒在国际传播中对本土人才的重视，可以：①以本土人才中外融通的人格魅力和个人能力，提高传媒和国家的国际化形象，增强我国传媒分支机构所在国对我们的信任感，以推动中国传媒同当地政府、社会、民众的深层交流；②避免因文化差异造成经营管理上的损失，快速开拓市场；③降低经营成本（如外派成本、培训成本、劳动力成本）；④保证传媒的海外分支机构人员的相对稳定，等等。另一方面，在本土化运营中，我们的传媒需要切实打造产品、研发、生产等多环节、全方位的本土化经营战略和模式，这是我国传媒企业和机构"彻底"贴近不同文化背景与接受习惯受众的直接路径，并以此锻造全面的传播能力与传播影响力。①

（三）渠道：从单一扁平的传播渠道走向多媒体渠道融合的立体传播

美国马萨诸塞州理工大学的浦尔教授最早提出"媒介融合"概念时，恐怕不会想到日后的世界会如此迅速而深刻地走向数字化生存、全媒体生存。虽然海外国际一流媒体早已瞄准新的传播技术与传播思维，但较之于我们在依靠传统媒体进行国际传播时代的劣势，媒介融合时代或许是我们抢占国际传播高地的机遇。中国传媒一方面要在"全媒体时代"打造多元的"传播渠道"，另一方面要不断摸索国际传播中的"市场产业渠道"，以同时提高传播的覆盖力和渗透力，深入、立体地传播中国形象。

1. 在新的媒介环境中打造多元传播渠道，提高传播覆盖力

以互联网为代表的新媒体，凭借其高度的信息扩散能力和多向互动的全通性特征，已经并会越来越成为基于意识形态和国家利益之争的政治博弈平台。奥巴马政府大力打造国务院的"E外交"、白宫的"web2.0时代"、五角大楼的"网络司令部"三位一体的新媒体外交。美国政府投入7000万美元，以期打造一个"地下互联网"和"移动电话通信网"，来帮助一些国家的反对派绕开所在国的主干网络和网络监控，实现与外界的"自由联络"。甚至，外交界出现了一个新名词"微博外交"。目前，全球至少有62位首脑使用类似微博的网络平台进行互动。②

在"媒介融合"时代，中国传媒在国际传播中需要打造网络、手机、

① 参见刘俊《理念·人才·渠道——基于〈东非野生动物大迁徙〉的国际化报道策略分析》，《电视研究》2012年第9期；王庚年主编：《国际传播发展战略》，中国传媒大学出版社2011年版，第79—81页。

② 叶皓：《公共外交与国际传播》，《现代传播》2012年第6期。

广播电视、报纸杂志、通讯社等多种传媒传播形式，配合影剧院传播、户外传播等多种实体传播形式，进行立体传播，提高传播的覆盖力。特别是在运用传统媒体进行国际传播时，西方国家的绝对优势地位短期内难以遭到撼动；不过，进入信息时代，在新兴媒体领域，如果处理得当、利用充分、重视加强，发展中国家可以具有新媒体传播的后发优势。这是发展中国家打破不平衡的国际传播秩序的机遇。

这是一个人人拥有传播载体、人人都是传播载体的"全民塑造形象"的时代。新媒体传播是当前及未来世界上最热门、最具潜力、饱富渗透力的传播手段，需要我们格外关注。在发达国家及相当数量的发展中国家，中青年人普遍进入到"网络社交媒体生存"的时代，社交媒体的影响力正逐步超越报纸、电影、电视等传播手段。这提示我们：在国际传播中需要特别利用好新兴的社交媒体进行中国形象传播，重点利用好 Facebook、Twitter、YouTube 等社交或视频分享网站。我们需要有意识地将叙事巧妙、制作精良、视角平衡、价值融合的新闻和文艺作品推送到这些网站，并通过多种手段提高其分享与转发的数量，配合适当的线下活动传播，以提高传播的抵达率。

其实，我国国内社会对于互联网深层次的使用素养、应用需求和接受能力已经大幅提高，这是我们通过网络新媒体进行国际传播的有力基础。根据《第 31 次中国互联网络发展状况统计报告》显示，截止到2012 年 12 月底，我国网民数量达到 5.64 亿，手机网民规模达到 4.2亿，居世界第一。此外，网民中的微博用户比例达到 54.7%，手机微博用户规模 2.02 亿，占所有微博用户的 65.6%，接近总体人数的 2/3。中国的市场规模、人才储备、开放心态、强大的文化背景等都是我国互联网急速发展的重要基础。中国互联网的发展速度几乎与美国平行，许多美国较为成功的电商、视频、社交网站模式，在中国都能很快地成功出现。"互联网发展领域的'G2'就是美国和中国。在英国、法国、德国、日本、俄罗斯、印度我们都没有见过真正像样的大型互联网公司……我们可以认为互联网是中华文明崛起的一个礼物。"① 此外，由于使用新媒体的门槛越来越低，这有助于国内民众通过互联网等方式参与

---

① 见原凤凰卫视中文台执行台长、现搜狐网副总裁刘春在中国传媒大学的演讲，2013 年 3月 22 日。

到国际传播中来，近年来我国国内舆论对国际传播的影响力越来越大，这把"双刃剑"值得动态关注。

不过，我们也需要清醒地认识到，就利用网络新媒体进行国际传播而言，当前我们的互联网传播效果还比较微弱。究其原因，一则网络运作基本是商业资本运作，中国的国内市场已经比较大，而且尚未开发完。中国大型网络公司频频在"海外"上市，也值得思考。二则语言问题是一个关键的阻碍因素，我们的中文网站外国人基本看不懂，中国人创建的英文网络平台较少，质量也不高，远不如国内的中文网站平台。三则这一现实缺失还得需要政府的重视，而且应该有切实可行的举措。但现在无论是国家层面，还是经营者层面，都没有把这个问题真正提到议事日程上来，这是我们下一步亟须解决的。[1]

关于政府与网络新媒体传播手段的关系，我们需要认识到："就公共外交的这一方略而言，政府应该倡导和参与这种跨境网络，而不是对此加以控制。事实上，过多的政府管制，甚至仅仅是管制的表面形式，都可能会破坏这些网络本应产生的可信度。在公民外交的互联世界中，政府要想获得成功，就必须学会放弃很多控制权。但这带来的风险是，公民社会参与者们的目标和信息往往与政府的政策不一致。"[2]

此外，国际大型传媒在"媒介融合"时代的发展模式可供我们借鉴。这些多元模式大致分为三种：一是不同传媒产品形态之间的融合，如"纸质报＋电子报"；二是不同介质的媒体之间的融合，如"电视＋网络＋移动媒体"；三是传媒产业链上不同运营商之间的融合，如"内容提供商＋渠道运营商"。[3] 可以预见，针对智能手机、平板电脑的相关应用程序研发，是未来传媒发展的新增长点。

最后需要说明的是，不仅传媒的"媒介传播渠道"需要认真规划，"实地实物传播渠道"也需仔细思考。中国国家宣传片选择在纽约时代广场播放，就是一个失败的案例。播放国家宣传片的纽约时代广场三角地，是一个商业广告极为密集的地段，大量化妆品、鞋帽、箱包、服饰、时尚用品、帅哥美女的商业形象密布。就在这种"密布"当中，一个中国水

---

①　参见苗棣、刘文、胡智锋《道与法：中国传媒国际传播力提升的理念与路径》，《现代传播》2013 年第 1 期。

②　［美］约瑟夫·奈：《网络时代"公民外交"的利弊》，《纽约时报》2010 年 10 月 5 日。

③　王庚年主编：《国际传播发展战略》，中国传媒大学出版社 2011 年版，第 64 页。

墨画似的小屏幕，夹在口红、大腿和皮鞋中间，播放我国国家形象片。况且宣传片的内容连中国人也要仔细听才能听懂，仔细看才能看懂。试问，我们的国家宣传片在商业广告的环境中播放传播，内容与形式的意识形态色彩太浓、对传播对象的心理把握又不准确，如此，有多少美国人会发现这个宣传片的存在？他们是以什么样的心态和心情去看这些东西？他们到底看到了什么？我们的国家形象宣传片在什么时候、什么场合播放最为合适，是不是经过充分论证了？真正的国家形象是否在那里得到了传播？我们巨额的制作成本背后，究竟是谁得了利？

2. 摸索市场与产业渠道，提高国际传播渗透力

多媒体传播渠道并举，有助于提高传播的目标人群覆盖；而切实将我国传媒的传播产品融入目标社会的传播体系中，还需要不断磨砺我国国际传播市场化、产业化的能力，以提高传播的渗透力。

现代社会，各国传媒在提升国际传播力时，各种要素如果不能构建为一种产业化的组合方式和市场化的运作模式，必然在很大程度上缺乏内在的生命活力。这是因为：①市场原则是西方国家商业交往中成熟且至上的规则，这有利于我们规避风险；规则的保障也是初来者、外来者快速融入对方的利器。所有这些都有助于我们在"规避"与"融入"中追求最大的传播效果。②让传播产品在海外市场中磨砺，不仅可以大浪淘沙，更可以使我们日后在创作中更为有的放矢，提高产品质量、运作思维和传播效果。③传播产品在市场中赢得好评，目标国家的传媒机构出资购买了这些产品，才会保证其播出。海外播出，特别是海外主流媒体播出，这是我们国际传播效果达成的基本保障。④投资海外作品也是提升传媒国际传播力的有效途径。近年来欧美经济不景气，各大机构和文化基金对以纪录片为代表的文化产品投资缩水，而中国政府与传媒机构的资金雄厚，这是我们通过市场化、产业化进行国际传播的优势。通过海外投资，把中国相关传媒或机构变成如 BBC 这样国际传媒的联合制作方，甚至真正参与到作品创作中，当成片在这些频道播出，也就间接扩大了中国文化产品的影响。

在实际操作中，我国传媒还需要注意实行不同的经营体制，有条件的媒体应在境外设立经营性文化公司，并参与到国际传媒机构的收购、兼并、参股控股中，以此影响部分海外传媒或形成一些有竞争力的市场主体。相关媒体还要逐步拓展多元化经营、注重产品整合营销、加快资本运

作，并在条件允许的情况下注意在电影推介、电视节目推广、有线与卫星电视运营、图书出版、影剧院业务、户外业务等方面着力。

（四）类型：从"一驾马车"走向"三驾马车"

电视节目传播依然是当前国际传播的主要样式，即便是通过网络等新媒体渠道传播的内容，在相当大程度上也是电视节目或电视元素的新媒体呈现。所以，在讨论了上述传播渠道之后，本文再重点聚焦于电视节目传播。

央视纪录频道总监刘文曾谈及自己的一次重要经历：很长时间以来，包括纪录片在内的中国影视作品"外宣"，基本使用外寄推送的形式，例如向对方国家的电视台、使馆寄送磁带。有一次，他在西方国家考察的时候，看到我们送出的录影带堆在对方电视台走廊的角落里。后来得知，对方认为这些免费送来的带子是宣传品，里面一定都是中国想要宣传的内容，所以对这些送来的片子不予考虑，甚至连看都不看。① 可见，在新的国际传播阶段，面对前述的国际传播态势新变化，我们的节目传播亟待从"盒带式专题节目"（风情山水片、综艺晚会、带有政治色彩的宣传片、主旋律纪录片）打包推送这"一驾马车"，走向纪录片、电视剧、电视新闻"三驾马车"并举的格局。

1. 巩固纪录片的国际传播"排头兵"地位，提升纪录片的国际传播力

纪录片是一种具有跨文化、跨时空传播属性的媒介形态，担负着记录社会、国家形象传播、国际文化交流和历史文化解释权等重要使命，关系到国家文化战略。② 在传媒影视节目国际传播的"三驾马车"中，相对于电视剧传播范围的有限和电视新闻的意识形态桎梏，国际受众对我国纪录片作品认可度最高。在国家层面，依据"精心打造中华民族文化品牌，提高中国文化产业国际竞争力，推动中华文化走向世界"的需求，纪录片塑造国家形象的作用不断受到重视和强调。特别是自 2010 年秋原国家广播电影电视总局发布了《关于加快纪录片产业发展的若干意见》后，

---

① 引自中央电视台纪录频道总监刘文在《现代传播》2013 年度对话上的发言，部分内容的文字稿见苗棣、刘文、胡智锋《道与法：中国传媒国际传播力提升的理念与路径》，《现代传播》2013 年第 1 期。

② 张同道、胡智锋主编：《中国纪录片发展研究报告》，科学出版社 2012 年版，前言页。

这一国家管理部门第一次对中国纪录片发展提出整体性指导意见，有力地推动了我国纪录片领域的发展和其国际传播效果的提升。

在这一大背景下，中央电视台纪录频道在开播以来迅速成长，2012年收益达 4 亿元；近年来该频道推出了一系列有重大影响力的作品，不断探索纪录片国际市场化之路，有力地提升了中国电视节目的品质与品位，有效地提升了中国传媒的国际竞争力。我们以该频道为例分析中国纪录片国际传播的理念。

第一，该频道成立至今一直坚持一个策略：以外促内，即首先在国际上打出影响，再促进国内的纪录片发展。近两年该频道在世界各大影视、纪录片节展，包括戛纳、东京、香港、北美节展以及几大专业节展上，都取得了良好的效果，获得了国际纪录片界的认可、尊重与合作机会。

第二，央视纪录频道的频道标识是一个蓝色"立方体"，这体现了其国际传播的理念：追求"立体"的国际传播的效果，"把国际世界还没有了解到的中国各方面的内容呈现出去，最后让国际观众来判断中国到底是什么样的。国际传播中'先入为主'的因素特别重要，你首先看到什么就容易相信什么。固然不能说之前国际观众看到的中国影像是不真实的，但我给你看到的中国除了白色、黑色，还有黄色、蓝色。我们希望通过纪录片，展示中国更多的颜色和中国更多的'面'，以供国际观众判断。把更多的真实的方面展示出来，就会稀释掉许多国际观众原先对我们的偏颇印象"[1]。

第三，如前所述，该频道的纪录片海外传播坚持走市场化路径，以此来快速融入、优胜劣汰、有的放矢、提高能力、保证播出。近年来纪录频道拍摄的《南海一号》《故宫》《舌尖上的中国》《超级工程》等10 余部纪录片，已经在超过 60 个国家和地区实现销售，并不断刷新发行成绩，这也是央视纪录片第一次以集群的方式发展。这些作品或多或少展示出的从容大气的文化风度和兼容并包的国际视野，值得后续作品借鉴。

当然，目前我国纪录片在国际传播方面还存在不少问题。一是市场主

① 苗棣、刘文、胡智锋：《道与法：中国传媒国际传播力提升的理念与路径》，《现代传播》2013 年第 1 期。

流品牌产品尚未成型，品牌类型与层次不够丰富①；二是市场动力微弱，资本运作不畅，产业链不够完整；三是纪录片行业标准混乱，低端制作与无效传播恶性循环。解决好这些问题，是提高纪录片国际传播力的重要保障。

2. 解决好中国电视剧的价值观吸引力问题

中国是世界电视剧生产数量最多的国家，但数量的极致并不完全带来传播效果的广博，中国电视剧难以涉足世界 2/3 的电视剧市场。中国电视剧目前似乎只适合在东亚、东南亚等相邻的国家和地区播出，虽然不少电视剧能够在这些国家和地区热播，却无法打开西方国家的市场，甚至也不容易开启非洲等第三世界国家的市场。因此，中国电视剧的国际传播在取得一定的成效的同时，也受到较大的限制。

造成上述现象的原因是多方面的，解决这一问题也需要多维度合力推进，如增强我国电视剧的专业化品质、注重制作与传播的针对性、提高作品的国际市场化水平等。但笔者认为，现阶段在我国电视剧，甚至包括电影作品的国际传播中，更亟须解决价值观吸引力的问题。我们一方面要去除政治意识形态宣传至上的价值取向，同时也要迫切思考：应当将中华文化哪些符合普世精神又明显带有特殊性的价值观向世界传递？

在中国影视剧作的制作水准、传播效能、接受程度远不及西方影视剧作的现状面前，中国影视作品的国际传播应注意从满足西方受众对中国的想象为突破点。面对中国的日益强大并越来越多地占据西方传媒版面，面对一个褒贬不一又神秘陌生的国度，西方观众对观看中国真实影像、得到中国真实信息、认知中国真实生态的欲望也越发强烈。鉴于此，我们的作品应在正反两辩地反映中国现状的同时，传递一些对世界有所贡献的中华文化特殊价值观，如以"大同之道"为处世宏旨，以"君子之道"为处世秩序，以"中庸之道"为处世方法的价值取向。②

一则"大同之道"是儒家理想社会的最高追求，千年来一直是中国人的处世宏旨。"大同之道"在于兼济天下，也在于和而不同。在"大同

---

① 如纪录片种类不平衡，历史人文类纪录片在国际传播中优势明显，多由纪实性栏目和独立制作人承担的社会类纪录片也尚充实，但自然类纪录片从数量和质量上讲都最为赢弱。

② 刘俊：《理念·人才·渠道——基于〈东非野生动物大迁徙〉的国际化报道策略分析》，《电视研究》2012 年第 9 期。

之道"的思维下，宁可舍弃自己的某些利益，也要胸怀更大的广博时空，维护和谐生存，这一形象有"自由"的张弛，有"平等"的宽仁，有"博爱"的情感，最终追求有序社会的大热闹。二则"君子之道"是儒家理想人格的最高追求，这种理想的人格标准存于每个中国人的心中，构成"礼"在调整人际关系上有无所不及的包容性，自身利益便被置于由内心反省所激发的有效控制下；"君子"还要求一种自始至终的保持状态，这又使这一秩序有了长存往复的可能。三则"中庸之道"的处世方法在于不极端、不单向度、执两端而用之中。《中庸》有言："喜怒哀乐之未发，谓之中；发而皆中节，谓之和。中也者，天下之大本也；和也者，天下之达道也；致中和，天地位焉，万物育焉。"这是意在提高人的基本道德、精神修养以达到天人合一、太平融合、神圣境界的一套方法，是对西方凌厉突进式思维方式与处世原则的有效平衡。

在中国当下价值观迷乱的同时，西方同样陷入价值观层面的精神危机，这与西方后现代转向、科学精神对宗教的证伪、消费主义践行的愈演愈烈都有关系。此时，正是中华文化国际传播的机遇，中国影视作品的国际传播应当深刻理解和把握这一时机。当然，若想实现中国影视作品的价值观吸引力，必然需要"本土化"的特色与"国际化"的普世相结合，不能偏废，一味堆砌中国元素或一味迎合西方口味都是糟糕的，这考验着中国政府和中国影视文化工作者的智慧。

2013年，中国国家主席习近平上任后的首次出访，在坦桑尼亚演讲时，特别提及中国电视剧《媳妇的美好时代》在坦桑尼亚热播，让坦国百姓了解到了中国百姓的喜怒哀乐。可以预见，电视剧传播必将是未来中国国际传播中极具磅礴潜质的领域。

3. 打造新闻国际传播的"中国好视角"

由于中国传媒的官方背景与传媒管制等原因，西方媒体和受众对中国的新闻"发声"在很大程度上并不信任，并形成一套预警机制。在我国传媒体制无法短时间改变的情况下，提升中国新闻的国际传播力又有何技法？

新闻总是有视角的，这是被不断实践了的新闻学规律。在国际传播中，带有中国视角的新闻并非洪水猛兽；中国视角的新闻若想取得良好的传播效果，关键在于用何种方式表达"中国好视角"。

这种"好"一则需要加强内容建设，特别是提高新闻报道原创率、首发率和落地率，对信息进行整合和深度加工。在世界范围内，更多地在第一时间进行客观、真实的原创性"发声"，方能提高媒体在传播时效性和公信力方面的吸引力，从而提高媒体的地位和气质。这种"重大新闻第一时间客观首发"的做法，常常是传媒格局中弱势媒体机构异军突起的机会与捷径。"我们要么是直接从国外媒体那里获取，要么就是对海外媒体资源进行来料加工……之前，中国媒体甚至文化传播习惯性喊出的口号是'走向世界'……（如今要）跨越到'我在这里'的层次，以自己的方式、自己的角度向所有人提供视听素材，而且是'主动出击'，留给世界一个'主动在场'的姿态。"① 我们要从日常性的信息发布的内容、形式、时机、数量等精心策划做起，在国际传播中"主动设置议程"，积极地、不断地使国际受众获得正向的"晕轮效应"。对于西方对中国的负面报道与言论指责，如果我们总是处于辩解、辟谣的被动地位，久而久之，我们就会给世界一个"被告"的刻板印象。

二则需要加强人才建设，人才建设是上述内容建设的保障。任何深刻的理念、宏大的目标，都需要人的因素去践行和实现。在媒体的国际化建设中，更需要优秀、适宜的人才沟通各个环节、各方利益。达成一流的传播效果，需要一流的人才作支撑；这类人才需要具有国际化视野和国际意识、跨文化交流和国际合作能力、创新意识和创新能力、高信息敏感度、人际关系和团队协调组织等素质，以及新闻理论学习和应用能力、新闻传播实践能力、外语和人文社会科学基础能力、多媒体和网络技术能力等国际化新闻人才能力。② 好视角的新闻，需要优秀的国际传播人才，在对中西新闻操作思维与接受模式的深刻感知基础上，通过体现现场感、立体感、多维感、专业感的新闻呈现来实现。声音越真实、越具体、越是正反客观就越有利于传播，让国际受众听得到、听得懂、愿意听中国的"好声音"。当然，人才能力的发挥，还需体制与机制的保障；用以进行国际传播的新闻，需要给采制人才以选题、措辞、编辑等方面的自由度。此外，政策、资金、技术、设备的保障，都是提高中国新闻国际"发声"水准的必备基础。

---

① 王国平：《世界奇观，中国讲述》，《光明日报》2012年8月1日第13版。
② 参见姜智彬、盛颖妍、房叶臣《国际化新闻传播人才培养模式的开发、实施与绩效分析教学成果总结报告》，（http://info.shisu.edu.cn/s/1/t/14/01/da/info474.html）。

三　结语:建设国际一流媒体

最后,我们需要指出,"建设国际一流媒体"是我国传媒提高国际传播力的重要目标。除了上述四个维度,我们在发展的过程中还需要重视规划布局与评价体系的重要地位。世界知名的麦肯锡咨询公司认为国际一流媒体有三个标准:(1)能很好地履行引导社会舆论、提供教育服务等公益责任,并在这方面具有较高的观众满意度;(2)具有较高的知名度和世界品牌;(3)有很好的经济效益。[①] 我国学者也有相应研究:"国际媒体……主要有三个标准:(1)信息传播活动具有跨国性;(2)信息传播的经营活动具有跨国性;(3)影响力具有国际性。"[②] "国际一流媒体大体上具有以下三个标准:第一,是强大国际影响力,包括品牌影响力、话语权、舆论引导力等要素。第二,是强大的运营能力,指国际媒体的经济收入水平、创收能力以及产出效益等经济财务指标,反映媒体的经营发展与运营管理水平。第三,是基础规模,指国际传媒机构作为一个信息制播平台存在的基础性指标,包括媒体的整体规模水平、国际覆盖能力、制作播出能力等,这是其他两类指标的基础,同时又深受其他两类指标的作用与影响。这三类指标互为条件、相互支撑、相互作用,构成了国际一流媒体的评价体系。"[③] 本文结合国内部分学者的研究,将"传媒国际传播力评价框架"示意如图1所示[④],以供政府、学界、业界在设计与评判时参照。

半岛电视台的成功表明,在当今的全球传播格局中,一个国家的媒体或一个媒体机构在全球影响力的大小,并不一定完全受到国家的大小、国力强弱或媒体资历长短的制约,相反,往往主要取决于是否善于发现自身优势、是否善于充分发挥自身优势、是否善于运用符合国际新闻报道规律的理念、手法进行独树一帜的媒体运作。[⑤]

---

① 徐琴媛等:《世界一流媒体研究》,中国广播电视出版社2011年版,前言第8页。

② 郭可:《国际传播学导论》,复旦大学出版社2004年版,第95—96页。

③ 刘笑盈:《打造国际一流媒体》,《对外传播》2009年第2期。

④ 参见王庚年主编《国际传播发展战略》,中国传媒大学出版社2011年版,第171—187页。

⑤ 明安香:《传媒全球化与中国崛起》,社会科学文献出版社2008年版,第87页。

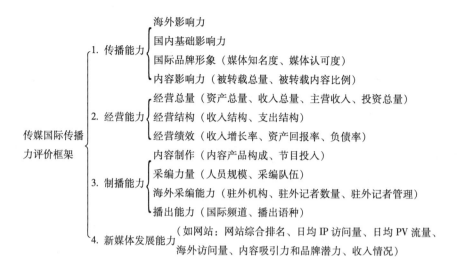

图1　传媒国际传播力评价框架

　　本文开始于问题与困境的存在，终结于一系列的对策与期待，我们深知当下我国传媒在国际传播方面存在的问题是多方面的，而对策是否能达到有效的传播效果，需要长期磨砺和考察。传媒的国际传播力的提升是一个系统工程，但正因为现状窘迫、过程艰难、未来不期，不懈而耐心、坚定而温润地完成这一长期而系统的工程，才更加彰显中国前行的深刻价值、坚实步伐。

　　（本文与刘俊合作，有删节，原文发表于《新闻与传播研究》2013 年第 4 期）

"微时代"的艺术生产与传播

——以影视艺术为例

"微时代"是一个非常敏锐而宏大的命题。如今,"微"已经不是一种小群体的生存方式,不是一种偶发的行为选择,也不只是一种互联网平台诱发的艺术与文化现象,"微"已经成为一种"时代",是一种人类全新的时代状况,涉及政治、经济、社会、文化、艺术等全方位的问题。因此,"微时代的精神状况"这个命题紧扣了时代脉搏,具有相当强的前沿意义、现实意义和学术价值;人类"微时代"的生存状态亟须考察和回应。本文以微时代的影视艺术的变迁为切口,以点带面,考察这种时代状况,举其要者,主要有以下几点。

一 "微时代"背景下影视美学之变

传统意义上,人们有相对共通的影视美学标准和尺度,这种标准和尺度大致说来就是追求总体性、整饬性、高品位和不朽性,例如对经典影视作品的推崇,便是一种对精英、经典和线性的推崇。这种推崇虽然出现在传媒艺术时代,但其实还是传统艺术思维的延续。对传统艺术、传统影视艺术美学观的彻底改变,需要一个引爆点。这个引爆点,便是数字新媒体技术的出现,逐步推动人类社会全面进入到媒介融合时代,并最终影响到人类艺术的生态和格局,影视艺术的美学标准和尺度必然随之发生改变。

"微时代"的影视艺术作品多是数字新媒体时代的产物,在这个时代我们逐渐发现原先的影视美学标准和尺度难以解释或涵盖新的影视艺术生态,一些原本难以进入传统影视艺术美学标准的作品却受到追捧。具体来说,"微时代"影视艺术的美学标准和尺度,已经从对整体、巨型、精英、经典、贵族、厚重的追捧,走向对个体、碎微、大众、流行、草根、便捷的热衷。

"微时代"影视艺术美学之变，不是孤立的艺术问题，它与广阔的社会文化生态紧密关联，特别是它与告别权威、告别庄严、告别革命、告别深度，拥抱世俗、拥抱碎片、拥抱浅表、拥抱快感，去中心化、去历史化、去本质化的人类后现代生存状态互为映照。

二　"微时代"背景下的影视技术与艺术之变

"微时代"背景下的影视技术与艺术的互动，发生了划时代的变化，集中体现为影视生产手段、传播方式以及产品形态的变化。

第一，就生产手段而言，"微时代"的影视艺术生产手段逐步走向多媒介、多元素、多手段融合的状态。多媒介的生产手段不断便捷化，多元素的生产手段不断融合化。其一，影视生产从过去"重装备式"的生产方式，走向随时、随地、随意、随性的生产方式，不需要重型摄录设备和移动轨道也可以进行高质量或有特色的影视作品创作；其二，影视艺术的奇观品质不断增强，特别是数字媒体技术已经可以完美实现任意的动静结合、自由组合、模拟虚拟混合；其三，原本多作为艺术接受者的大众，可以轻易而便捷地参与到影视艺术创作之中，使得影视艺术创作呈现出一种集体创作的状态。

第二，就传播方式而言，"微时代"的影视艺术传播已经从单向度传受，走向创作、传播与接受者的多向、多维互动，甚至难以区分艺术传播者和接受者，"去中心化"传播状态明显。在这一传播状态中，每一个节点都可以是中心，每一个节点也都可以是边缘，影视艺术的传播真正走向裂变式传播。影视艺术作品的发布、艺术接受者对影视作品的接受与反馈变得易如反掌，艺术接受者的意见能够有力地影响到艺术创作和传播，从而使得大众艺术接受者的地位得到彻底提升。此外，传播方式的变化更是影响艺术创作端，使得影视艺术创作必须考虑传播问题，才能获得商业的甚至艺术的成功，艺术创作者必须要有对现代传播的深刻理解。

第三，就产品形态而言，"微时代"的影视艺术产品常常是跨界的、多种模式混合的。传统意义上，影视艺术作品形态一般都有明显指向，例如专门为电影院、电视台创作生产的故事片、专题片等。而在"微时代"，由于前述的生产手段和传播方式的变迁，使得我们难以单单从产品形态辨别这一产品是为哪一个平台准备的。"微电影"名曰"电影",却是网络平台的宠儿;网络剧,看似具有电视剧的一切特征,却从不见于电视荧屏;当前的许多综艺娱乐节目,以《爸爸去哪儿》为代表,可以同时、平行地在电影院、电视平台和网络播放,并获得口碑与效益俱佳的效果。

三　"微时代"背景下的影视格局之变

"微时代"背景下的影视格局之变,主要体现在:门槛的降低、渠道的变宽和圈子的打破。

第一,门槛的降低,指的是影视创作门槛的降低,"微创作"兴盛。当下影视摄录和编辑设备不断便捷化、界面友好化,作为身体一个器官的手机已经轻而易举地实现1080p的高清摄录,影视编辑软件界面不断友好,未来甚至可以在移动终端和电脑终端实现随意、迅捷的触屏剪接与特效制作,这为"微创作"提供了几乎所有的条件。这些都使得影视艺术创作的准入门槛不断下降,创作队伍也不再完全由专业院校培养出的人才来承担,而是由多元社会群体来承担,热衷于"微创作"的草根群体更是其中的代表。

第二,渠道的变宽,指的是影视传播的手段增多,"微传播"兴盛。影视艺术作品不再单纯依靠传统的影院、电视台进行"郑重其事"的传播;通过媒介融合时代下的新技术推动,影视艺术作品更可以借助几乎是零门槛的网络平台进行"微传播",而且其传播效果常常胜于传统影院、电视台,也使得艺术接受者的反馈即时、及时、全面而有效。

第三,圈子的打破,指的是大众参与艺术过程中呈现的艺术民主化,"微圈子"兴盛。在传统上,影视艺术圈常常由行业精英把持,外人或新人进入到影视艺术圈常常需要付出较高的成长成本。而在"微时代",原先"单一孤岛式"的影视艺术圈子,已经逐渐被"孤岛密布式"的众多"微圈子"部落代替。在人人都是记者、人人都是传播者、人人都是文艺创作者的时代,大众可以根据自己的兴趣爱好和价值取向,组成一个个的影视创作"微圈",而且这些"微圈"由于创作者的理念相近、创作手段灵活、传播平台的无障碍等因素,常常能涌现优质的影视艺术作品,对抗着、消解着传统影视艺术圈的权力统治,走向一种艺术民主。

　　"微时代"的影视文化艺术，面临一种时代转型。转型时代常常面临对秩序的挑战，所以总会带来阵痛、争议、不习惯。我们总的态度不是回避、拒绝这种时代转型，而是积极应对、规避风险、顺势而为，在影视文化艺术监管、影视文化艺术美学、影视文化艺术生产与传播、影视文化艺术研究和教育等方面，调整、拓展理念与方式，适应并引领时代发展。我们更要看到，"微时代"对影视艺术文化的影响也不仅是艺术与文化内部的，其大众化、民主化风潮，更是全社会的、革命性的，与后现代人类生存状况相关联的。我们对此必须重视，并且有所回应。当然，这种积极应对，并非全然肯定这种时代状况，我们必然需要对"微时代"的整体状况和影视艺术状况，不断做动态的、深刻的批判、反省与矫正。

（本文发表于《探索与争鸣》2014 年第 7 期）

第二章

中国电视内容生产新景观

十七届五中全会后的若干报道热点

一 "民生问题"及"以人为本"相关议题

十七届五中全会会议公报（以下简称"公报"）提出："更加注重以人为本"、"更加注重保障和改善民生，促进社会公平正义"。这是对"以人为本"执政理念的进一步强调，也必然带来各项措施的进一步落实。

"十二五"是实现全面小康的关键时期。当前，由于地区差异，贫富问题带来的社会问题较为突出。真正的小康社会需要有合理的分配机制，也就是"国富"与"民富"共举，大幅提升百姓收入水平，推进社会公平。这不仅是拉动内需的经济发展策略的需要，也是考验中国共产党的执政能力的政治需要，更是让人民群众共享改革开放成果、保持社会稳定的需要。这牵涉到人心向背，具有重要的战略意义。

公报中提出了"增加居民的收入在国民收入分配中的比例"这一较为具体的措施。但是，在推进"民生"关注的道路上，在措施落实的过程中，一定会遇到很多新问题，出现很多新案例。这应成为主流媒体很长一个时期关注的焦点问题。

相关议题涉及住房、医疗、税收、社会保障等各个方面，均和人民群众生活密切相关。这些报道应以"以人为本"为主要线索，以政策报道为基本依据，以民生问题的个案为主要的切入口，以小见大，以点映面。

二 "转变发展方式"相关议题

公报提出制定"十二五"规划要"以加快转变经济发展方式为主线"，同时特别提出"加快转变经济发展方式是我国经济社会领域的一场深刻变革，必须贯穿经济社会发展全过程和各领域，坚持把经济结构战略性调整作为加快转变经济发展方式的主攻方向"。这些都将经济发展方式转变提高到全新的高度。在某种意义上,这已经形成一个全局性和核心性的问题。

如何使中国经济又好又快发展,也就是实现"包容性"增长,使有限资源能够得到可持续利用,这不仅意味着对当前经济社会发展负责,更意味着对子孙后代负责,意味着中国人民对人类共同家园负责,意味着中华民族担当更大的人类责任。

相关议题包括:转变发展方式的政策;低碳经济、绿色经济概念;经济发展的国际环境,如汇率与外贸增长等。相关报道应关注国际和国内两种形势,全面考虑国际和国内受众需求,既要反映中国经济变革的源泉、动力、成就、精彩案例等,更要反映在这种转型中遭遇的困难以及克服困难的努力。

三 "民主与改革"相关议题

公报特别强调"必须以更大决心和勇气全面推进各领域改革","大力推进经济体制改革,积极稳妥推进政治体制改革,加快推进文化体制、社会体制改革,使上层建筑更加适应经济基础发展变化,为科学发展提供有力保障"。这标志着改革特别是政治体制改革问题被提到一个新高度。从党内的民主发展到政治和社会民主的推进将会进入一个新的发展阶段。21世纪以来,从党内民主到基层民主选举,从人民群众"四权"的落实到领导干部公开竞聘选拔,都给中国民主与改革的进一步推进打下了基础。继续推动包括政治体制改革在内的各项改革,是执政党自身发展也是社会发展的需要,更是我们吸收世界政治文明成果的必然选择和当代体现。

相关议题包括:党内民主的持续推进战略;干部选拔与任命;与政治体制改革相互配套的各项改革的措施、推进等。报道要细致体察中央政策的变化与调整,系统调研相关案例,适度关注民间相关声音,深入挖掘典型的成绩,综合考虑各项措施在中国社会的适应性,以更为科学和务实的态度处理此类报道。

四　"文化建设"相关议题

公报指出，"要推动文化大发展大繁荣、提升国家文化软实力，坚持社会主义先进文化前进方向，提高全民族文明素质，推进文化创新，深化文化体制改革，增强文化发展活力，繁荣发展文化事业和文化产业"，而且要"推动文化产业成为国民经济支柱性产业"。

文化是国家和民族发展灵魂所在，决定着民族发展和振兴的基本方向。文化发展与繁荣不但牵涉到国民经济问题，更牵涉到中国发展的长远吸引力和战略目标。"十一五"期间，文化产业的繁荣和文化体制改革的推进成为中国发展的一个亮点，并和经济发展模式调整、社会主义核心价值观的形成、中国国家软实力提升等密切联系在一起。十七届五中全会更是将文化发展与繁荣提升到了一个前所未有的高度。

文化相关议题将思想、价值等宏观议题与改革、产业、经济发展、发展模式、公共服务等具体议题贯穿在一起，将会在很长一段时间内带来人们对包括媒介自身在内的具体实践的重大关注。

文化相关议题主要聚焦三大领域：文化事业、文化产业和公共文化服务。文化事业重点在于体制改革，文化公共服务重点在于群众参与和政府推动；文化产业重点在于规模和效益。文化议题，特别是文化体制改革和文化产业议题涉及行业利益与文化发展整体形势协调，涉及部门利益调整，涉及文化发展长远问题。报道应更加强调客观、准确；应注意文化事业（体制改革）、公共文化服务、文化产业三大领域报道的平衡。

五　"社会建设"相关议题

社会建设是党的十七大报告提出的重要社会议题，在十七届五中全会得到进一步阐述和解读。社会建设包括国家为社会公益目的，由国家机关或其他组织举办的从事教育、科技、文化、就业、医疗、卫生等活动的社会服务等社会事业。社会建设基本制度，指社会建设的一系列基本规则，包括城乡管理制度、劳动就业制度、工资和收入分配制度、社会保障制度等；社会公平与公正；社会秩序与规范；社会管理水平。当前，社会管理水平集中体现在如何更好地利用社会资源和优化社会资源上。

社会建设的能力是执政党执政能力的重要体现，涉及百姓衣、食、住、行的方方面面，也涉及社会公平与正义的实现。其中多数议题是媒介受众关心的核心问题，更是主流媒体引导舆论的重要着力点。相关议题涉及面很广，在改革逐渐进入深水区后，这一部分报道将会出现若干持续性热点。报道应做到适时，也就是要符合报道基本规律；适度，也就是不要因为追求受众而过于追求刺激；适当，也就是要与主流媒体为党、为人民服务的特点充分结合起来。

六　党的执政能力建设和廉政建设相关议题

公报提出："必须加强党的执政能力建设和先进性建设，不断提高党领导经济社会发展能力和水平。要加强反腐倡廉建设，大力弘扬党的光荣传统和优良作风，以优良党风凝聚党心民心，形成推进中国特色社会主义事业的强大力量。"随着中国经济社会的不断进步，影响党风廉政建设的新要素不断出现，并呈现出较为复杂化的趋势。网络平台的发展增加了相关信息控制风险，并在一定程度上对主流媒体提出了加强此类报道创新的要求。

十七届五中全会之后，国家、政府的集中关注点和人民群众的认知焦点形成了更为充分的一致。在这一情况下，适度加大党风廉政建设报道，事关党的执政能力建设，事关党的凝聚力，事关人民群众对执政党的信心和认可。因此，主流媒体应创新报道角度和方式，在此类问题的报道上形成主动。

七　中国外交与国际关系相关议题

公报对国际形势、中国外交提出了自己的判断。随着经济深度的全球化，中国越来越成为世界的中国。在关键性的全球问题上，中国不能缺席。与此同时，围绕各自国家利益，国与国、区域与区域之间多角度、多层面的外交活动日益影响到国际关系的版图。中日关系、中美关系等的影响也从国家层面日益"降临"到普通民众层面；日益多元的多角度外交活动如上海合作组织、"六方会谈"等形态也会更加丰富；基于民间、行业、学术、艺术、文化、教育的交流也将逐渐成为我国外交和国际关系关注的重要热点。

　　由于国际政治和经济深度调整、资源争夺等使得大国之间、区域国家之间的相互博弈无处不在，在南海问题、中日关系等方面的问题与国内问题的联系日益紧密，由此带来的社会风险也会加大，传媒报道热点也应在这一方面有所加强。

　　　　　　　　（本文与张毓强合作，发表于《中国记者》2010 年第 11 期）

关于央视"新春走基层"的思考

自 2011 年 8 月以来，央视播出"走基层"新闻 980 多条，派出近 400 个采访组、1300 多人次参加了采访，记者足迹遍及全国 31 个省、市、自治区的上百个县市乡村，共播发"走基层"报道几千条，涌现出一批优秀的新闻作品①，受到中央领导的充分肯定和电视观众广泛好评。在巨大的成绩面前，央视并没有自满，停滞不前，而是再接再厉，再创辉煌，在 2012 年 1 月 10 日启动"新春走基层"活动。广大央视记者放弃休息，克服困难，继续奋战在基层做专题采访报道，给观众呈现了一个个最基层、最前沿、最鲜活、最感人的新闻报道，引起了全社会的广泛共鸣，受到社会各界的普遍好评，同时也取得了良好的收视效果，使新闻频道的整体收视率明显提高：新闻频道春节期间相关节目收视率比 2011 年提升 17%，比 2010 年提升 64%，《新闻联播》收视率比去年同期相关节目提高 27%②。此次活动带给我们媒体、媒体工作者以及研究者诸多的思考。

一　维护形象，弘扬正气，净化传媒生态

从根本上说，"新春走基层"就是新闻战线"走转改"活动的延续，是"走转改"活动的一次集中行动，是"走转改"成果的一次集中展示。"走基层、转作风、改文风"是新时期我国新闻精神的高度体现，是新时期我国社会主义新闻事业的精神指引，也是我国新闻战线针对过去所存在的一系列问题的一种自我修复、自我提炼。

媒体形象在很大程度上取决于媒体责任意识的勇于担当，即服务人

---

① 璩静：《新闻战线"走转改"活动成效显著》，《人民日报》2012 年 1 月 12 日。
② 见中国网络电视台，2012 年 2 月 5 日。

民、服务社会的自觉意识。对于新闻工作来说,重要的任务就是提高舆论引导的及时性、权威性和公信力、影响力,弘扬社会正气、通达社情民意、引导社会热点、疏导公众情绪。"新春走基层"活动将镜头对准社会普遍关心的问题、难题和话题,如农民工讨薪、"春运"火车票等,一方面可以加强媒体对社会热点难点问题的引导,从群众关注点入手,科学解疑释惑,有效凝聚共识;另一方面也可以加强和改进舆论监督,推动解决党和政府高度重视、群众反映强烈的实际问题,维护人民利益,密切党群关系,促进社会和谐。《新春走基层》报道中的《邵全杰的回家路》关注"春运"农民工买票难问题,第一期节目播出后,铁道部就紧急调整了网上订票、电话订票和窗口售票原来 4 天的时间差,解决了窗口排队旅客很难买到票的问题。同时,部署节后全国各售票点从县城向农民工返程集中的乡镇延伸,解决他们购票难的现实问题,并要求各大车站临时售票区增设防寒保暖设施,让购票旅客不再挨冻。曾几何时,电视荧屏时而虚构穿越,时而虚假广告、虚假新闻,"三俗"之风四起,媒体责任、公信力、影响力被逐步蚕食,媒体生态遭到了严重破坏和污染。在这种背景下,相关部门出台了一系列管理措施,及时遏制了这股不正之风。寓言讲得好,除去稻田野草最好的办法不是拔掉野草而是种上庄稼,对于当前传媒生态的净化和改变,仅仅打压娱乐至死、滥情俗情、唯利是图的现象还不够,还需要鼓励媒体树立责任意识、导向意识、服务意识、健康意识,宣传真、善、美,鞭笞假、恶、丑。此次央视"新春走基层"活动犹如一股清新的暖流、一阵和煦的春风,是媒体彰显社会责任的最好体现,也是媒体形象的一次自我塑造和提升的机会,尤其是它弘扬了社会正义,自觉抵制"三俗",对于改变当前传媒生态,使之朝着健康的方向发展起到了促进作用,自然也就赢得了社会各界的好评。

二　深入基层,夯实基础,端正媒体姿态

深入基层是"三贴近"原则的直接体现,只有深入基层才可以杜绝那些空中楼阁式的臆想、遐想和捏造,这是摆正媒体姿态的正确选择;也只有深入基层,才能真正了解到基层的真情实景、真情实感、真人真事。现实情况是,在这个问题上有两个极端:一是高高在上,目空一切,结果可想而知;二是姿态过低,过度谦虚,丢失自我,盲从随意,这同样会影

响新闻的真实性。当前问题最为严重的是前一种，那种俯视一切、脱离实际的媒体姿态已经引起社会的不满。因此，正确的媒体姿态就是新闻媒体和新闻工作者要秉持职业道德，放下身段，深入一线，深入实际，亲身体会，亲眼观察，客观、真实、准确地传播新闻信息，自觉抵制错误观点，坚决杜绝虚假新闻。

此次央视"新春走基层"活动，共派出 600 多名记者，他们放弃春节休假，兵分 160 多路奔赴各地。央视的新闻主播们也先后有 20 人次参与主题报道，例如：央视主播李瑞英于除夕夜赴北京妇产医院迎接第一位龙宝宝的诞生，记录了妇产科医生崔郁等医务工作者连续多年放弃与家人团圆，于大年夜默默坚守工作岗位的事迹；央视主播海霞于 2012 年 1 月 27 日在郑州铁路局郑州客运段洗涤厂采访；央视主播康辉乘坐登陆艇赴福建海防线距离陆地最远的台山岛，报道守岛官兵的甘苦；央视主播董倩在除夕夜全程跟随昆明市听漏工的工作；央视主播张泉灵和家政服务员小花一起在除夕当天为北京 4 个家庭做饭、护理老人、打扫卫生；等等。康辉在谈到参与此次活动时深有感触：我们主播多数时间在演播室里，大家总说我们是名人，久而久之，我们中的一些人也习惯性地用一种所谓"精英"的视角看待社会、看待自己，而这种角度会让我们在承担职业角色和社会角色时都有一些偏颇。"走基层"，我的感觉是，开始人家端着我们，我们自己也不自觉地端着。一旦你先放下了，人家也就不再觉得你高高在上了，心里话都愿意和你说①。

此次央视"新春走基层"活动将镜头对准基层，深入各行业各方面，深入各地区各领域，全面展示基层广大人民群众绚丽多彩的创新创造，全景呈现基层群众丰富饱满的精神世界，生动描绘基层中国社会发展进步的现实画卷。这些新闻内容之所以如此丰富，与新闻工作者放下身段、不辞辛苦深入基层一线切身感受是分不开的，这才是新闻工作成功的坚实基础，这才是新闻价值最宝贵之处。新闻工作者深入基层，走进基层，贴近基层，在走进基层中增强对国情、社情、民情的了解，唯有如此，才能正确理解基层，全面报道好基层；也唯有如此，基层广大观众才能相信我们的报道，相信我们的新闻工作者，相信我们的传媒。

---

① 雷飙：《央视走基层：做懂国情、对人民有感情的新闻工作者》，《光明日报》2012 年 2 月 8 日。

三　走进群众，聚拢人气，改变传媒语态

群众是新闻工作的根基所在、价值所在，也是检验新闻工作的一面镜子。只有走进群众才会知道群众所想所感所需，这是新闻的源头；只有走进群众才能宣传群众、动员群众、服务群众，保障群众的知情权、参与权、表达权、监督权，这是新闻的功能；只有走进群众，新闻工作才能更好地被他们接受，新闻工作才能不断进步，不断提高。既然广大群众是新闻工作的源泉，又是新闻工作的检验员，那么制作怎样的新闻以及如何传播新闻是一个问题的两个方面，归根结底，就是一个传媒语态的问题，即采取真实、真情、平实的新闻语态，制作传播群众更易接受的新闻。

所谓真实的新闻语态，即走进群众，说真话，客观、认真、仔细地去观察群众生活，这些生活是当代中国现状的浓缩，也是我们这个时代的缩影，真实地反映这些普通生活，也就真实地反映了这个时代，也就会引起大家的共鸣和关注。《杨立学讨薪记》播出以后，许多网友用"追看"二字来形容观感："《杨立学讨薪记》太精彩了。"这种精彩的最大力量来自真实，这种真实的力量又不仅仅拘泥于杨立学本人或者讨薪这件事情上，而是在这个春节里，有千千万万的"杨立学"可能要面临着讨薪的问题，这是一个普通农民工真实的春节故事，同时也是这个时代面临的一个社会问题。

所谓真情的新闻语态，即走进群众，说实话。改变虚与委蛇、虚假做作、言之无物、花言巧语的报道文风，挖掘群众生活的真情实感，这也许是最普通的情感，却是真情大义，饱含着对生命、对人生的感悟。例如，对农民工诗人杨成军的报道，在记者的镜头下，杨成军对妻子的爱情，对生活的热情，对工友的鼓励，已经超出了人们对一个外出务工人员的情感的认识，而上升到更高的层次，是关于人生、关于生活的思考。

所谓平实的新闻语态，即走进群众，说老百姓的话。不是靠炒作，不是靠花边，而是靠采访最普通的人，讲述最平常的故事，用最简单的语言，这些无论是在《回家的礼物》《在岗位》《问暖》中，还是在《开往春天的校车》中都有所体现。我们通过《回家的礼物》可以知道，春节不仅有团聚的欢乐，还有为了团聚所付出的艰辛；通过《在岗位》可以知道，春节不仅有休息，还有坚守工作岗位的付出；通过《问暖》可以

知道，春节不仅有冬天的寒冷，更有人与人之间互帮互助的温暖真情；通过《开往春天的校车》可以知道，春节不只对于大人们来说意味深长，同样也寄托着孩子们的梦想与希望。

此次央视"新春走基层"活动，切实坚持了以人为本的原则，准确地说就是坚持了以人民群众为本的原则，坚决贯彻执行"群众路线"，全心全意服务群众，紧密团结、依靠群众，通过群众的方方面面，让我们看到了真实的中国、鲜活的中国、感动的中国、勤劳的中国，群众是新闻的主角，也是历史的主角。正因为我们对群众给予了足够的尊重、高度的关注，所以才能被群众关注，才能有如此好的收视效果。

当前，以手机、网络等新媒体手段，以博客、播客、微博为代表的新媒体形式正以前所未有的力度深刻地影响着中国的新闻传播形式、方式、内容，甚至改变了中国媒体的生态格局；媒介市场化、产业化的大潮正浸染着我们的新闻职业、新闻道德和新闻操守；信息化正在带领我们进入一个"人人都是信息源、人人都有麦克风"的全新的媒体传播时代。这给我们的新闻工作带来诸多挑战、诸多诱惑，也给我们的新闻传播带来诸多难题，当然也带来了一些机遇。因此，希望我们的电视新闻工作者要守望精神家园，牢记社会责任，根植基层，走进群众。央视"新春走基层"是新闻战线落实"走转改"精神的延续，对于中国新闻发展有重要的意义，它不仅是中国电视新闻弘扬"三贴近"理念的体现，也是电视新闻回归本质的体现；它既是电视媒体树立文化自觉、社会责任意识凸显的体现，也是电视新闻在面临发展困境时所寻求的自我强大的抓手；它不仅是一个历史机遇，更是中国电视新闻发展到一定阶段的必然选择。它留给了我们太多的启示，当然也寄托了广大群众的殷切希望。

（本文与周建新合作，发表于《电视研究》2012 年第 6 期）

江苏电视的改变、创造和引领

作为中国电视的观察者和研究者，笔者确实为中国电视的发展壮大和繁荣感到骄傲和光荣，尤其是为江苏电视这些年的快速成长而感到高兴。笔者想用时间的维度概念——十年、一年和未来几年，来描绘心中的江苏电视形象，表述江苏电视为中国电视行业做出的独特的重大贡献，阐释江苏电视不可替代的品牌价值。

一　江苏电视过去十年的"三个改变"

第一个时间维度是十年，2001年到2010年是21世纪的第一个十年，在这十年中，中国电视行业的高速发展举世瞩目。这个发展格局当中，江苏电视扮演了什么样的角色呢？回答是"三个改变"。

第一个是江苏电视改变了中国电视新闻的走向。中国电视新闻在21世纪之前，主体形态基本上是传统的、居高临下的政府新闻，笔者称之为宣传体制新闻。进入21世纪，以江苏城市频道《南京零距离》的爆发为标志，民生新闻时代由此展开。21世纪这十年，中国电视创新力度最大的除了电视剧，就是两类本土化创新：一类是民生新闻，另一类是综艺选秀。而这两类当中，江苏电视都扮演了非常重要的角色。这十年，江苏电视在民生新闻的撬动上贡献最大，它改变了中国电视新闻的走势，从居高临下的姿态变成了亲近百姓的姿态，让草根大众找到了最可信赖的话语表达平台。民生新闻并不肇始于《南京零距离》，但以《南京零距离》为标志，拉动全国民生新闻的狂潮，这是不争的事实。

第二个是改变了中国电视剧生产运行的体制机制。从20世纪80年代后期开始，中国电视逐渐进入产业化探索阶段，90年代中期之后，中国电视剧的生产和运行方式已经开始了制播分离，但就在制播分离变成普遍规则的时候，激烈的媒体竞争出现了。过去，电视剧中心和电视媒体是混合的，后来分家了，但分久必合，合久必分。今天，在新一轮的制播分离风向基础上的新层级、升级版的制播融合又从江苏电视开始了。江苏电视探索的大剧独播、制作播出联手的方式，改变了过去若干年社会制作和媒体采购分离的状态，将电视剧生产运行的上游、中游、下游打通，有机结合起来，推出了一批深受广大观众喜爱的电视名剧和大剧，包括《人间正道是沧桑》《老大的幸福》。这些名剧、大剧为中国电视荧屏的琳琅满目和异彩纷呈做出了非常独特的重大贡献。

第三个是改变了中国电视的整体竞争版图。中国电视的竞争格局近几年开始发生巨变。几年前，中国电视的格局虽说是四级办电视，但基本上是央视一家独大，独霸天下，竞争是谈不上的。央视垄断了全行业最优质的资源和最优势的平台与传播渠道。在这种情况下，以江苏电视等为代表的省级媒体，这几年厚积薄发，开始发力，迅速占据了中国电视竞争版图名列前茅的战略性地位，不论是收视率、市场份额，还是广告收入，整体的综合效益都已经形成了与央视分庭抗礼的态势。应该说，竞争版图的改变对中国电视全行业乃至对中国传媒全行业都有着战略性的意义。

二 中国电视江苏年的"三个创造"

第二个维度是过去的一年。怎么看过去的一年？有媒体和社会评价说，2010 年是中国电视江苏年，这一点儿也不为过。笔者用"三个创造"来表述 2010 年的电视苏军或者中国电视江苏年。

一是创造了一系列影响巨大的电视名牌栏目。2010 年江苏电视以《非诚勿扰》为标志创造了一批新时代的电视节目，包括《人间》《欢喜冤家》《老公看你的》和《幸福晚点名》，等等。这些名牌电视栏目群起而动，造就了电视荧屏上非常罕见的景观，全国电视节目的关注度因为江苏电视的这几档栏目得到迅速拉动，这是了不得的事情。这个创造笔者想已经载入史册了。从节目的角度讲，如果 2010 年中国电视只推出一档代表节目的话，毫无疑问就是《非诚勿扰》，这是不夸张的。

二是创造了增长速度最快、利润最大、整体效益最强的产业效益。在中国电视过去几百亿元的盘子中，江苏广电以 60% 多的增长比例，达到了 55 亿元的收入总量，这是一个了不起的成绩。在中国电视的产业效益上，除了央视，就属江苏电视了。

三是创造了最强势、最受关注的省级电视品牌。2009年不论是政府层面的评选，还是国际机构的评选，江苏广电在中国企业500强当中挤进了最具品牌价值的媒体品牌，其中广电媒体品牌前三位是中央电视台、凤凰卫视和江苏电视。在省级传媒品牌当中，江苏电视无疑是名列榜首的。能与央视、凤凰卫视并驾齐驱，这样的品牌价值非常令人信服。

创造品牌节目，创造产业效益，创造省级电视第一强势品牌，这是2010年中国电视成为"江苏年"、"非诚勿扰年"的最好注脚。

三　江苏电视未来的"三个引领"

第三个时间维度是未来的一年。在未来的一年或者几年当中，我们能够看到什么呢？从过去的十年和刚刚走过的一年中，我们可以清晰地看到江苏电视未来一年或者几年可能的成长蓝图。笔者用"三个引领"来表述。

一是引领主流价值。中国的电视和其他国家的电视最大的不同在于，中国电视担负着非常强的政府宣传和公共服务的职能。一个媒体能否引领主流价值是该媒体能不能立足的关键。江苏电视在过去几年的探索当中，在主流价值的引领上非常坚定。以"情感世界，幸福中国"的理念引领人们健康、积极、乐观地面对生活、面对未来，创造自己美好的生活，理念非常清晰。无论是对海岩系列剧的打造，还是从《非诚勿扰》延伸出的系列品牌节目，像《欢喜冤家》和《老公看你的》等，这些都会继续引领主流价值。这也是我们相信江苏电视的理由。江苏电视之所以能够引领主流价值，是因为站得高，看得远。关于党的十七届五中全会，笔者个人对核心命题的解读是从国富向民富转移。中国改革开放30多年积累的成果已经建立了中国巨大的国家财富和政府财富，这些财富如何转化为民众的、百姓的幸福，这是未来需要解决的问题。江苏电视"情感世界，幸福中国"的定位恰恰满足和适应了这种大潮流、大趋势的需要。所以，有理由相信，未来在主流价值的引领上，江苏电视依然是独占鳌头、引领风气的重要媒体。

二是继续引领节目创新。中国电视的创新步伐近几年面临着巨大的压力，在全球电视创新不断风起云涌的时候，中国电视的节目创新速度总体上是缓慢的。难能可贵的是，江苏电视这几年保持了旺盛的节目创新活力和引爆能力。中国电视的急速创新有两个时段是引人注目的，一个时段是 1992 年邓小平"南方谈话"之后，中央电视台发起了中国电视一轮强力的节目创新潮流。这个潮流推出了《东方时空》、新版的《新闻联播》、《焦点访谈》、《新闻调查》和《实话实说》，也推出了白岩松、崔永元和敬一丹等优秀的主持人。央视这一批急速的创新集中体现在 1992 年到 1996 年之间。到现在，央视依然在享受那次创新的成果。第二个时段是在若干年之后，在江苏电视的荧屏上，从地面频道的《南京零距离》引爆，到江苏卫视《非诚勿扰》的推出，以及系列地推出前述的综艺节目，把虚构元素、电视剧元素、新闻元素、时效性元素和综艺娱乐元素加上社会话题和百姓需求综合杂糅，锻造出的中国电视本土化创新类型和创新模板。《非诚勿扰》的潮流可以延伸到 2011 年、2012 年，会迅速弥漫到全国，引发全国性的仿效，但最大的关注点依然在江苏台，因为它是原创者。

三是继续引领文化传媒消费，这一点也非常重要。在过去若干年，中国电视在新媒体的冲击下丢失了非常多的 80 后、90 后观众。湖南卫视之所以能够崛起，相当大的成功在于它抓住了"超女"，吸纳了相当一部分 80 后、90 后的观众。但光是抓住年轻人还不够，中国电视观众有消费力的是中青年，也就是从二十几岁到五十几岁这个年龄段，他们的需求是多方面的，只是一种方式的选秀是不够的。江苏电视在这方面相当理性，它通过《非诚勿扰》《人间》《欢喜冤家》《老公看你的》和《幸福晚点名》等节目，基本上把性别、年龄布局到了所有有消费力的观众群体。这不仅能从新媒体的竞争中抢夺有效的、有消费力的观众，更重要的是让电视获得可持续增长的观众群。观众群的形成和全面占领意味着财富的聚合，意味着未来电视媒体成长的可能性。

现在，江苏电视已然成为中国省级电视强势的、数一数二的品牌。江苏电视之所以能够占据这样的地位，在于有"三好"。一是有好的队伍，有周莉台长这样有战略胸怀的领导者，有一大批非常能干的老总和制作团队；二是有好的理念，情感和幸福的理念抓住了这个时代最重要的社会需求和趋势；三是有好的资源，有江苏以及长三角独特的强势的经济人文环境。2011 年辛亥革命百年、中国共产党建党 90 周年这样的节庆，没有一个不与南京、不与江苏息息相关，这样重要的机遇不是所有的省级媒体都有的。笔者认为江苏电视真是占尽了天时、地利与人和。正因此，我们有理由去期盼、去判断江苏电视更加精彩的未来。

（本文发表于《视听界》2011 年第 1 期）

中国电视节目格局与文化生态

自 2011 年 10 月 25 日国家广电总局下发《关于进一步加强电视上星综合频道节目管理的意见》（以下简称《意见》），至今即 2012 年已有一年时间。从猜测、质疑到不绝于耳的争论与误读，再到各项措施实施后荧屏面貌得到较大改变，《意见》出台并实施一年的效果究竟如何？大刀阔斧的改革是否真正去除了电视荧屏上庸俗、低俗、媚俗的"泛娱乐化"现象？电视节目格局与媒体格局发生了怎样的变化？电视媒体的文化生态环境真正得到改善了吗？本文试图通过对这一年电视实践的梳理分析，观察并思考《意见》对中国电视节目格局与文化生态产生的影响与改变。

一　中国电视节目格局之变

娱乐节目过度化、同质化、低俗化是近些年来我国电视节目的严重问题，选秀风、相亲风、职场风一味地粗糙模仿不仅造成了资源的大量浪费，也不利于电视事业自身的多元化发展；而为了博得收视率，不惜降低格调、肆意恶搞，甚至传播错误价值观等种种行为，更在群众中产生了不良影响。一年以来的电视实践证明，这些现象与问题在《意见》出台之后得到了较大改善，中国电视的节目格局变化显著，而节目格局的变化又直接导致了电视媒体格局的转变。

首先，娱乐强势媒体顺利转型。《意见》将娱乐节目在黄金时间的播出总量大刀阔斧地砍掉了 2/3，从表面看确实对擅长制作娱乐节目的湖南卫视、江苏卫视、浙江卫视等强势媒体造成了不小冲击，但从深层来看，这些媒体早已在激烈的电视竞争中逐步具备了成熟的研发机制、灵活的调整策略和高度的应变能力，因此面对"狼来了"的状况并未表现出恐慌，反而迅速完成了升级改造，进一步巩固了强势媒体的地位。

丢卒保车、精益求精是娱乐强势媒体采取的普遍策略。湖南卫视在把《我们约会吧》《称心如意》挪到午间档，取消《娱乐无极限》《智勇大冲关》等节目的同时，确保《快乐大本营》和《天天向上》两档王牌节目仍在黄金时段播出；江苏卫视砍掉了《老公看你的》《不见不散》《欢喜冤家》，而《非诚勿扰》却仍在老时间如约而至。由于同质化节目的大量减少，这些被力保下来的王牌节目更加凸显出强者愈强的"马太效应"。一方面，电视台集中多方面优势资源捍卫其王牌节目的品质和价值，如湖南卫视就将部分裁撤掉的娱乐栏目的骨干人员用来加强《快乐大本营》和《天天向上》的制作阵容；另一方面，随着竞争的减少与节目质量的提高，这些节目的收视率与吸金能力大大增强，如江苏卫视的《非诚勿扰》就以21.76亿元的总招标额超过了央视电视剧栏目《黄金剧场》）。

多元尝试、推陈出新也是娱乐强势媒体采取的有效应对方式。具备条件的强势媒体开始自觉探索创新，加大对新节目的研发。湖南卫视的《少年进化论》把周播偶像剧与综艺节目嫁接在一起，将穿越元素、明星访谈及各种古今中外生活知识、人情事理融为一体，打造出一档在时尚唯美剧情秀中快乐学习的教育节目，受到不同年龄层次观众，尤其是青少年观众的追捧。浙江卫视更是重金购入版权，打造出风靡全国的大型励志专业音乐评论节目《中国好声音》。

从娱乐强势媒体的顺利转型来看，《意见》不但没有成为"紧箍咒"，反而成了催其奋进的"号角"，湖南卫视、江苏卫视、浙江卫视等均不遗余力地对王牌节目精益求精，并加大对新节目形态的探索创新，这些举措使其节目格局更为丰富多样，且江苏卫视、浙江卫视的大步追赶更显成效，市场份额与"娱乐霸主"湖南卫视的差距明显缩小，曾经的"一枝独秀"正逐步走向"三足鼎立"。

其次，娱乐弱势媒体另谋出路。《意见》对于娱乐节目数量与时间的限制，以及对创新与多元尝试的鼓励，给不擅长娱乐节目制作的电视媒体提供了难得的机遇。

原本就不以娱乐为主打又具有较强竞争力的电视媒体，如北京卫视、江西卫视等，毫无疑问成为此次新政策的最大受益者。长期以来，它们早已找到适合自己的定位，并不断强化自身特色，因此不仅未受到冲击，反而顺势而上，显示出差异化竞争的优势。如北京卫视的《档案》《养生堂》《这里是北京》，江西卫视的《传奇故事》《金牌调解》等节目，或着力展示深厚的人文底蕴，或充分彰显平民的贴近视角，培养了大批忠诚度很高的受众。

对于那些相对弱势的电视媒体而言，《意见》迫使其从对当下流行娱乐节目的盲目跟风惯性中摆脱出来，不得不另谋出路，重新发现并打造自己的核心竞争力。如宁夏卫视全力打造独具特色的财经频道，旅游卫视以旅游特色从众多省级卫视中突围成功，青海卫视在被《第一财经》收购之后走出一条全媒体道路，云南卫视则将节目创新作为突破点，在黄金时段推出国内首档特警选拔节目《士兵突击》等。

总之，不论是娱乐强势媒体还是娱乐弱势媒体，不管它们受到《意见》冲击有多大，各电视台都在新政策的影响下开始自觉集中优势，打造特色，积极寻找新的发展道路。这些努力使中国电视节目格局越来越呈现出差异化竞争的发展趋势，不同电视媒体之间的竞争虽更为激烈却趋于分散，使中国电视媒体格局朝着更均衡多元的发展态势前进。

二 中国电视文化生态之变

尽管自《意见》颁布以来未能完全杜绝"泛娱乐化"倾向，但不可否认，这一年的电视荧屏还是发生了较大改变：黄金时段同质化、低水准娱乐节目泛滥的现象得到遏制，新闻类节目、人文社教类节目的数量显著增加，节目中的公益元素更加凸显，节目编排方式及组合结构也更加合理。这些改变都大大提高了电视的媒体品格，使电视媒介的文化生态环境得到了净化与改善。

新闻立台再次回归。省级卫视的定位是以新闻宣传为主的综合频道，与娱乐频道不可相提并论，娱乐节目的喧宾夺主无疑是一种发展错位。新闻立台的回归不仅是净化电视生态环境的需要，更是其自身健康发展的前提与满足受众多元需求的保证。《意见》对提高自办新闻类节目数量的硬性要求，促使各省级卫视纷纷推出各具特色的自办新闻类节目。据统计，2011年新推出的省级卫视新闻栏目达20多档，新闻类节目日播总量比去年增加了1/3，达193档89小时。江苏卫视《新闻眼》、浙江卫视《新闻深一度》、北京卫视《本周锐评》、山东卫视《调查》等新闻节目都更加注重导向性、贴近性、服务性，或挖掘地域新闻特色，或整合网络资源，或引入微博、拍客等新鲜元素，多方面探索创新，共同促成民生新闻的全面升级。

娱乐节目量减质高。随着大量娱乐节目退出黄金时段或干脆停播，荧屏上黄金时段充斥满眼同质低俗娱乐节目的现象明显得到改观，这也促使娱乐节目尤其是硕果仅存的 38 档黄金时段娱乐节目更加珍惜生存机会，不约而同地提高制作水准，加大对低俗内容的把关力度，重视节目中的话题引导与价值取向，并通过增强互动性、话题性等手段提高受众关注度。中央电视台的《星光大道》《我要上春晚》等综艺节目都在娱乐与品位之间找到了最佳平衡点与结合点，前者"百姓自娱自乐"的宗旨与后者"开门办春晚"的理念异曲同工，突出了大众参与性、娱乐性，为身怀绝技的普通百姓提供了展示自我的舞台。

人文公益元素增加。在《意见》"扩大新闻、经济、文化、科教、少儿、纪录片等多种类型节目播出比例"，并开办思想道德建设栏目的要求下，各省级卫视的人文、公益元素普遍增加。一方面，各省级卫视开设了36 个道德建设栏目，如东方卫视的《大爱东方》、北京卫视的《好人故事》等通过专题、新闻报道、纪录片、演播室访谈等多种形式弘扬中华民族传统美德和社会主义核心价值体系，以期使受众在潜移默化中受到熏陶，促进社会整体道德水平的提升；另一方面，在其他类型的电视节目中，人文、公益元素也不断增加。如江苏卫视推出的公益性服务类节目《梦想成真》试图在梦想与现实之间架设起一座桥梁，平衡和弥补现实生活中的焦虑和遗憾，用实实在在的帮助为普通人完成难以实现的平民梦想，与此类似的还有浙江卫视的《梦想新生活》等。

三　未来发展任重道远

尽管实践证明，《意见》的颁布与实施取得了较为明显的成效，省级卫视的畸形竞争与"泛娱乐化"现象得到一定程度的控制，电视发展生态环境也有所净化，但若把电视事业的彻底改变寄托在一个新政策上，显然是过于乐观的想法。

首先，低俗现象仍然时有发生，个别节目热衷于打"擦边球"。2012年的电视荧屏干净了许多，曾经充斥满眼的同质低俗娱乐节目大幅减少，但低俗现象并未完全杜绝：2012 年欧洲杯期间，广东电视台体育频道推出性感火辣的比基尼主持人负责播报欧洲杯赛场的天气情况；湖南卫视《芒果大直播》中现场设置明星水下换装环节；江苏卫视《一站到底》为了惩罚答错题目的嘉宾，设计以"垂直落体"方式从舞台上消失，在此过程中几乎所有女嘉宾都被拍到了裙下风光；就连《非诚勿扰》《中国好声音》等节目也爆料出女嘉宾使用蕾丝内裤擦眼泪、为达到煽情效果不惜为选手编造各种人生故事，种种恶俗现象一方面备受指责，另一方面却也为博取收视率做出了不小"贡献"。这说明荧屏低俗化作为电视媒体市场化以来的沉疴痼疾，要彻底治愈仅有"重典"是远远不够的，还要在体制机制、媒体自律、受众素质等多方面进行改革提升。

其次，合理的评估体系仍未形成。对经济效益的片面追求，已然在一定程度上导致了当前电视媒体片面迎合受众品位，而忽视媒体的引导舆论与弘扬先进价值观的重要功能，甚至出现了经济学上"劣币驱逐良币"的现象。尽管《意见》明确提出了"三不"原则，即"不得搞节目收视率排名，不得单纯以收视率搞末位淘汰制，不得单纯以收视率排名衡量播出机构和电视节目的优劣"，但合理评估体系的形成涉及诸多因素，需要充足的理论准备与长期的实践检验，绝非一朝一夕可成。在当前状况下，电视媒体要实现对于经济利益的追求，收视率仍然是最重要的评价标准，这一点在短期内恐怕难以改变。因此，必须整合多方面力量，加速各方面条件的成熟，尽快建立起公正、客观、科学、有效的节目综合评价体系。唯有如此，才能达到电视媒体效率与品格的双赢，并保证电视节目多样性，更好地满足受众多元化需求。

《意见》被民间俗称为"限娱令"，甚至将其视为娱乐节目的洪水猛兽，其实这是一种误解。国家广电总局新闻发言人在采访中也曾强调，《意见》的调控对象并非单纯指向娱乐节目，而是涵盖了一切节目类型中的过度娱乐元素，因此其针对的其实是涉及当下中国电视生产、传播及评价等诸多环节的整体生态环境与中国电视的价值重塑、管理机制和改革方向等问题。

独木难成林，仅靠一个新政策的实施不可能完全消除中国电视媒体存在的种种弊端，更不可能把电视事业与电视产业一蹴而就地推向理想中的康庄大道，但《意见》的出台的确为在娱乐风潮中或乐此不疲或疲于奔命的电视媒体提供了一个清醒头脑并加以反思与改变的契机。一年的实践结果也证明，各电视媒体为应对《意见》而做出的种种努力，为中国电视节目的差异化竞争格局、电视媒体的多元化发展格局、文化生态的整体性净化格局的形成起到了积极作用，而中国电视事业健康发展的机遇正在其中。

（本文与王锟合作，有删节，原文发表于《中国记者》2013 年第 1 期）

2011 中国电视备忘录

　　2011 年，中国电视面临的政治环境更加特殊，面临的经济环境更加严峻，面临的社会环境更加复杂，面临的文化环境更加浮躁，如此大的背景下，新媒体发展还虎视眈眈、咄咄逼人，尽管如此，中国电视的发展方向在党的十七届六中全会精神的指引下愈发明确。行业管理者为了中国电视的发展，依然忙碌，连续出台相关政策试图振兴电视传媒产业、净化电视传媒生态并保证电视节目安全播出。孜孜不倦、锐意进取的中国电视人，在各大电视节目类型上都做出了创新探索，推出了不少市场效益和社会效益双丰收的好节目。电视栏目和电视频道在积极寻求特色，凝练核心竞争力，打造品牌。电视研究者同样紧跟实践发展，理论联系实际，推出了众多的理论研究成果。本文从电视行业发展到电视行业管理，从电视内容生产到电视产业经营，从新媒体带来的挑战到电视理论研究等多个层面出发，对 2011 年中国电视做一扫描。

一　十七届六中全会召开：明确中国电视的发展方向和行动纲领

　　在"十二五"开局之年、着手准备十八大之际，中国共产党第十七届六中全会顺利召开。会议以推进文化改革发展为重要主题，对文化改革发展作出了重要决定和重要部署，是当前和今后一个时期推进我国文化改革发展的行动纲领。对于中国电视来讲，今后的重要任务在于深入贯彻十七届六中全会精神，深化电视体制改革、推动中国电视发展，不断开创中国电视繁荣发展的新局面，为推动社会主义文化大发展大繁荣、建设社会主义文化强国、实现中华民族伟大复兴做出贡献。国家广电总局在《广电总局党组关于学习贯彻党的十七届六中全会精神、推动广播影视大发展

大繁荣的意见》中提出了落实十七届六中全会精神的八项措施,笔者从中解读出中国电视的发展方向与重点如下:

第一,牢牢把握正确舆论导向,努力提高舆论引导能力。

第二,大力繁荣电视节目,重点抓好迎接十八大电视剧的创作生产。

第三,大力强化电视公共服务,重点在有线电视网络未通达的农村地区大力实施直播卫星公共服务工程。

第四,以推进中国广播电视网络有限公司组建工作为重点,深化产业体制机制改革。

第五,加快科技创新,加快移动多媒体广播电视覆盖网络建设和用户发展。

第六,加快网络视听新媒体建设,培育一批创作生产的骨干企业,不断推出体现一流水准、代表中国形象的网络视听节目产品,努力打造国内外知名的视听新媒体内容品牌,让网络视听新媒体成为壮大主流舆论、播放精品力作的重要阵地。

第七,加快走出去步伐,提升中国电视国际传播能力。

第八,全面加强电视管理工作,重点加强宣传管理、播出机构管理、广告管理,继续深入开展抵制低俗之风行动。

二　行业管理:忙碌中如何做到标本兼治

2011 年,国家广电总局频频出手整治和规范电视荧屏,从年初到年末,颁布了《关于进一步加强电视上星综合频道节目管理的意见》("限娱令")、《关于进一步加强广播电视广告播出管理的通知》("限广令")等制度规定,力度之大,前所未有。之所以亮出如此多的"拳头",与中国电视节目的同质化、克隆化、"三俗化"倾向不无关系。我们必须承认,这些"整改令"的颁布对于中国电视良好文化生态的建立有很好的引导作用,但也不得不反思的是:尽管新政策频繁出台,为何"不正之风"总是按住葫芦起了瓢,是整改措施不够严厉还是背后有深层次的原因?以"限娱令"的出台为例,当前,中国电视观众几乎被娱乐节目包围,各种各样的娱乐选秀、综艺节目、情感故事等接连轰炸电视荧屏,"限娱令"正是在这种背景下出台的,其初衷是为了遏制综艺娱乐类节目过多、过滥、过俗。此举对抵制电视节目的"三俗"倾向有很明显的效果，但可以肯定的是娱乐资源、娱乐内容并不会就此消失。值得关注的是，一些网络媒体正在承接这些"落魄"娱乐资源，准备打造新的娱乐内容，这会不会反过来减少电视媒体的受众和市场份额，进而削弱电视媒体的影响力和竞争力呢？此外，"限娱令"一出，无疑将给本来就有些虚火的电视剧市场浇油，一些投机者借此炒作，让电视剧的价格暴涨，造成一些粗制滥造的作品涌入市场。

总结 2011 年的中国电视，最为忙碌者之一要数行业管理者，他们为了中国电视发展不可谓不上心，但是依靠头疼医头，脚疼医脚的整改措施，固然能够在一时一地发挥疗效，长期来看这种效果并不明显，在电视媒体日益市场化、产业化的今天，试图以简单的行政命令来掌控这个市场，显然不可取。如何在遵循媒介发展规律的基础上充分合理地运用行政手段，这考验着我们管理者的智慧。

三 电视剧生产：激情、穿越、焦虑、翻拍

2011 年，电视剧题材多样、内容丰富，快速发展，依旧是中国电视观众的"主菜"，成为中国电视荧屏的主角，概括来看，这些电视剧在内容生产上有以下几个特点。

（一）"红色剧"：抒发青春激情

2011 年是中国共产党建党 90 周年，主旋律题材电视剧无疑是重头戏。入夏以来，中央电视台播出《开天辟地》《中国 1921》，湖南卫视等播出《风华正茂》《我的青春在延安》《红槐花》《党的女儿》，"红色剧"一部接着一部亮相荧屏。今年的"红色剧"不同于以往的革命历史题材，不再是硝烟弥漫、枪林弹雨的革命战场，也不再是为国捐躯、英勇就义的仁人志士，最大的变化是明显的"青春范儿"。不管是讲述领袖的故事，还是歌颂英雄的事迹，"红色剧"的视角和内容重点转移到了他们的青年时期，即他们如何怀揣着青春理想，燃烧着青春激情，追逐着青春步伐，不畏艰难，矢志不渝，走向伟大的革命道路。如《风华正茂》围绕着毛泽东等革命先驱的成长经历讲述，以 1918 年毛泽东从湖南第一师范毕业为起点，1921 年到上海参加中共一大结束。全剧着力描述毛泽东、何叔衡、蔡和森、向警予、萧子升等一批有志青年在关乎中国生死命运的历史

时刻，如何胸怀天下，探求中国革命之路的前进方向。"红色剧"之所以焕发出如此浓的"青春味"，有以下原因：首先，这符合电视剧的传播策略，建党 90 年的纪念活动大多数发生在 7 月份，而这个时间段又正值暑期，走青春路线更容易吸引年轻受众；其次，从社会大环境讲，现在的年轻人缺乏对革命历史的了解和认知已经不是个别现象，人生观、价值观模糊甚至扭曲也不是个别现象，通过讲述革命英雄人物的先进事迹可以为年轻人树立人生榜样，有助于他们树立正确的人生观、价值观。从以上角度分析，"红色剧"的"青春化"，将视角、人物、故事瞄准年轻人，这不仅符合电视内容生产的传播策略，也是电视媒体自觉宣传社会主流价值观的责任体现。但从实际效果看，年轻人对此并非绝对地"买账"，如何更深入地研究年轻受众的收视习惯、收视心理和审美需求，并将这些因素加入到电视剧的创作中，还需要进一步努力。

（二）古装剧：玩穿越玩时尚

古装剧向来都是中国电视荧屏上不可或缺的，甚至一度"蔚然成风"，2011 年的古装剧也不少，但更加流行的特点是"玩穿越"。穿越剧这种天马行空、自由驰骋、漫无边际的想象和故事情节在一定程度上很好地迎合了年轻人追逐新奇、好玩、刺激、娱乐的心理，因此在年轻观众中很受欢迎。穿越剧是最近几年流行起来的一种影视剧以及文学创作形式，其鲜明标志是剧情或多或少涉及穿越的内容，以穿越时空为线索展开，如《寻秦记》（2001 年，TVB）、《穿越时空的爱恋》（2002年，内地）、《神话》（2010 年，央视）等，还有很多网络小说、电影等也采取这种故事结构形式。穿越这种艺术表现手法或者是形式，本身对于丰富电视剧创作形式和内容有重要的启发意义，但是将电视剧穿越模式化，似乎无古装不穿越，不穿越不时尚就很可怕。例如，几部热播的穿越剧，如《宫》《步步惊心》等几乎无一例外地选择穿越古代宫廷，其中，男人穿越成了王公贵族，卷入了残酷血腥、你死我活的皇位斗争，女人穿越成了宫女王妃，参与了情欲密布、阴谋重重的后宫斗争。如此难免出现一些问题：故事雷同、形象雷人，戏说历史、戏说经典，情节散乱、结构凌乱，滥情悲情、粗制滥造。

（三）现实剧：透视现实生活焦虑

2011 年，现实题材电视剧有很多部，但有一个共同点，主人公无论是青年还是中年，无论是男人还是女人，故事无论是发生在农村还是都市，都逃离不了我们现实生活中的家长里短、亲情伦理、爱情婚姻，都或多或少面临不同的困惑。概括起来大致有以下几种焦虑状态：一是青年爱情婚姻生活的无奈，代表性作品有《裸婚时代》《双城生活》。《裸婚时代》通过夸大、戏谑、自嘲的方式，展示出了年轻人向往美好婚姻却又不得不承受现实生活所带来的苦恼；《双城生活》通过年轻人的异地恋情来表现南北之间不同的风土人情，以及在南北隔阂中两个普通家庭的种种酸甜苦辣。二是中年婚姻生活的徘徊与犹豫，代表性作品有《男人帮》《人到四十》。《男人帮》表现了大龄男女对男女关系相遇相知相惜的困惑，《人到四十》则诠释了外在的功成名就与内心焦虑虚伪的矛盾、随波逐流与疯狂奋斗的悲辛。三是婆媳关系的纠葛，代表性作品有《当婆婆遇上妈》《婆婆来了》《青春期撞上更年期》等，这些描写婆婆与媳妇斗智斗勇的婆媳剧表面上反映的是婆媳之间的千古矛盾，其实真正折射的还是现实生活的种种焦虑。老百姓的现实生活是电视剧创作取之不尽，用之不竭的源泉，创作者能够沉下心来，到人民群众的生活中去寻找创作的灵感，汲取丰富的创作营养，是电视剧创作出精品力作的正确路径。现实生活是复杂的、多面的，在当前复杂的社会环境中，每个人以及每个家庭都有自己"难念的经"，这是我们现实题材电视剧必须坦然客观面对的，但是生活也有其美好的一面，因此我们的电视剧创作者在反映现实生活困境的同时也要注意寻求生活中的美好。例如：在对待 80 后这个问题上，青年生活压力过大是客观事实，但是相对于前辈的艰难岁月而言，这些也许不算是艰苦；再如婆媳矛盾重重，现实中确实屡见不鲜，但多数家庭还是能够和睦相处的，作为现实题材作品，在面对现实问题、处理现实矛盾的时候一定要注意"度"的把握和权衡，一味地宣扬焦虑、苦闷、彷徨、无助这些消极的价值观也是有失偏颇的。

（四）翻拍剧：狗尾续貂难有新意

2011 年翻拍剧纷纷推出，如《新亮剑》《新水浒传》《新西游记》（网络播出）《新还珠格格》《新玉观音》《新拯救》《新大唐双龙传》等。

然而，这些电视剧乏善可陈，除了制作团队的变化、演员阵容的变化外，观众看不到任何"新意"，或者将"新意"用在了歪点子上，结果是引起观众"骂声一片"。例如：相比 1998 年的经典版，《新还珠格格》在造型上，给小燕子增加了媒婆痣和招风耳，试图颠覆观众心目中原有的小燕子的美好形象；角色上，增加了个外国人将爱情线弄得更加复杂，让原本因古文言频频闹笑话的小燕子在讲英文上也"出彩"；剧情上，各种现代道具穿越清宫。这些为了"适应"新时代观众做出的"雷人"之举，饱受观众诟病。翻拍剧几乎每年都有，只是 2011 年更加扎堆，翻拍的效果也不尽理想，所以才引起舆论哗然。翻拍尽管在宣传上、传播上占据先机，可以借助先前作品的知名度、影响力来赢得收视率，但电视剧毕竟是以内容为王，观众消费的是故事、情节、人物。如果没有拍出真正的"新意"而且是质量上乘的"新意"，那么很显然不进则退，因为它所翻拍的"旧剧"都是经典，于是难以避免地受观众诟病。也就是说，电视剧翻拍有风险，行动需谨慎，电视剧创作最应该鼓励的还是原创，只有这样才能创造并维持真正的发展繁荣局面，依靠"炒冷饭"，或者是雕虫小技很有可能会适得其反。

总结 2011 年的电视剧创作，不管是革命历史题材的"青春化"、古装剧的"玩穿越"，还是现实题材电视剧的凸显矛盾，抑或是翻拍剧的种种"花招"，都有一个共同点，那就是电视剧创作更加青睐年轻受众群体，这一方面是出于市场经济效益的考虑，另一方面也有对媒体自身社会角色与责任的考量。良好的受众意识是电视剧创作必须具备的，但是在面对受众时如何处理好适应与引导之间的关系，而不是走向一味地迎合与宣教，中国电视剧无疑还需要火候。

四　电视综艺节目：娱乐中坚持服务、公益和励志

2011 年，中国电视综艺节目在激烈的竞争环境中不断求变求新，在保持一贯娱乐的同时出现了三种好的动向，即三个方面的"强化"，这就是娱乐中强化了服务意识，娱乐中强化了公益特性，娱乐中不忘青春励志。

（一）娱乐中凸显服务

2011 年的电视综艺节目，尽管依旧坚持娱乐内容，但是在泛娱乐、过度娱乐、娱乐化的路上有了理性的回归。在娱乐的同时强调了服务意识，增加了服务内容，如情感服务、职场服务、健康服务和生活服务。

一是情感服务。2011 年，最火爆的电视综艺节目当数江苏卫视的《非诚勿扰》，以它为代表的婚恋交友类节目在相当长的一段时间内成为中国电视观众的首选，成为家喻户晓的电视话题，同类节目有湖南卫视的《我们约会吧》《称心如意》，东方卫视的《百里挑一》《谁来百里挑一》，浙江卫视的《爱情连连看》《婚姻保卫战》，安徽卫视的《缘来就是你》，山东卫视的《爱情来敲门》，湖北卫视的《相亲齐上阵》，等等。婚恋交友节目的流行有其深刻的社会背景、文化背景以及受众基础，因为爱情婚姻这个话题具有普世性、永恒性，而且随着当前社会剩男剩女的增多，这个话题更有说不完的故事，而大量青年受众的欣赏需求使其存在有其合理性和必然性。但满荧屏都是电视相亲，简单地换个形式，换个名字，换个主持人，换几个嘉宾就又开设一档新的婚恋交友栏目等同于相互拆台，自相残杀。婚恋交友节目除了要根除同质化之外，还需要在泛娱乐的道路上急刹车。值得一提的是，经过相关部门的勒令整改之后，不少婚恋交友节目改掉原先的辛辣风格，调整了泛娱乐路线，由娱乐开始走向服务——情感婚恋服务。以《非诚勿扰》为例，目前它以情感服务为理念，在嘉宾选择、身份确认、讨论话题选择、录制过程审查等方面采取了一系列措施，理性探讨"当代年轻人情感婚恋和家庭生活价值观"，传递更加健康的婚恋交友价值观，同时非常注意社会主流价值观的引导和彰显。

二是职场服务。2011 年，以天津卫视的《非你莫属》和江苏卫视的《职来职往》等为代表的职场真人秀节目，同样引起了广大观众的关注。《非你莫属》中每期 12 名一流企业高管组成波士团现场招聘，具有不凡身世背景及奋斗经历的他们，对应聘者进行最犀利的评判和最严格的挑选。每期三至四位真实应聘者来自全国各地，他们敢于挑战，敢于展示，拥有难以想象的特长，同时每个人都希望能从事自己喜欢的工作。节目中还有两名国内资深职场人士及心理专家，用专业知识给予应聘者真实的就业指导意见、心理把握和职场忠告。《职来职往》节目囊括各行各业、人生百态，通过行业达人和求职者之间的对话，反映当下最热点的行业话题并产生观点的碰撞。通过不同行业职位的人群不同的思维与视角展示社会的本来面目，通过理性、客观、全面、真实的分析，展示真正的职场。这类节目都有很强的娱乐性，但值得肯定的是节目在娱乐的同时没有偏离职场服务的功能，主要内容还是聚焦在就业难、求职难这些当前社会热点问题上，并积极寻找解决问题的路径，为应聘者的求职带来真实宝贵的、丰富实用的经验、技巧。电视媒体去面对现实社会存在的难题，这无疑会吸引到广大受众的注意，同时这也是媒体责任意识的表现，但必须提醒的是，一定要警惕一些节目为了提高收视率，吸引观众眼球，借用一些语言、话题来炒作。

三是健康服务。2011 年，健康服务类栏目如《中华医药》《养生堂》等再次被广大观众尤其是中老年观众关注。以《养生堂》为例，它以"传播养生之道、传授养生之术"为宗旨，秉承传统医学理论，遵照中国传统养生学"天人合一"的指导思想，按照二十四节气来安排节目内容，每期节目既系统介绍中国传统养生文化，又有针对性地介绍实用养生方法。随着人们收入水平和物质生活水平的提升，人们的生活压力随之加大，生活节奏随之加快，身体状况经常处于亚健康状态。因此，健康问题越来越受到人们的关注，健康的生活品质，良好的生活习惯，更加受人追捧，尤其是中老年观众的关注。但是看病贵、看病难、治病难又是当前社会难以解决的问题，因此收看健康养生类节目，保持好的生活习惯、饮食习惯、作息习惯，注意生活常识、养生常识这样的内容就很能满足广大观众的需求。但是我们也看到，一些栏目为了追求收视率，不顾科学，不问来路，找到一些"江湖郎中"信口雌黄，吹嘘夸大，在节目中误导百姓，甚至借此骗取钱财的行为也存在。因此，对于健康养生服务类节目，必须注意嘉宾身份是否准确，必须对嘉宾言论的科学性把关，否则不是服务观众，而是耽误观众。

四是生活服务。服务生活本身就是电视节目的功能之一，生活服务类节目在中国电视历史上有很多。2011 年，比较引人关注的社会服务类栏目是河北卫视的《家政女皇》，作为一档生活服务类节目，它取得了很好的社会效益和市场效应。它用综艺形式，融汇类似老百姓的"家长里短"、"婆婆妈妈"的琐事，以此告诉观众如何通过一些实用的技巧，将每天必须面对的衣、食、住、行、柴、米、油、盐的普通生活，装点得妙趣横生、丰富多彩。这类节目扎根于百姓生活，在生活中寻找快乐，在服务中寻找欢乐，具有很好的社会效益，值得肯定。

尽管一些综艺节目有时候也可能偏离了主流价值观，在娱乐大众的同时忘记了服务受众、弘扬社会主流价值观，但是经过整改之后，我们相信中国电视综艺节目一定会找到一条健康理性的道路，在娱乐和服务百姓精神生活两方面有很好的权衡。

（二）娱乐中彰显公益

2011 年，中央电视台综艺频道进行了改版，一大批新的综艺节目亮相荧屏，其中一些深受好评，如《梦想合唱团》。该节目自开播以来，就成为大家广泛关注的话题之一。在微博上，更有观众称看节目本身就是在"守护爱心的沃土"。节目中，8 位明星回到各自的家乡，寻找 20 位来自各行各业的当地居民组建一个城市梦想合唱团，分别为"孤儿救助"、"溪桥工程"、"新长城特困生帮扶"、"多媒体教室筹建"、"爱佑童心"、"天使之家"、"瓷娃娃救治"、"无障碍艺途"等公益项目赢取不同等级的梦想资金而比拼。与其他电视选秀节目不同，它没有停留在对个人价值的关注上，而是更进一步追求集体价值、社会价值的实现；参加的选手，人人带着梦想而来，人人都为公益而来，不再怀揣一夜成名的奢望，而是希望通过这个平台，壮大自己的力量去实现帮助他人的愿望。每一个公益梦想都凝聚了当地政府、媒体、企业、明星、公益组织、基层群众方方面面的力量，承载了被帮扶者改变命运的希望，都在用歌声向千万观众传递爱心与力量。再如，浙江卫视的《快乐蓝天下·中国梦想秀》，它的定位是"给平民惊喜、帮平民圆梦"。节目邀请明星作为梦想使者，帮助那些始终怀揣着不平凡梦想的平凡人，让他们对梦想的真诚热爱和美妙憧憬变为现实，度过生活中的灰心丧气、艰难坎坷，体会这个社会的温暖关怀和友善。目前，已有一大批梦想者在梦想使者的帮助下实现了梦想。

（三）娱乐中强调励志

在不少人看来，电视综艺就是"玩乐"，与社会现实关联度不大。实则不然，哪怕最娱乐的电视综艺也很难脱离现实的社会关怀，尤其是处在社会转型期的中国社会，面临着诸多的社会问题、社会矛盾，充满着复杂多变的社会心理与社会情绪。作为主流媒体，电视无疑应当自觉地将目光投向普通的百姓，用自己搭起的舞台吸引普通的百姓来参与、来表现，并带给他们生活的自尊、自信和自强，从而通过他们传达媒体的温暖与关怀。以中央电视台《星光大道》为例，它的选手大多是来自最基层的最普通的百姓，他们身份各异，但他们身上都体现了转型期中国社会呈现的复杂多变的状态、情绪和心理。《星光大道》的舞台为他们所搭设，为他们实现自己的梦想，走上成功的道路积累宝贵的经验。再如，湖南卫视的《天天向上》，它用多种形式来传播中国的礼仪文化，让国民在娱乐嬉笑之余，感受中华传统美德的精髓并借此发扬光大，这是节目定位的深度体现，也是节目创建的背景。随着节目题材范围的拓宽，该节目现在的核心气质是青春励志，并把"青春励志"和"传统礼仪"作为必守的原则。

　　总结 2011 年的电视综艺节目，在欢笑的同时又多了一些沉思，也就是不回避社会问题，而是将视角触及社会热点问题、难点问题，如婚姻、就业、健康等；在娱乐的同时又多了一些理性，也就是面对社会问题和困难时不抱怨，而是提供一些可行的解决办法。电视综艺节目的定位不仅仅是娱乐，因为娱乐不仅仅是让人笑，更是让哭者不哭，之所以电视综艺一度剑走偏锋，就在于它只知道让人笑，甚至不惜让人傻笑。

五　纪录片：平台更加强大、类型更加多元、活动更加丰富

　　2011 年，中国纪录片的最大热点无疑是播出平台的建设取得了巨大成就，不仅有国家级专业频道央视纪录频道的开播，也有专业频道、知名栏目、网络新媒体等多元渠道的多方发力；与此同时，中国纪录片创作也是成果颇丰，类型丰富，个性鲜明，涌现出了很多有代表性的优秀作品；相关的纪录片活动也更加丰富多彩，为纪录片的社会影响力、市场影响力提供了条件。

（一）平台建设：重拳出击，多元开拓

　　2011 年，在纪录片播出平台的创建上取得了丰硕的成果，首先是国家纪录频道的开播，其次是专业纪录频道又添新兵，最后是纪录片专栏的品牌影响力日渐加深，还有网络新媒体的补强扩充。

　　第一，频道层面。2011 年是央视纪录频道元年。该频道自开播以来，每天的收看人数持续大幅增长，已由 2700 万激增到 6000 多万，观众忠诚

度和满意度也进一步提升。收视份额已从开播初期的 0.193%，上升到年底单周收视最高突破 0.6%，单日最高收视已达 0.77%。央视纪录频道以"全球视野、世界眼光、中国价值、国际表达"为高端定位，目标受众直指具有"高学历、高职业、高收入"的高端收视群体，同时在激烈的卫视收视竞争市场中主推"大气、从容、冷静、理性"的频道气质。它的开播对于中国纪录片发展以及中国电视发展具有多方面的意义：不仅有利于培育纪录片市场，推动纪录片产业大发展，而且对于整个中国电视传媒生态格局的良性建构也具有重要的历史意义，有评论甚至认为它标志着中国电视纪录片的发展迈入了一个新的历史阶段，进入了又一个春天。除此之外，北京电视台纪实高清频道正式开播，它秉承"引领文化、传承文明"的理念，重视境外优秀高清纪录片北京首播，推动国内优秀纪录片展播。中国教育电视台文献纪录频道以"空中课堂"为目标，以教育、文献纪录为频道定位，重点打造晚间"黄金 3 小时"。

第二，栏目层面。北京卫视的《档案》以全新的观念把节目的内容和独特风格的演播现场结合起来，注重节目的舞台气质的现场感，在收视上取得了较大的成功。云南卫视的《自然密码》以国内外引进的纪录片素材为基本架构，以反映野生动植物的生存方式、生活状态以及动植物与人类的关系等为节目主要内容，探索自然现象、动植物门类的神秘性，倡导人与自然的和谐共生。除此之外，传统的纪录片品牌栏目如中央电视台的《探索发现》《第十放映室》，凤凰卫视的《凤凰大视野》《冷暖人生》等依然保持着自己的品牌影响力，在业界、学界以及观众中都有很好的口碑。

第三，新媒体层面。2011 年，对于纪录片界来讲，另一个振奋人心的消息就是新媒体向纪录片领域大举进发，创建全新的纪录片播出平台，这将为纪录片的播出提供更加广阔的舞台，也为吸引更多的纪录片受众，尤其是年轻受众创造了条件。如搜狐网推出的《大视野》和奇艺网的纪录片播映专栏。

据不完全统计，目前全国省级以上的电视台已经开办播出的专门播放纪录片的专业频道有 7 个，付费纪录片频道有 3 个。全国各级电视台参加的栏目有八九十个，国产纪录片的总时长近 3000 小时。再加上网络平台的创建与壮大，中国纪录片播出平台建设已经进入了多层次、立体式、多元化的阶段，这为整个纪录片产业发展奠定了良好的基础。但是我们也要清醒地认识到，有国际竞争力的专业纪录频道还不多，具有全国知名品牌的纪录片专栏还不足，因此纪录片播出平台的建设还需要更多的投入。

（二）纪录片创作：类型丰富，特点鲜明

2011 年，中国纪录片创作成果丰富多彩，涉及文献类、历史类、人文类、自然类、社会纪实类等多方面内容，献礼类如《旗帜》《理想照耀中国》《辛亥革命》《天下为公》《百年辛亥》《辛亥》等；历史类如《我的抗战Ⅱ》《断刀》《四人帮覆灭记》《青春作伴》《公园一六四四》《外滩》等；人文类如《当卢浮宫遇见紫禁城》《南海Ⅰ号》《玄奘之路》等；自然类如《美丽中国》《野性的呼唤》《水生世界》《长白山》《一湖清水》《同饮一江水》《天赐》《大漠长河》；社会纪实类如《四十多花花》《民工博客》《非洲十年》《苹果树下》《瑶山神使》《男人四十》等。这些作品在艺术表现与制作水准上，都代表了较高成就，有主题，有个性，构成了 2011 年中国影视独特的视听景观。这些纪录片视角不同，内容不同，表现方式也各异，但是它们都艺术地、真实地聚焦于一个主题，传达一种思想，表达一种态度，共同为中国观众奉献了精彩内容。

（三）纪录片活动：丰富多彩

2011 年，中国纪录片加强了与社会各界的合作以及与国外纪录片界的交流与合作，"借船出海"，整合资源，共同推动中国纪录片的发展繁荣。

第一，与高校合作，培养纪录片受众和创作人才。市场的培育关键是受众的培育和人才的培养，有了纪录片受众的大量存在才会有纪录片发展的内在动力，而大量专业人才的出现才可以支撑纪录片市场的成熟发育。值得一提的是，中央电视台纪录频道为此迈出了坚实的一步。2011 年 9 月 24 日，央视纪录频道、中国高校影视学会与来自全国 98 所高校的代表签署合作备忘录，实施"青春中国——让纪录片走进大学校园"活动，联手推动"让纪录片走进大学校园"活动实现系列化、常态化，未来将连续举办多届"青春中国——大学生纪录短片征集"活动，并同时推进"百校千人"新锐导演选拔计划。该活动通过在大学校园中培育纪录片文化，提升当代大学生的传媒、艺术与文化素养，丰富和提升大学文化的内涵与魅力，这对于深化和拓展我国影视传媒教育，培养未来纪录片优秀创

作人才都有着重要的意义。此举引起了业界、学界、教育界以及其他社会各界的广泛关注,这不仅有益于培养青年受众、高端受众,而且对于纪录片人才的挖掘与培养也是一个很好的举措。

第二,与社会力量合作,培育纪录片产业链。"内容为王"一直是电视媒体奉行的定律,纪录片同样如此。虽然现在纪录片播出平台的建立与发展已经取得了实际的效果,但是播出平台的健康发展需要大量的优秀的纪录片作为内容支撑,否则将是无源之水。因此,对于纪录片产业发展而言,同样重要的环节在于纪录片资源的整合,加大纪录片精品力作的生产。以央视纪录频道为例,频道开播以来,坚持以"推动纪录片产业链的形成和发展"为重要目标,积极培育纪录片生产和营销主体,形成以纪录片创意、生产、销售、传播为一体的产业链,并通过纪录片购买、委托制作和联合制作等多种方式,创新纪录片运营模式,逐步形成统一、开放、竞争、有序的纪录片市场。2011 年,除合作播出了诸多地方电视台、社会机构、海外制作机构制作的优秀纪录片作品外,纪录频道还积极创新体制机制,以社会招标的形式积极推动委托制作、联合制作,先后推出了《活力中国》《传奇中国》等社会招标委托制作项目。这两个招标项目均面向全国省市电视台和社会制作机构,选题方案获得纪录频道评审委员会审议通过后,纪录频道将全额投资、全程监理。节目制作完成后,将分批次在纪录频道播出。

第三,与国际纪录片界合作,拓展纪录片优质资源。长期以来,西方主流媒体掌控着国际传播的话语权,对于中国的主流价值普遍采取拒绝、漠视与扭曲的态度,意识形态的偏见和文化上的巨大鸿沟,形成了主流价值传播的绝对逆差。与新闻资讯及娱乐类产品相比,纪录片可以更容易地实现不同意识形态及文化形态之间的交流和传播。纪录片在国际文化交流中扮演着重要的角色,引进国外优秀纪录片,对于扩大国内观众视野有很好的促进作用,同时对于国内纪录片水平的提升也有很大的帮助。随着纪录片国际交流与合作的日益扩大与深入,中国纪录片的国际交流与合作有了长足的发展与进步,中国很多优秀纪录片在国际大的评奖活动中获奖,有的也在国外获得很好的市场效应。以央视纪录频道为例,它在开播近一年的时间里,从国外引进纪录片共计 169 个系列 576 小时,囊括了全球不同国家顶尖制作公司最新出品的片目。其中 80 个系列 257 小时由英国公司出品,45 个系列 142 小时由美国公司出品,21 个系列 68 小时来自法国公司，除此之外还包括西班牙、奥地利、澳大利亚、加拿大、韩国、俄罗斯、荷兰等国制作公司出品的 23 个系列 109 小时的节目。可以肯定的是，央视纪录频道的开播对于强化对外传播能力，提升文化软实力，改变国际传播中西强我弱的格局，尤其是减少国家主流价值传播中的绝对逆差将做出独特贡献。

总结 2011 年纪录片发展，我们发现：播出平台的搭建，节目创作的丰富，活动的开展，纪录片市场的繁荣，正在催促纪录片产业的发展，反过来，产业的发展繁荣又为整个纪录片创作环境、播出环境和市场环境带来空间和机遇。客观地讲，中国纪录片产业发展起步较晚，还有不足和不成熟的地方，但是本年度的种种表现让我们对其肃然起敬，对其未来发展充满信心。

六　电视新闻："走转改"中找回公信力

当前，以手机、网络等新媒体手段，以博客、播客、微博为代表的新媒体形式正在以前所未有的力度深刻地改变着中国的新闻传播形式、方式、内容甚至是媒体格局。我们正在进入一个"人人都是信息源、人人都有麦克风"的自媒体时代。这个时代的优势在于信息多元快捷，劣势在于各种信息鱼龙混杂，导致受众不知所云，难辨真假，可信度缺乏，而公信力、权威性恰恰是电视媒体的最大优势。但是，随着假新闻、编新闻、造新闻等恶性事件的发生，电视新闻的公信力正在严重受损，电视新闻媒体亟须在公众面前证实自我，找回公信力、权威性和美誉度，而全国新闻战线深入开展"走基层、转作风、改文风"活动，对于电视新闻媒体来讲是一次难得的机会。实践证明，此次"走转改"活动确实效果明显。

以中央电视台为例，2011 年 8 月中旬以来，中央电视台已派出报道团队 400 多路、记者 1000 多人次，足迹遍布全国 31 个省、市、区的上百个县市乡村。所属综合频道、新闻频道、财经频道、中文国际频道、英语新闻频道共播发"走基层"报道几千条，涌现出《新疆塔县皮里村蹲点日记》《达茂旗：土豆大丰收　销路遇难题》《桥通拉马底》《北京同仁医院、儿童医院蹲点日记》《边疆行》《百县行》《小微企业调研行》《春暖 2012》《黄河善谷》等一批"接地气"、"有底气"、"聚人气"的新闻作品，同时重点打造了《百姓心声》《第一手调查》《蹲点日记》《劳动者》《最美的中国人》《我在基层当干部》等系列报道和栏目，受到中央领导的充分肯定和电视观众的广泛好评。中央电视台"走基层"活动开展得扎实深入，产生了一批精品佳作，涌现了一批优秀记者，关键是让我们看到了真实的中国、鲜活的中国，这才是新闻媒体的职责所在，也是新闻媒体树立媒体公信力的必然之路。

总结 2011 年中国电视新闻，"走转改"绝对是一个重要的事件，甚至在整个中国电视新闻史上都有里程碑式的意义，它不仅仅是一个机遇，更是中国电视新闻发展到一定阶段的必然选择。它既是电视媒体社会责任意识凸显的体现，也是电视新闻在面临发展困境时所寻求的自我强大的抓手。

七 省级卫视：激烈竞争中继续寻找定位

2011 年，省级卫视你争我夺，相互竞争，形成多个梯队。被誉为第一梯队的湖南卫视、浙江卫视、江苏卫视这三驾马车各有招数，在电视选秀、综艺娱乐、电视剧等方面展开了一场场明争暗斗的 PK，甚是抢眼。值得一提的是江苏卫视，它的频道定位从"情感天下"（2004 年）到"情感世界"（2008 年），再到"情感世界，幸福中国"（2010 年），成功实现了"三连跳"，越来越清晰、大气。频道以现代感、传媒感、资讯感及江苏文化风味形成江苏现代电视传媒的鲜明特色，以新闻版块、娱乐版块、电视剧版块的合理划分，清晰地将新闻、综艺、电视剧这三项最受观众喜爱的节目形式呈现给全国观众，培育了全国知名的电视节目主持人、电视名牌栏目，成为全国卫视频道中备受瞩目的电视力量。

另一个受人关注的卫视是重庆卫视，它以公益频道、主流媒体为定位，在节目公益性和引领性方面都付出了相当大的努力，不断改版，受到了社会各界的普遍关注。自 2011 年改版以来，重庆卫视始终秉持"国家高度、重庆特色、大众需求、艺术魅力"的理念，打造系列精品节目，减少电视剧和外包节目播出量，且将电视剧清出黄金档，增加公益广告片、城市宣传片和一系列自办新闻、红色文化节目，如《天天红歌会》《民生》《品读》《百家故事台》《原版电影》，力争传播更多更有价值、更富文化含量和知识含量的电视作品，切实发挥好主流媒体引导社会、传播知识、教育人民、推动社会发展的作用。但是关于它的改版，社会反响并不一致，支持者认为它的公益性和引领性是对当前电视生态环境的一种净化，电视责任意识的一种提升，电视媒介形象的一种塑造。但是也有一些人对此表示担忧：这种完全去广告化的做法与中国电视市场化的发展方向是否"背道而驰"？这种用政府经费来填充不播商业广告带来的经济损失的做法是否会导致电视重新回到计划经济时代？尽管强化电视内容公益性和引领性与商业化、市场化有所抵牾，二者相结合也有困难，但电视内容的公益性与商业性、引领性与通俗性并不矛盾，更不是非此即彼，强化电视内容公益性不等于反对电视商业性，强化电视内容引领性也不等于反对电视节目多元性。我们相信成功的电视节目创新者是可以实现二者的有机统一的。

　　总结 2011 年中国省级卫视的发展情况，我们感到无比欣慰，即便前进的道路上存在着一些曲折和坎坷，但可喜的是，省级卫视作为中国电视格局中的一支重要力量，还在电视改革创新的发展道路上坚守着、努力着。从长远发展来看，短暂的失利或是一时的成就也许不那么重要，真正重要的是不断坚持创新发展的责任、勇气和精神。

八　网络视频媒体：电视媒体的挑战与机遇

　　以上已经分析了网络媒体对电视新闻报道的挑战与冲击，其实远不止如此，还表现在网络视频对于电视剧、纪录片、综艺节目等整个电视内容的挑战上。本文的网络视频指的是专业的新媒体播放平台，专门播放电影、电视剧、纪录片等各种视频的新媒体网站，如搜狐视频、爱奇艺网、迅雷看看、PPTV 等。由于它们具备了很强的即时收看、随时收看等便利性、互动性优势，对电视媒体提出了严峻的考验。以电视剧为例，目前在网络视频的强力冲击下，电视剧市场的竞争由激烈演变到惨烈。视频网站由于吸纳了风投资本而具有雄厚的财力，所以竞相争夺热播电视剧版权，导致国产电视剧的收购价格已从前几年的数十万元一集升到百万元一集，这造成电视剧市场的虚火更旺。视频网站不仅推高电视剧版权价格，也在向电视剧制作的上游延伸，为"网络观众"量身定制剧集。

九　电视理论研究：成果丰富、亮点突出

党的十七届六中全会提出了推动社会主义文化大发展、大繁荣的文化建设目标，电视业作为文化传播与建构的重要手段，自然要涌入文化建设的时代洪流，推卸文化建设的时代重任，这给电视研究学者今后的研究提出了要求与挑战。他们的反思与总结，必将成为中国电视研究领域逐步走向成熟的基石。

（一）报告类图书的出版成亮点，特别是电视产业、纪录片、新媒体等专项领域的首发报告增加

年度报告类图书的热度提升，体现了行业激烈竞争下各方对行业综合性、专业性、动态性信息的需求迫切。电视研究综合类报告如《中国广播电影电视发展报告（2011）》（庞井君主编，社会科学文献出版社 2011 年版），电视产业报告如《2011 年：中国传媒产业发展报告》（崔保国主编，社会科学文献出版社 2011 年版），纪录片报告如《中国纪录片发展研究报告（中国纪录片蓝皮书）》（张同道、胡智锋主编，科学出版社 2012 年版），新媒体发展报告如《中国新媒体发展报告（2011）》（尹韵公主编，社会科学文献出版社 2011 年版），等等。众多将视角深入到具体领域，进行深度挖掘的专项报告，则体现了在中国电视业快速发展与激烈竞争的态势下，各方已不再只满足于综合类报告对行业发展的整体考察。报告的细分是行业发展的必然结果，也是行业走向成熟的标志之一，这有助于我们以更为全面的考察视角、深刻的判断思维把握本行业改革、创新与发展的现状与趋势。

（二）文集数量与分量增加，学界知名学者在本年度纷纷参与到个人文集或多人文集的撰写中

领域内学者对自己的研究多加总结与集结，如《中华文明的现代演进——"第三极文化"论丛（第一辑）》（黄会林主编，北京师范大学出版社 2011 年版）、《守望荧屏》（王丹彦主编，中国广播电视出版社 2011 年版）、《从广电大国到广电强国》（朱虹著，华中师范大学出版社 2011 年版）等，体现了本领域对厚重学理沉淀的不断求索。面对电视这一实

践性较强的领域，电视研究者们注重对学用背后的学理追寻，有助于完善本领域的学科框架，提高本领域的学术地位，不断推动电视研究走向成熟。

（三）专著、合著、教材的出版势头依然不减，且研究领域较为全面

本年度领域内学者对电视史与电视理论类目中电视传播、电视文化、电视批评、电视美学、电视受众学等方面的内容都有思考，如《中国新闻传播史（1978—2008）》（吴廷俊主编，方汉奇学术指导，复旦大学出版社 2011 年版）、《影像当代中国：艺术批评与文化研究》（陈旭光著，北京大学出版社 2011 年版）等；对电视实务类目中电视新闻研究、电视剧研究、电视纪录片研究、播音与主持研究、电视策划研究、名牌节目解析等方面的内容都有考察，如《媒介融合时代的电视新闻创新：省级地面频道发展战略研究》（胡正荣等主编，中国传媒大学出版社 2011 年版）、《外国电视名牌栏目》（胡正荣、朱虹主编，红旗出版社 2011 年版）、《当代电视摄影制作：观念与方法》（黄匡宇著，复旦大学出版社 2011 年版）等；对电视产业与技术类目中电视经营、管理、技术、产业研究等方面的内容都有探析，如《电视融合变革：新媒体时代传统电视的转型之路》（黎斌主编，中国国际广播出版社 2011 年版）、《下一代广播电视网发展战略研究》（黄升民等主编，中国市场出版社 2011 年版）、《上海传媒产业制度变迁》（金冠军、郑涵主编，上海交通大学出版社 2011 年版）。这些著作全面考察、探析与思考背后所体现的历时梳理与共时思辨的研究维度，学术研究与一线实践的紧密互视，对电视产业发展与技术进步的前瞻视野，值得肯定与赞许，也启示着学人在今后的电视研究中进一步完善与提升。

除此之外，还有两个特别值得注意的现象：

一是常驻境外的华人学者重视在国内出版著作，如旅加学者赵月枝，密歇根州立大学教授李海容，香港中文大学学者邱林川、陈韬文等人本年度都在国内出版了著作。电视作为人类传播的方式之一，本身就是关乎交流的行业，电视研究学者也应抱有融通世界的心态，这有利于丰富国内学者的思考维度，也有助于中国学者在世界范围内话语权的建构。

二是学界与业界的合作、交流密切，相关著作的出版体现了合作的成效。学界与业界的密切交流，对业界来说可以促进其理论水平与创作体悟的提升，对学界来说有助于其密切考察业态发展、开拓学术视野、实现自身价值。

站在新的时代起点，2011 年的中国电视及其相关的文化现象、理论研究，尽管已经翻过了历史性的一页，抛开成就与否不论，它所产生的意义、带来的思考、留下的启示，还需学界、业界仔细研究和慢慢体会。

（本文与周建新合作，发表于《影视文化》2012 年第 6 期）

新世纪十年中国电视内容生产热点分析

新世纪十年是中国电视内容生产竞争最为激烈的十年。笔者曾将中国电视内容生产50多年的历史总体概括为以"宣传品"、"作品"和"产品"为主导的三个阶段。自从20世纪90年代，尤其是进入新世纪以来，中国电视内容生产处于"三品"的同时作用之下：一方面要满足"宣传品"的政治宣传需要；另一方面也要满足"作品"的专业化、个性化需求；同时，还要满足"产品"的市场化、产业化要求。在这种背景下，中国电视呈现出异常的焦虑和匆忙状态。与此同时，在电视媒体全球化的内容、模式、理念和样态的冲击下，来自欧美、日韩的电视节目不断刺激着中国电视做出自己独特的新的探索。十年间，这些新的探索形成了哪些热点？这些热点的背后有哪些复杂的动因？未来中国电视发展将会面临哪些挑战？本文就此做一简要分析。

一 新世纪十年中国电视内容生产热点扫描

中国电视内容生产可以分为三个部分，分别是：虚构类，包括电视剧和综艺节目；非虚构类，包括电视新闻；介于虚构和非虚构之间，包括电视纪录片和访谈节目等。新世纪十年，这些节目类型形成了若干电视热点，涌现出了大批的经典案例，对中国电视内容生产产生了重要影响，广受社会和行业关注。

（一）虚构类内容：电视剧、综艺选秀和婚恋交友

进入新世纪，中国电视虚构类节目不断转型升级，并逐步走向成熟，其中以电视剧、综艺选秀和婚恋交友三种节目类型最为典型。它们在内容生产上做出了不同的探索，表现出了不同的特点，取得了不同的成绩。当

然，这些探索创新对中国电视剧内容生产所起的推动作用毋庸置疑，但是其中产生的一些负面影响也值得深思。

1. 电视剧：类型化、产业化

经过多年的沉淀和积累，新世纪以来，中国电视剧在类型化生产和产业化运行两方面越来越成熟，大量的叫好叫座的电视剧纷纷亮相荧屏。

第一，类型化。经过多年的积累，中国电视剧在类型化生产上已经有了新的探索，表现在电视剧的类型越来越丰富，而且同一类型的优秀电视剧越来越多，像家庭伦理类的《金婚》《北风那个吹》等，谍战类的《潜伏》《暗算》等，名著改编类的《三国演义》《西游记》等，重大历史题材类的《人间正道》《长征》等，青春偶像类的《玉观音》《奋斗》等。在类型化的推动下，中国电视剧生产更加高效，质量不断提高，它们彰显了本土特色，也体现了鲜明的时代特质，取得了很好的收视效果和社会影响。

第二，产业化。改革开放以来，在社会主义市场经济大潮的背景下，中国电视逐步迈入产业化的道路，经历着市场化的探索，这其中市场化程度最高、收效也最为显著的当属电视剧。新世纪十年，中国电视剧在产业化的道路上步伐更加快速，愈发显得成熟，有几个明显的现象：一是明星效应，包括演员、编剧、导演、经纪人等相关工种都在进行一场声势浩大的"造星运动"，如明星演员、知名导演、王牌经纪人等，他们有大量的受众群，是收视率强有力的保证，因此片酬、身价也不断攀升。二是广告效应，包括硬性广告和软植广告，在戏里戏外大量出现，电视剧产生的广告效应，直接和间接的共有几百亿元，已经成为电视媒体、电视剧制作公司的重要经济来源。三是投资效应，包括国内外的资金、行业内外的大量资金，像房地产、金融等行业的资金纷纷进入电视剧生产制作中，电视剧俨然已成为一种热门的投资产品，备受青睐。四是联动效应，电视剧产业化程度的提高，带动电视剧内容生产相关产业链的延伸、完善，如与电视剧相关的畅销书、音像产品的出版发行，主题公园的开发等。

2010 年，以上各个电视剧类型都涌现了一些优秀的作品，如家庭伦理类的《媳妇的美好时代》，谍战类的《黎明之前》，重大历史题材类的《解放海南岛》，青春偶像类的《杜拉拉升职记》，名著改编类的《红楼梦》等。尤其是经典重拍在 2010 年格外突出，曾经产生过重要社会影响的《西游记》《三国演义》《红楼梦》都以全新的"面目"重现荧屏，它们是近年来中国电视剧类型化和产业化探索的经典案例。为了重拍《三国演义》，投资方几经变更。为了重拍《红楼梦》，北京电视台甚至历经一年的时间专门组织了大型选秀活动"红楼梦中人"，在海内外选拔演员。这两部电视剧都是大投入、大阵容的大制作，其回报也十分可观。经典名著重拍为什么会如此火热呢？至少有两个原因：一是所谓经典都已经具备了一定的内容创作生产模式，即我们所说的类型，类型化生产一定会降低市场风险，节约成本；二是经典名著已有的市场号召力，这些作品拥有广泛的读者，重拍这些名著从一开始就可以吸引各方面的关注，这对收视率和广告效益是一个很好的保障。

对于电视剧类型化，有人说这体现了当代电视内容生产制作水平，提高了电视内容生产的效率；也有些人认为固定的模式对电视剧的创新有一定的阻碍。对于电视剧产业化，有人说这是电视内容生产的潮流与趋势，产业化是中国电视剧做大做强的必由之路；也有人对电视剧过度产业化带来的广告泛滥、恶性竞争提出忧虑。

2. 综艺选秀：本土化、大众化

新世纪十年，中国诸多的电视综艺节目中，综艺选秀类节目脱颖而出，它们在本土化和大众化两方面的探索较为成功，推出了大量有重要行业影响和社会影响的节目。

第一，本土化。选秀类节目是近些年出现并产生重要社会影响的一种节目类型，起源于美国的真人秀。湖南卫视模仿《美国偶像》的《超级女声》自2005年推出之后便迅速火爆全国，2006年这股势头不减，各省级卫视以及央视纷纷进军综艺选秀节目，最终形成了中国综艺选秀节目"三驾马车"的格局（湖南卫视的《超级女声》与东方卫视的《我型我SHOW》、央视的《梦想中国》）。令人欣喜的是，中国综艺选秀节目尽管是"舶来品"，但并非一味地照搬照抄，在引进来之后不断经历着本土创新，在形式上、内容上添加了中国观众喜闻乐见的元素，如音乐秀、舞蹈秀、知识秀、武艺秀等；在主题上宣传、弘扬的是中国传统的文化观、伦理观和价值观。

第二，大众化。从发展脉络看，这十年来，中国电视综艺选秀节目从明星的"一枝独秀"到众人参与的集体狂欢，其门槛越来越低，参与性、互动性越来越强，越来越大众化，这在综艺选秀节目的内容、形式上就可见一斑。总结这些年的综艺选秀节目在节目内容、形式上的特点，大致可以划分为三种：一是"明星选秀"，它充分利用明星的号召力和话题效应，制造诸多"卖点"吸引观众，让明星秀其鲜为人知的技能，如《名声大振》《舞动奇迹》等；二是"平民选秀"，它依靠其平民性、草根性吸引普罗大众参与，如《超级女声》《快乐男声》《星光大道》等；三是"明星＋平民选秀"，它将前两者的特点结合在一起，如《名师高徒》等。

2010 年，东方卫视的《中国达人秀》在收视效果和社会意义上都取得了不俗的成绩，在本土化和大众化的探索上十分成功：一是充分考虑了情感元素，参赛选手的质朴情感和人生感悟感染了无数观众，传递的是一种人文关怀，倡导的是一种积极向上的生活理念，鼓励人们通过自己的奋斗来改变自己的命运，代表着中国主流文化和主流价值观，如"孔雀哥哥"和"鸭脖夫妇"。二是继续定位"草根"，"没有任何门槛，不限任何才艺"。任何一个拥有才华和梦想的普通人，都可以在舞台上展示其天赋和潜能，2010 年的冠军刘伟就是一名"草根英雄"。

对于综艺选秀节目，无疑它使一些电视媒体获得了一定的关注度和注意力，也收获了一定的市场份额和效应，同时也满足了相当一部分观众的某种心理欲求和诉求。从眼前和近期效果来看，这些都有一定的正面效应，但是我们也必须看到综艺选秀热潮只是阶段性的，在综艺选秀趋于饱和的情形下，观众出现审美疲劳甚至出现厌烦反应也是不可避免的。过犹不及，尽管过度 PK 会给电视媒体带来长久的效益，但是也会败坏广大观众的口味，而且对电视媒体生态也是一种冲击。

3. 婚恋交友类节目：社会化、多元化

20 世纪 90 年代末，中国曾出现了大量的婚恋交友类节目，如《非常男女》《玫瑰之约》《欢乐伊甸园》等，但这些节目一度"集体哑火"，直到 2010 年，以江苏卫视的《非诚勿扰》、湖南卫视的《我们约会吧》等为代表的一批婚恋交友类节目在电视荧屏上大放异彩，创造了极高的收视率，才又重新引发了婚恋交友节目的热潮。这类节目在电视内容生产的社会化和多元化方面的探索表现突出。

第一，社会化。目前，中国的年青一代，80 后、90 后陆续进入了婚恋阶段，出现了大批面临择偶难题的"剩男剩女"，这已经成为一个千万家庭普遍关心的社会话题，不仅这些年轻人关注，他们的父母乃至祖辈都十分关注。这类节目敏感地抓住这个话题，适时介入并进行干预，为这一问题的解决提供了一个开放的平台和广阔的空间，让这些年轻人尽情展示自己，表达自己。

第二，多元化。以往不少节目过于强调单向度的价值诉求，而这些婚恋交友类节目却充分展示了多样、多元的价值，不同的价值观在这里得到表达和碰撞：一方面是年轻人的价值观与传统的价值观之间交流碰撞，另一方面是不同国度、不同社会阶层、不同教育背景的人之间的观念碰撞，还有婚姻观、恋爱观与生活观、人生观之间的磨合碰撞。他们广泛地参与，自由地表达，充分地交流，紧密地互动，为观众呈现了当今社会一个多元价值并存的现实。

2010 年，继《我们约会吧》《非诚勿扰》之后，一批婚恋交友节目如雨后春笋般在众多省级卫视遍地开花，如浙江卫视的《为爱向前冲》、贵州卫视的《相亲相爱》、安徽卫视的《缘来是你》、山东卫视的《爱情来敲门》等。之所以如此"盛行"，重要的原因之一就是婚恋交友确实是一个"抓人"的社会问题，聚焦这样的热点话题并放在电视媒体这样一个公共空间去"自由言说"更是吸引注意力。

对于婚恋交友类节目，积极发现现实问题，并主动介入提供解决的可能性，这种媒体敏感和媒体责任值得赞许。但也有人对这类节目中某些参与嘉宾的言论提出了严厉的批评，例如"宁可在宝马车里哭，也不愿在自行车上笑"，这样的言论过度彰显了年青一代对于财富、美貌、名声等的崇拜，是对传统择偶观中重人品、才能，追求勤劳、质朴、善良等观念的颠覆。

对于新世纪十年来的虚构类电视节目，可以用一个"秀"字来概括，如果说电视剧充分挖掘了戏剧秀、表演秀的特点，综艺选秀节目则将大众的才艺秀做了充分的放大和挖掘，而婚恋交友节目则集中了大众的才艺、表演等多种生活成分，是全面的生活秀。这些节目的出现尽管引发了一些争议，存在着一些问题，但不争的事实是它们为中国观众奉献了精彩的内容，共同推进了中国电视内容生产发展创新。

（二）非虚构类内容：时政新闻、民生新闻、灾难性报道

新世纪十年，尽管中国电视荧屏因为电视剧、电视综艺、电视娱乐显得异彩纷呈，热闹非凡，但是中国电视新闻并未沉寂，在理念观念、节目形式、报道方式等方面都做了成功的探索创新。从节目的内容形式上可以分为三个热点，分别是时政类新闻、民生新闻和灾难性报道，尽管它们创

新形式各异，创新方式不同，但无疑都为中国电视新闻报道探索创新做出了自己积极的努力和贡献。

1. 时政新闻：增容、提速

新世纪以来，"新闻立台"的理念备受重视，新闻报道在电视媒体中的地位和作用更加突出，从央视到省级卫视，时政新闻都作为一个重点，放在重要位置，其探索创新主要表现在量的增加和速度的提高上。

第一，增容。时政新闻报道在体量上增加的表现有多个方面，从组织方式看，有节目，有栏目，也有专业频道。2003 年 5 月 1 日，央视新闻频道试播，至此中国第一个专业化的新闻频道诞生，它以专业的新闻视角，权威的新闻内容，大大增加了新闻报道的内容。从播出时间上看，有日播，有周播，有个别时段播出到全时段播出，大大延长了播出时间。从播出方式看，有直播，有录播，播出方式多样。从节目形式上看，有新闻联播、新闻访谈、整点新闻、新闻评论、新闻杂志，节目类型丰富多样。总之，多种多样的节目形式、播出方式构成了丰富的新闻内容。

第二，提速。与网络、手机等新媒体相比，电视新闻报道的弱势在于即时性、互动性、参与性不够，但如果能够将线性封闭的生产播出状态尽可能调整到直播的状态，以现在进行时的姿态与生活同步，而且将这种直播最大化、日常化，这就可以极大地提高电视新闻报道的速度，第一时间、第一现场发出第一声音，并注重观众的参与和互动，以声像文字全息的优势充分张扬电视的魅力。这不仅可以体现电视媒体的公信力、权威性，也可以避免虚假信息泛滥，谣言四起。

2010 年，央视新闻频道进行了全新改版，尤其是在增容和提速两方面都有重要表现，现在是整点新闻全天 24 小时滚动播出，突出时效性和信息量，以最快的速度、最丰富的内容向观众提供国内国际新闻资讯最全面的报道和最权威的解读，真正体现了一个国家电视台的形象。

对于时政类新闻，无疑信息传播越快、越全面越会获得安全，能够在第一时间及时进入第一现场，并完整全面地予以报道，既可以保证事实的准确，有利于决策的正确，有利于获得观众的信服，又可以有效地防止流言、谣言的散布，有效地打击颠倒黑白、混淆视听的猜测，有效地回击恶意、敌意的诋毁。但是如何更快更好地进行新闻报道，还需要在我们复杂的体制机制上进一步创新，还需要新闻记者的专业素质进一步加强。

2. 民生新闻：助推器、平衡器

新世纪以来，以《南京零距离》《第一时间》为代表的民生新闻迅速崛起和走红，为中国电视新闻与中国新闻改革创新做出了成功的、有益的探索。

第一，改革的助推器。民生新闻不同于以往的新闻报道方式，以更加平等的视角，更加朴实的内容，更加真诚的态度，关注百姓问题，从衣食住行到人情冷暖，从内心情感到日常生活，尽管琐碎，尽管平实，但切实想百姓之所想，急百姓之所急，树立服务理念，解决百姓问题。这对中国电视新闻报道乃至整个中国电视新闻报道的理念、方式、形式、角度等都有重要的启发意义，从这个意义上讲，民生新闻就是中国电视新闻改革的先行者，也是中国新闻事业改革的助推器。

第二，矛盾的平衡器。随着经济社会发展的步伐加快，社会分层化越来越严重，社会矛盾、社会问题也越来越复杂，如何实现"和谐社会"，体现"以人为本"的理念，这是时代要求，也是媒体的使命。很长一段时间以来，民生新闻常常散落在社会新闻之中，处于边缘地位。随着社会矛盾的突出，以及新闻改革的逐步推进，社会新闻越来越受重视。民生新闻抓住了这一时代背景，主动承担社会责任，关注社会民生，这不仅吸引了大量的受众群，也扩大了新闻的社会影响力。从这个意义上讲，民生新闻就是党和政府新的执政理念的忠实践行者，也是转型期社会矛盾化解的平衡器。

对于民生新闻而言，它在中国电视新闻、新闻报道上的改革创新是有其历史地位的。但是，其报道内容也有些被批评趋"腥、性、星"和"三鸡"之嫌。"腥、性、星"指的是报道往往热衷于那些明星轶闻、血腥和涉性等内容，"三鸡"指的是报道热衷于鸡毛蒜皮、鸡零狗碎、鸡鸣狗盗这些杂碎琐屑等内容。

3. 灾难性报道：开放性、公益性

新世纪以来，中国大地经历的灾难不在少数，多难兴邦，也是对一个国家整体实力和发展水平的考验和检验。从媒体层面讲，最近几年发生的大灾大难充分检验了中国电视媒体的宣传报道能力和传播水平。值得肯定的是，在灾难面前，中国电视媒体经受住了考验，在新闻报道的开放性和公益性上做出了自己成功的探索。

第一，开放性。自2008年中央电视台第一时间对"5·12"汶川地震进行直播报道以来，中国电视媒体对于自然灾害类，坚持直播报道已成习惯，第一时间赶赴灾区，向全国乃至全世界及时、全面发布灾情、通报救援情况。与此同时，还与国际媒体加强合作交流，做到信息的有效传播，这一做法符合世界电视传媒规律，因此也得到了世界各大媒体和国际社会的信任和尊敬。

第二，公益性。这类节目在组织新闻报道的同时也为赈灾组织了多个大型义演活动，发动社会各界进行捐助，每次赈灾晚会都可筹得上亿元的善款，以中央电视台青海玉树赈灾晚会为例，筹得善款21亿元之多。这凸显了电视作为第一大众媒体的地位和价值，发挥了其强有力的社会动员作用，塑造了良好的国家形象和民族形象，彰显了中国对人类普世性价值的尊重。

2010年，云南等西南六省、市、自治区大面积干旱，青海玉树地震，甘肃舟曲泥石流等自然灾害，让中国电视媒体群起而动，进行了连续不断的直播报道，第一时间进行信息公开开放，还及时组织了公益晚会。

对于灾难性报道，第一时间客观真实地予以报道，可以鼓舞人心，是可以肯定的。当然也有人担心，过多的灾难报道是否会给人们带来惊恐和不安，是否会产生焦虑的社会情绪。公益晚会的举办，善款的筹集，可以号召社会力量，为缓解灾区灾情做出贡献，但是如果公益晚会变成了一个"捐款秀"，难免让人对电视媒体在灾难报道中扮演的角色有所诟病。

对于新世纪十年来的非虚构类节目，无论是时政新闻、民生新闻还是灾难报道，尽管还不能尽善尽美，但都能够顺应形势，顺应潮流，清楚自己的定位，明确自己的责任，发挥自己的作用，在巩固电视新闻报道在电视内容生产中的位置，彰显电视媒体的社会责任，体现电视媒体的影响力、公信力、美誉度等方面起到了积极作用。

（三）介于非虚构和虚构之间：谈话类节目、纪录片

新世纪十年，由于市场化、产业化的步伐加快，媒体的生存环境、生态环境发生复杂变化，介于非虚构和虚构之间的谈话类节目、纪录片更是面临着前所未有的压力，但可喜的是，它们依然顶住压力，给广大观众奉献了一个又一个精彩内容。

1. 谈话类节目：时事类、社会类、娱乐类

自《实话实说》之后，中国电视谈话类节目发展迅猛，并形成了时

事类谈话、社会类谈话、娱乐类谈话三足鼎立的格局。新世纪以来，无论哪种谈话节目类型都涌现出了一批经典的电视栏目。

第一，时事类访谈。随着各大电视媒体新闻队伍的扩大，信息传播手段的丰富，获得独家新闻内容的难度越来越大，因此如何解读新闻成为媒体间竞争的重要方面。新闻访谈类节目把嘉宾和主持人对新近发生的、重要的新闻事件、新闻人物发表的看法、建议作为主要内容，重视新闻评论的高度、深度和新颖程度。该类节目有央视的《新闻1+1》《今日关注》等。它们邀请嘉宾做固定的时事评论员，第一时间聚焦新闻事件，发出与众不同的、掷地有声的评论，还对新闻发生的来龙去脉做出独到的分析，同时对新闻事件产生的社会影响做出评估，对新闻事件的后续发展做出预测。

第二，社会类访谈。这类访谈节目紧跟社会的热点、百姓的焦点、生活的难点，邀请各个阶层的嘉宾参与，充分言说，多角度表达，讨论甚至是争辩，具有多方面的意义和价值：一方面，充分展示了电视媒体的主体性魅力，极大地调动了电视观众的参与；另一方面，更多地让普通观众在电视媒体中参与表达，客观上推进了社会民主化进程。这类节目的成功案例有《小崔说事》《锵锵三人行》《一虎一席谈》等。

第三，娱乐类访谈。从央视到省级卫视，娱乐类访谈节目丰富多彩，如央视的《艺术人生》《咏乐汇》，东方卫视的《杨澜访谈录》，湖南卫视的《天下女人》《背后的故事》，北京卫视的《五星夜话》，重庆卫视的《龙门阵》等，其共同特点就是紧跟娱乐圈的热点时尚话题，邀请当红明星做嘉宾，并运用娱乐手段，揭露他们的幕后故事或者是日常生活中鲜为人知的趣事，满足观众的好奇心。

电视谈话是电视说话的一种方式，而电视说话方式观念的演变与特定的时代环境、电视媒体自身的发展和人们对电视说话的理解与认识有着密切的联系。新世纪以来，尽管一些谈话节目发生了变化，有的改版，有的甚至已经退出荧屏，但是谈话类节目始终没有停止的是不断创新的脚步，这种创新对中国电视媒体乃至中国政治经济社会而言都有其意义和价值。

2. 纪录片："纪录大片"、历史文献纪录片、时政类专题片

作为电视内容生产中重要的组成部分，中国电视纪录片在这十年里，承担着巨大的压力，也经历着一次次艰难的探索，在"纪录大片"、历史文献纪录片、时政类专题片这几个类型上有了突出的成绩。

第一,"纪录大片"。所谓"纪录大片",指的是篇幅较为宏大,内容较为丰富,时空跨度较大,国际化程度较高,拍摄周期较长,思想含量、文化含量、学术含量较高的纪录片。这类作品一般站在国家和民族的立场,关注社会发展中的重大历史问题,是国家意志的体现,是国家实力的展现,是主流文化的弘扬,也是主流价值的彰显。近些年,央视作为国家电视台,推出了一大批"纪录大片",如《故宫》《大国崛起》《再说长江》等。

第二,历史文献纪录片。这类纪录片聚焦历史发展进程中产生重大影响的重要人物、重要事件,并对其进行反思和记录。这类作品站在历史的高度,把历史的重要进程中的关键人、关键点和关键事作为记录对象和记录内容,不仅仅保留了珍贵的历史影像,而且对我们如何正确地面对历史、反思历史也提供了思考。这类作品如《百年中国》《复兴之路》《铁马冰河》《公司的力量》等。

第三,时政类专题片。这类纪录片是为纪念党和国家重要的事件所拍摄的志庆类、时政类专题片,它是一个简短的历史回顾和总结,有重要的宣传价值。这类作品如《香港十年》《澳门十年》等。

介于非虚构和虚构之间的电视节目内容常常处于左右为难的境地,一方面要面临收视率的重棒之压,另一方面又肩负媒体责任。新世纪十年,谈话类节目和纪录片在这两种价值取向或者是道路选择下探索前行,尽管也存在着一些问题,但总体而言,把握了正确的方向,承担了应有的责任。

二 热点现象背后的原因分析

无论是虚构类内容、非虚构类内容,抑或是介于虚构类和非虚构类之间的内容,之所以形成这么多电视热点节目、栏目和现象,其背后都有其复杂的动因,总体上讲,新世纪以来中国社会面临的政治、经济、社会和文化形势是其主要原因。

(一)政治动因

党和政府秉持"以人为本"、"责任政府"的理念,努力推动"和谐社会"建构。因此,尊重每一个个体的生命,尊重人的基本生存需求、情感需求是社会的基本诉求，也是党和政府的基本要求。在这种背景下，灾难报道的重视，民生新闻的闪亮登场，以及婚恋交友类节目的大量出现就不足为奇了。因为灾难中每个生命高于一切，复杂的社会问题需要及时化解和缓和，婚恋交友关乎年轻人的情感诉求和家庭幸福。

（二）市场动因

这些电视热点之所以能够形成热点，并成为一股潮流，必然有较高的收视预期，那么市场回报也相对较高。在电视产业化、市场化的大趋势大潮流下，各种各样的优质资源都会涌向这些领域，这些节目可以拉动上下游的多个产业环节，产生巨大的利益回报，于是出现了经典电视剧重拍热、综艺选秀节目热、娱乐谈话节目热。

（三）社会动因

中国正处于建设"中国特色社会主义市场经济体制"的转型过程中，出现了贫穷与富有，城市与乡村以及不同利益集团、不同年龄之间的巨大差距，导致了复杂的社会情绪、社会心理需要借助大众媒体平衡、宣泄。于是，观众通过各种渠道和途径释放情感：在婚恋交友节目中欢呼，在综艺选秀中喧嚣，在灾难报道中得到情感关怀，在民生新闻中获取情感慰藉，在谈话交流中感受情感抚慰，等等。

（四）文化动因

新世纪以来，传统与现代、高雅与通俗、先进与落后，中国与世界多种价值观的冲突、碰撞与交融，尤其明显和激烈，这已经成为当下非常突出的景观，在主流文化中适当融入各种价值的呈现，对于文化生态的正常、健康发展是有益的，于是在严肃的电视新闻之外，还有代表精英文化的纪录片，还有更加大众的、娱乐的综艺选秀、娱乐谈话、婚恋交友等节目类型。

三　未来中国电视面临的挑战

新世纪十年，面临着复杂的形势，经历着诸多的困难与挑战，最终中国电视傲然走过，做出了大胆而富创新性的探索，并留下了精彩的节目内容，但是展望未来，电视媒体同样不会轻松，依然要面对这样或那样的困难和挑战。

（一）技术挑战

网络、手机等新媒体已使电视这一20世纪90年代独霸天下的"第一大媒体"风光不再，"三网融合"的国家布局已经开始进行，电视会不会被网络、手机等新媒体打倒？电视媒体的前途在哪里？从业者对此表示疑虑。

（二）行业竞争

电视行业自身竞争更加激烈，以30家省级卫视为例，市场总量没有太大增加，第一、二、三集团在有限市场中彼此博弈，相互压力巨大，如何在惨烈的竞争中脱颖而出又节约资源和成本，从业者对此十分困惑。

（三）体制改革

中央电视台也全力推进体制机制改革——把原有的行政化的"中心"改为彻底专业化的"频道"，前不久各频道负责人刚刚通过竞聘产生。体制改革、机制创新是整个行业接下来要面临的难题，如何更大程度地挖掘电视媒体的潜力，更充分地发挥电视媒体的优势是摆在从业者面前亟须破解的难题。

新世纪十年，中国电视面临着历史上压力最大的时期，面对来自政治、市场、社会、文化的需求，面对来自新媒体的挑战，面对行业自身激烈的竞争，如何实现生存、发展与繁荣？从十年中国电视内容生产的热点分析中，我们可以看到：中国电视人坚持在困难中探索，在探索中创新，在创新中发展，这些令人关注的热点因此成为了这一时期最值得记忆和梳理的亮点。期待这些探索创新为中国电视未来的发展留下宝贵的经验。

（本文与周建新合作，发表于《社会科学辑刊》2011年第5期）

当前中国电视节目创新发展的三种动向

　　最近一个时期，中国电视内容生产在激烈的竞争环境中不断求变求新，出现了三个方面的强化趋势，即公益性和引领性、纵深性和独特性、情感性和人文性的强化。

　　所谓公益性，强调的是非商业性，着眼于社会公共服务领域，体现社会公益价值的内容。毋庸置疑，多年来中国电视一直处于产业探索和竞争的媒介环境之中，近年来，电视媒介之间的竞争更是日趋激烈，不少电视节目也因其突出的商业色彩而遭到社会诟病。正是在此背景下，电视媒体对于担负社会责任，提高公共服务职能就显得格外重视，在强化节目内容公益性方面作出了探索，推出了相关节目、栏目和活动。公益性不仅成为一些电视节目、栏目和活动的自觉追求，还成为一些电视频道的目标定位。

　　所谓引领性，强调的是电视对社会主流价值的引领，即电视价值导向性、权威性、教育性功能的发挥。在媒介价值引领性上表现最为抢眼的是重庆卫视，自2011年改版以来，它秉持"国家高度、重庆特色、大众需求、艺术魅力"的理念，打造系列精品节目，减少了电视剧和外包节目播出量，且将电视剧清出黄金档，增加了公益广告片、城市宣传片和一系列自办新闻、红色文化节目，力争传播更多更有价值、更富文化含量和知识含量的电视作品。

　　强化公益性和引领性是电视媒体通过提高公共服务能力实现价值引领的努力。重庆卫视以公益频道、主流媒体为定位在这两方面都付出了努力，因此它的改版也受到了社会各界的普遍关注。关于其改版引起的社会反响并不一致，支持者认为它的公益性和引领性是对当前电视生态环境的一种净化、电视责任意识的一种提升、电视媒介形象的一种塑造。但是也有一些人对此表示担忧：这种完全去广告化的做法与中国电视市场化的发展方向是否背道而驰？这种用政府经费来填充不播商业广告所带来的经济损失的做法是否会导致电视重回计划经济时代？尽管强化电视内容公益性和引领性与商业化、市场化有所抵牾，二者相结合也有困难，但电视内容的公益性与商业性，引领性与通俗性并不矛盾，更不是非此即彼，强化电视内容公益性不等于反对电视商业性，强化电视内容引领性也不等于反对电视节目多元性。成功的电视节目创新者是可以实现二者有机统一的。

所谓纵深性，强调的是电视媒体相对于新媒体，在点上的深入和面上的开掘，不仅知其然还要知其所以然，重视信息本身的真实性、全面性和深入性。以"郭美美事件"为例，中央电视台《新闻调查》近期播出的一期节目"被质疑的红十字"所做报道可谓全面深入。

所谓独特性，强调的是电视媒体独特的视角、新颖的表达，重视内容的差异性、标识性，这些特点集中体现在主持人、评论员等主创人员身上。他们因为有精度、有力度、有锐度的言论，掷地有声、见解独特、思路缜密的观点成为"意见领袖"，让人印象深刻。以"7·23"甬温线特别重大铁路交通事故报道为例，事故发生后不久，媒体对事故伤亡情况、救援情况、发生原因等进行了连篇累牍的报道，但是真正让人印象深刻的还是那些有个性而又不乏理性的评论。

强化纵深性和独特性是电视媒体在应对新媒体挑战，寻求个性化、摆脱同质化、走向品牌化的一种努力。当前，网络、手机等新媒体手段愈发普及，它们在信息传播的便捷性、及时性、互动性等方面的优势和特长被充分发掘和利用，对电视新闻报道产生了新的强大的冲击。例如，在传播速度、传播广度等方面，电视新闻报道难以与微博、QQ、短信等新的传播方式匹敌。与此同时，电视市场克隆成风的态势也逼迫各个电视媒体不得不突出其内容不可复制性和品牌稀缺性，而强化内容的纵深性和独特性无疑将是电视媒体应对这些难题的一种途径。

所谓情感性，强调的是电视媒体对人的情感抒发和表达的重视，这个情感包括个人化的情感，如亲情、友情和爱情，如情绪、品质和精神状态；也包括社会化情感，如对集体、对社会、对国家、对民族的复杂情感等。许多电视节目强调的都是主人公在面对事业、人生挫折时表现出的对他人和社会的高贵品质、品格和情操，他们的事迹感人至深，催人泪下。

所谓人文性，强调的是电视媒体对人文价值的宣传与高扬，重视对每个个体需求的尊重、关注与关怀，尤其是对弱者的关怀，重视多元价值的呈现、释放与满足。如东方卫视的《东方直播室》，定位为给有争议性的社会话题背后的主角提供倾诉的平台，为场内外观众提供交流的渠道，通过各抒己见，多元价值得到表达与碰撞，最终形成一个获得建设性意见的场域。

强化情感性和人文性是电视媒体追求"以人为本"价值观的体现与努力。不管是对人间真情实感的歌颂还是对人文主义情怀的高扬，都表现了电视媒体对人的理解、尊重。如果说情感性是对节目内容的一种丰富，那么人文性就是对节目内容的一种提升，这些元素的融入不仅让电视节目能感动人、吸引人，也能启迪人、鼓舞人。

这三个"强化"体现了当今中国电视传媒在复杂多变的社会环境和媒介环境中，为实现自我功能价值、创新节目内容形式、满足广大观众需求等多方面作出的探索和努力。客观地讲，这些努力还存在不成熟、不完善的地方，有待时间去进一步验证，观众进一步考评，学界进一步观察，但无论如何，这种牢记责任、敢于作为、勇于探索的精神是值得称道的。

（本文与周建新合作，发表于《中国社会科学报》2011 年 9 月 6 日第 14 版，《新华文摘》2011 年第 23 期转载）

中国电视节目创新问题之观察与思考

电视节目创新问题是新世纪以来中国电视面临的若干重大基本命题之一。

近些年来，中国电视节目创新始终被创新能力不强、创新品质不高、创新效益不佳等突出问题困扰。为什么中国电视节目从内容到形式，从定位到风格，从形象到构成，都存在着严重的雷同化、同质化？节目创新中存在着哪些观念误区与突出表现？为什么节目创新的需求如此迫切，却又在风险面前望而却步、踌躇不前？这些极大地束缚中国电视创造力、制约中国电视健康发展的突出问题，迫切需要理论的回应与阐释。

电视节目创新是一个系统工程，涉及电视内容生产与传播的方方面面。然而，纵观近年来业界与学界对于电视节目创新的探索与研究，总体上看，外部的体制、机制、经营、管理创新研究较多，而内在的节目本体创新规律研究相对较少；个案探讨较多，而系统全面的研究相对较少；感性的经验描述较多，而具有理论概括意义的理性研究相对较少。简而言之，对"电视节目创新"予以整体性、系统性、全面性的研究，显得较为薄弱与欠缺。

本文力图从"问题"入手，通过电视节目创新的"中国问题"研究，在中国特色的电视管理体制、运行机制与生存环境下，聚焦中国电视节目创新的本质、模式、动力、主体、体制、机制等层面存在的一系列问题，开展比较完整与深入的系统研究。其目的，是希望从中提炼"中国经验"，建立起有中国特色的电视节目创新理论，进而推动形成电视节目创新的"中国模式"，培育中国电视的原创能力，增强传播力，提高竞争力，扩大影响力，积极参与全球传媒竞争，提升国家文化软实力。

一　中国电视节目创新的三个观念误区

当前，业界与学界在"什么是电视节目创新"的理解上，至少存在着三种观念误区。

在"传承与创新"的关系上，将电视节目创新理解为从未有过，忽略了传承。一说创新，似乎就是割断传统，"当下许多人把改版与创新理解为彻底改变，或从未有过的'全新'改变"。应当承认，在当前媒介竞争异常激烈的环境中，追求突破、渴望超越的愿望与企求是可贵的；希望摆脱已有俗套，呈现出令人耳目一新的甚至是从未有过的求新求变，这种愿望也是可以理解的。但是，将节目创新视为从未有过的"独创"观念，如同鲁迅先生所说的，用自己的手拔着头发离开地球，既不现实，也不可能。从创新规律来讲，任何创新活动和行为都离不开从量变到质变，在传承中连续积淀的基本规律。从创新实践看，纵观中外电视节目创新的成功案例，无一不是基于充分传承基础上的创新，注重从传统中充分汲取符合当下的精华。正所谓温故知新，只有充分地传承，批判地吸收，创造性地转化，才有可能真正实现有力度、有积淀、有厚度的创新。

在"生产传播主体和接受主体"的关系上，将电视节目创新理解为是生产传播主体的单方行为，忽略了接受主体——受众的存在与影响。不可否认，创意来自灵感，是个性化的、灵光一闪的奇妙体验，常常带有不可捉摸的偶发性。因此，对于电视节目创新而言，在激发创意灵感时更多关注电视人作为创新主体的个体意愿和兴趣，积极推动创新团队内部头脑风暴的碰撞，是必要的，也是重要的。但是，这并不意味着可以忽视受众作为接受主体的社会、文化、审美等多重需求，因为受众的需求与认同是检验节目创新是否有效的关键。历来赢得赞誉的节目创新实践证明，只有满足了受众需求，得到了受众认可的节目创新才是有效创新。如果不能满足受众的实际需求，不能获得受众认可，即便是节目创新有着较高的专业水准，那也难免陷入孤芳自赏的境地，这样的节目创新有何意义和价值呢?! 所以，受众的需求与认可，是电视节目创新的起点与归宿。

在"当下创新与可持续性创新"的关系上，将电视节目创新理解为当下的眼前效应，忽略了可持续性的长久效应。创新，意味着应时而为；不可否认，关注当下，保持一种敏锐度，将节目创新聚焦于当下受众的某种时尚性认同和需求，可以在短期内产生轰动效应，带来一时的经济利益。但是，如果只是一味地关注当下，节目创新就有可能只是昙花一现。按照品牌成长的一般规律，只有着眼于品牌的稀缺性、独特性、不可替代性，才有可能打造成真正的品牌。所以，创新需要内在品质的积累与积淀，创新主体应当拥有与时俱进、持续不断的自我更新能力与动力，这样才能促使创新不断升级，保持源源不断的活力。我们看到，在电视节目发展史册上，有多少曾经轰动一时、受人追捧的创新行为，大浪淘沙后早已昙花一现，不再被人提及。真正的节目创新，不仅能够产生当下的眼前效应，而且应当能够产生长久的效应；那些载入史册的成功创新案例，都是靠着品质的积淀，在实现效率的同时，格外注重品格的追求，实现了当下的眼前效应与可持续的长久效应的有机统一，从而保持了长久的生命力，可谓历久弥新。

以上三种观念误区，无疑成为中国电视节目创新实践的主要障碍。只有从认识上辩证地处理"传承与创新"、"生产传播主体和接受主体"、"当下创新与可持续性创新"三对关系，才有可能使中国电视节目创新步入全面、可持续发展的道路。

二　中国电视节目创新问题的四种突出表现

对应着认识层面的三种观念误区，我们可以看到在中国电视节目创新的具体实践中，还存在着"媚洋"、"媚俗"、"媚利"、"媚雅"四种突出表现。

（一）"媚洋"

近十年来中国电视创造收视佳绩的"创新"节目，大多是模仿、复制、引进国外电视节目版式的产物。以真人秀节目为例，2004 年国内首开先河的歌艺选秀节目，是以美国 FOX 电视网 2002 年 1 月开播的《美国偶像》（American Idol）为母版的。随后，英国 2004 年播出的大型唱歌选秀节目《X 元素》（The X Factor）、美国哥伦比亚广播公司 2004 年开播的《学徒》（The Apprentice）、美国 FOX 电视网 2007 年开播的《莫忘歌词》（Don't Forget the Lyrics）、英国 ITV 名牌娱乐节目（Who Dares Sings）、美国 ABC 电视网的明星秀《与明星共舞》（Dancing With Stars）、美国 FOX

电视网的《与明星滑冰》（Skating With Celebrities），还有英国 BBC 的强势栏目（Just The Two Of Us）等 10 多档国际流行节目，在中国电视荧屏上轮番亮相，不论是模仿改造，还是版式直接引进，毋庸讳言，中国电视现已成为全球电视节目版式销售的最大市场。应该承认，从国际流行的节目版式中汲取最新的传播理念与节目形态，是必要的；正是在面向全球的学习借鉴中，中国电视节目创新获得了理念的启发与模式的参照，快速缩短了与世界电视发展水平的差距。但是，不尊重中国客观实际，不注重本土化特色，一味媚洋式的节目创新，则是危险的，如果中国电视只满足于扮演全球电视创意中国销售的"商贩"角色，那么中国电视只能永远停留在"中国制造"的水准，无法实现"中国创造"国际传媒品牌的打造。其结果，不仅在经济领域失去原创力和竞争力，更会在文化领域丧失优秀民族文化的创造力、传播力和影响力。

（二）"媚俗"

电视低俗化是新世纪以来伴随着电视产业化进程而汹涌泛滥的，我们看到：在娱乐节目中，以为越"通俗"越受欢迎，想当然地在节目格调与品质上走低端路线，结果是将肉麻当有趣，以低俗、奇异取胜，将娱乐低俗化。在民生类节目中，以为越"贴近"、越"直观"效果越好，结果是追逐猎奇、呈现琐屑，对于人性之丑恶毫不避讳，对社会负面现象大肆传播。在情感谈话类节目中，以为越"离奇"越受关注，结果是热衷于炒作个人情感隐私、社会边缘话题，甚至不惜演员扮演编造故事。在婚恋交友类节目中，以为话题越"火爆"越受关注，结果是放大个别嘉宾的过激言论，冲击了社会伦理道德。在电视剧中，更是出现了"戏说"历史，"篡改"经典的潮流。胡锦涛同志在中共中央政治局第 22 次集体学习时特别强调，"要引导广大文化工作者和文化单位自觉践行社会主义核心价值体系，坚持社会主义先进文化前进方向，坚决抵制庸俗、低俗、媚俗之风"。如果电视节目创新一味地"媚俗"，将严重影响主流文化与核心价值观的传播，迷失先进文化的引领方向，进而使文化生态受到污染与损伤。

（三）"媚利"

由于中国电视事业与产业双轨并行的现有体制，节目创新需要电视传媒机构的自我投入，所以节目创新的路径往往是围绕着能否赢得收视率，进而吸引广告的投入，继而获得经济利益这样的逻辑展开的。这就使得电视传媒机构常常步入唯利是图、急功近利的怪圈，被潜在的收视率预测和一时的经济利益拉动控制。中国电视之所以出现一窝蜂地跟风、克隆与同质化，正是因为一个时期内节目创新的成功案例会带来收视的热潮，产生较高的收视率、广告投入与经济利益。于是，只要一种新的节目样态出炉不久，就会快速出现相似的甚至没有明显差异的复制品。2004—2006 年，《超级女声》《莱卡·我型我秀》《快乐男声》《加油，好男儿》《绝对唱响》，多档歌艺秀同时比拼，令观众眼花缭乱，应接不暇。2008 年，《我爱记歌词》《挑战麦克风》《谁敢来唱歌》《今夜唱不停》《先声夺人》《大家来唱歌》等多个卡拉 OK 唱歌节目密集亮相。2009 年，魔术节目在多家电视台先后开播，《金牌魔术师》《星光魔范生》《全民大魔竞》《魔星高照》《更生更有戏》《我的魔术猜想》，然而仅仅半年，这些魔术节目便纷纷退场。2010 年，10 余档婚恋交友节目抢滩各家卫视谈婚论嫁，同样时隔不久便如昙花一现，仅剩寥寥数家。如果电视节目创新一味地"媚利"，即使可以获得一时之利，也难免节目快速同质化、雷同化，导致受众迅速产生审美疲劳，最终予以唾弃，甚至厌烦。

（四）"媚雅"

"雅"，不仅代表着电视节目对较高品位与格调的文化追求，也体现着电视人对精湛技艺的一种专业追求。从提高专业制作能力、提升电视节目创新品质角度看，"求雅"体现出了创新主体的职业自觉与专业素养，值得肯定。但是，"求雅"的专业诉求一旦偏移到"媚雅"的专业偏执，专业化就有可能成为电视传播社会化的对立面，陷入狭隘的专业主义。"媚雅"的极端表现就是技术崇拜与形式崇拜。技术崇拜认为只有技术支撑的视觉盛宴才能提升节目创新的效果，热衷于用 3D 等各种影像特技制造视听奇观，在对视听感官震撼效果的追求中，工具理性僭越了艺术本体，甚至抽离了艺术内涵。而形式崇拜则是典型的形式大于内容，将节目创新思维与实践简单理解为形式的突破，热衷于探索各种形式的包装实验，以形式的玩味取代了对思想和内容的深入开掘，以频繁花哨的形式标榜节目创新的个性与特色。应该说，技术与形式都是节目创新必不可少的要素，但是电视节目创新涉及"内容与形式"、"艺术与技术"、"主体与客体"、"动机与效果"多个方面,简单地放大某一方面,就陷入了以偏概全的误区。本质上,技术崇拜与形式崇拜,都表现了创新主体的一种自我膨胀、自我炫耀与自我夸饰。

上述四种突出表现,都显示出中国电视某种浮躁的、急功近利的心态和状态。客观上看,这是中国经济社会急剧转型、快速发展、追逐增长速度的普遍诉求在中国电视业的一种折射;主观上看,则是中国电视业在这种市场化、产业化的大潮中尚未拥有成熟的理性与自觉。只有从实践上保持清醒的头脑,恰当地掌控与平衡"全球化与本土化"、"雅与俗"、"义与利"、"专业化与社会化"四对关系,才有可能使中国电视节目创新步入正确、健康的发展道路。①

三　中国电视节目创新的客观需求

为什么电视节目需要创新?这源于电视节目生存与发展的各种客观需求。对于中国电视节目创新而言,至少体现为以下四种客观需求。

(一)媒介生存发展的需求

受到国内外传媒变化的影响,在计划经济向市场经济转型的过程中,中国电视的传媒影响力已经不能靠传统的行政方式形成垄断地位,卫星频道突破了地域的局限,地面频道细分了受众市场,新媒体的快速崛起更是形成了复杂的媒介格局,造成了异常激烈的竞争。"媒体之间的比拼实际上已经晋级为创新意识、创新能力、创新机制、创新体系的比拼,媒体之间的较量已经跃升到智力的较量、管理的较量、品牌的较量、战略的较量。"不论是穷则思变,希望通过节目创新改善当前不理想的收视表现,消除生存危机,提高生存空间;还是居安思危,为了追求更加稳定持久的发展,希望通过节目创新进一步增强节目的竞争力,形成品牌效应,拥有更加有利的发展空间;不创新,毋宁死,创新关乎生存与发展,已经成为行业共识,谁在创新中领先,谁就能占据主动。所以,如果不推进电视节目创新,就无法适应日益激烈的竞争环境中媒介生存发展的需求。

---

① 胡智锋:《会诊中国电视》,文化艺术出版社 2005 年版,第 130 页。

（二）转型期的社会需求

当前，我国正处于社会转型的关键时期，社会生活发生了剧烈的变革，社会结构趋向分层化与碎片化，不同阶层之间利益诉求日益多元。随着贫富差距加大，社会的民生问题、公平与正义问题、幸福感问题备受关注，社会心理、社会情绪出现了非常复杂的纠葛与矛盾。如何减缓可能的社会冲突与矛盾，如何化解不良的社会情绪与心理？这一方面，取决于政府社会治理与法制建设的能力与水平；另一方面，电视媒介在其中可以扮演独特而重要的角色，宣泄疏导社会情绪、调节平衡社会心理，化解社会矛盾，通俗地说，就是解惑、解气、解闷。近年来民生新闻、选秀节目、情感谈话类节目以及各种服务类节目之所以火爆，正是因为它们通过各自的方式，贴近实际、贴近生活、贴近群众，表达不同阶层人们的心声，表现他们的心理情感与心理需求，也回应他们生存与发展中面临的民生问题。所以，转型期社会思想意识、生活方式所发生的显著变化，对电视节目提出了创新传播理念、传播内容、传播方式的迫切需求。可见，如果不推进电视节目创新，就无法满足日益迫切的社会需求。

（三）文化多样性的需求

伴随着经济全球化与社会转型的进程，中国在精神文化领域出现了多种价值观的冲突、博弈与融合。其中，既有人类普世价值观与中国民族文化价值观之间"全球化与本土化"的碰撞与交流，也有主流文化、精英文化、大众文化之间"和而不同"的交叉与融通，还有先进文化与落后文化、雅文化与俗文化之间在"雅与俗"价值取向上的冲突或博弈。这样的一种文化语境，一方面孕育了丰富多元的文化生态与文化景观，另一方面催生了多样性的文化主体与文化需求。作为当代传媒艺术与文化的重要载体，无论是从普惠均等的公共文化服务层面，还是从市场经营的文化产业层面，单一的电视文化产品已然不能满足需求。从多年来中国电视节目创新的成功经验来看，那些在内容形式、品种类型方面引领潮流的节目无一不是满足了文化多样性的需求。如在电视剧中，既有重大革命历史题材的主旋律类型，也有古装武侠剧、家庭伦理剧、青春偶像剧等多样化类型。纪录片中既有讴歌时代的政论片、还原历史的人文纪录片，也有关注百姓现实生存的生活纪实片。新闻节目中既有严肃的时政新闻，也有鲜活的民生新闻。电视综艺节目中，既有庄重典雅的庆典晚会，也有欢乐活泼、互动参与的种种选秀节目。显然，如果不推进电视节目创新，就无法满足日益增长的文化多样性需求。

（四）传媒科技变革的需求

作为电视的技术载体，传媒科技既具有不断优化、不断拓展的发展规律和特性，也具有介质与形态不可分离的同一性。因此，传媒科技的每一次重大变革，都会形成"技术手段—节目观念—节目形态—节目制播体系"的系统创新，既推动了电视节目生产与传播载体的演进与优化，也对电视节目创新的观念产生影响，培育新的节目形态出现，促进电视内容生产格局与机制的革新。当前，三网融合与传媒科技数字化、网络化变革加快了传媒融合的进程，IPTV、手机电视、互联网视听节目等新媒体快速崛起，不仅拓展了传媒产业与文化消费市场，冲击着电视媒体第一传媒的垄断地位；而且也在体制、机制、内容、载体等多个方面激活了电视节目创新。电视媒体只有积极创新，主动地与新媒体结合，才能应对传媒科技的挑战，突破技术的屏障，抓住新一轮传媒技术变革的机遇，在多媒体立体传播的新格局中，发挥自身内容生产的高端优势和权威效应，获得可持续发展的空间。因此，如果不推进电视节目创新，就无法满足快速发展的传媒科技变革需求。

上述四种客观需求，是中国电视所处的制度环境、时代背景、发展阶段及未来趋势作用于电视节目创新的总体诉求，既是节目创新的动力与机遇，也是不可低估的压力与挑战。如何抓住机遇，迎接挑战，比拼的是创新主体的智慧与能力。只有深入地理解、准确地把握、创造性地满足媒介自身发展、社会、文化、传媒科技变革的多重需要，才能使中国电视节目创新找准自己的方位与方向。

四　中国电视节目创新的风险

对于电视节目创新的重要性，几乎所有的电视传媒机构与生产传播主体都有普遍的共识与认同，但实际上，对于节目创新的投入，无论是人力、物力还是财力，都相当有限。为什么对于电视节目创新，在认识和实践上存在着如此大的反差？为什么在节目创新的呼吁上、态度上表现得积极而热烈，而在事实的投入上却表现得相当的谨慎与保守？为什么理性的表述充分，而现实的选择却是规避呢？在这一点上，之所以会出现"雷声大、雨点小"的问题，一个重要的原因，是中国电视节目创新确实存在着共性与普遍性的风险。

所谓风险，在经济学家看来，"是一个函数，即不确定性（或者失败的概率）与一个人或组织的资金投入的乘积"。而影响中国电视节目创新的共性的、普遍性的、令电视媒体为之却步的风险何在？笔者认为，至少体现在以下四个方面。

（一）市场风险

电视节目创新的市场风险，并非简单的资金投入产出比问题，忽视或者误判市场需求无疑将带来严重的后果，所以节目创新市场风险的大小，关键在于"准确性"的掌控。其一是对于市场需求的掌控是否准确。电视收视市场是一个多种需求多元混杂的格局，哪些市场需求是当下最短缺的、最迫切的，并且具有普遍性和未来发展的前瞻性？这不能简单臆断，更不能假想推断，需要通过周密严谨的受众市场调查分析，科学确定节目创新的方向、路径与着力点。其二是对于目标对象的掌控是否准确。粗放的、普适的受众定位虽然可能获得广泛的关注，但是更可能遭遇定位不准的风险。节目为谁创新，如何吸引目标对象？需要依据年龄、性别、阶层等信息精细定位，有效提升节目内容与形式设计的对象化。其三是对于竞争对手的掌控是否准确。准确把握竞争对手的创新理念、模式与路径，是确保节目创新差异化与特色化的重要前提。否则，即使通过克隆、盗版式的节目创新赶超竞争对手，也难逃因为缺乏特色与差异而被替代的风险，还可能面临侵权的法律风险。

（二）宣传风险

宣传管理是中国电视体制环境的制度特色，也是节目创新不可逾越的底线与边界，所以宣传风险主要来自节目创新与宣传管理之间的"契合性"状态。其一是节目创新与宣传要求之间是否契合。明确的宣传要求，决定了一定时期内传媒内容生产与传播的重点与禁忌，有着轻与重、缓与急的差别，如果节目创新与之相悖，就有可能面临较高的风险。其二是节目创新与主流价值诉求是否契合。节目创新如果偏离了国家意志、执政党的意识形态与主流价值观的诉求，甚至相抵牾，必然面临出局的危险。其三是节目创新与宣传尺度之间是否契合。节目创新即使满足了前两者的要求，但是在宣传时机与技巧等尺度上，分寸与火候把握不当，无论是过于保守还是突破过度，都可能面临失败风险，很难取得较好的传播效果。

（三）社会风险

社会风险主要来自节目创新与社会伦理、社会心理、社会利益之间的"平衡性"。其一是在激进与保守的社会伦理之间是否维持平衡。婚恋交友节目之所以受到多方抨击，并非节目形态与内容的越轨，而是新型的婚恋观虽然有着鲜活的现象依据，但毕竟没有获得社会共识，节目的处理方式激化了新旧伦理规范之间的冲突。其二是在复杂的社会心理之间是否维持平衡。弥漫着的社会情绪与情感状态是把双刃剑，在传统与现代之间，在迎合满足与引领突破之间，平衡到位是关键。其三是在贫富差距较大的社会利益之间是否维持平衡。社会转型期问题突出，不同阶层的利益诉求存在着较大的差异性，能否将利益矛盾与冲突调和到一个相对平等的状态，体现公平、公正、正义，至关重要。

（四）技术与艺术风险

技术与艺术的风险来自节目创新与现有生产与传播体系之间的"适应性"。其一是技术与艺术的突破与现有电视生产方式是否适应。新的技术手段与艺术表现方式固然具有很好的创新效果，但是如果与现有节目体系的生产方式之间存在着较大的障碍与壁垒，不能整建制、成规模、连续性地应用，那么节目创新的规模效应和可持续性就会面临问题。其二是技术与艺术的突破与受众接受心理之间是否适应。距离产生美，如果技术手段和艺术表现与受众心理预期的差距过大，过于超前，受众难以体会与感知，节目创新的风险自然较高。如果差距过小，甚至零距离，过于滞后，势必失去了收视体验落差带来的新鲜度，成本虽小，但是失败的风险更高。总的来看，掌控技术与艺术风险的关键是适度，所谓适度，不是亦步亦趋，而是略微超前，在现有产能基础上引领潮流，在已有心理期待基础上实现提升。

任何创新都会面临风险，风险的存在是一种必然；然而人类创新实践的规律又充分证明，创新风险是可以管理与防范、合理规避的。中国电视节目创新只要以准确性、契合性、平衡性、适应性为尺度去面对市场、宣传、社会、技术与艺术可能存在的风险，就能化险为夷，使中国电视节目创新赢得生存与发展的有效空间。

中国经济社会快速发展和综合国力不断提升的新的时代语境，为中国电视节目创新带来了引领先进文化和主流价值，建构和谐社会，推动文化大发展大繁荣，提升国际传播影响力和文化软实力的新的历史机遇和挑战。电视节目创新只有在认识上走出观念误区，在实践上去除急功近利的诉求，深刻地理解诸多客观需求，有效地防范存在的各种风险，才可能保障中国电视的科学发展、特色发展、全面发展，才可能不负众望，完成时代与历史赋予的光荣使命。

（本文与杨乘虎合作，有删节，原文发表于《现代传播》2011 年第 6 期，《新华文摘》2011 年第 19 期全文转载）

怎么看湖北经视大民生定位的意义与价值

一 怎么看湖北经视大民生定位的意义与价值

满足了三个需要：第一，满足了时代发展和社会发展的需要。大家都谈到了国计和民生的结合，也就是十七届五中全会的精神——由国富向民富转型，而湖北经视这个大民生的定位适应了这个发展态势的需要。第二，满足了电视传媒自身发展的需要。从 21 世纪以来，电视业除了电视剧外有两个创新——一个是非虚构类的民生新闻，另一个是半虚构类的综艺选秀，这是中国电视节目创新最大的两个亮点。这两个又有合流的态势，也就是虚构和非虚构的边界在模糊，民生新闻一方面在主流化，一方面在娱乐化，综艺选秀一方面是娱乐化，但另一方面它又倾向主流化。大民生定位满足和适应了这个需要，就是单一的民生新闻或单一的娱乐节目都很难满足现在电视内容生产的潮流。像《欢乐送》就是用娱乐化的方式来进行民生新闻的报道、追踪和活动的设计。过去是由上至下恩赐式的慈善，而现在是上下结合的慈善方式，这一类节目都是打破了虚构和非虚构边界的节目，也是现在电视节目生产的潮流和态势。大民生就是基于这一点，从过去鸡零狗碎的点上的关注，到现在点、面结合的状态。虚构与非虚构相结合的形态，像经视故事会，说它是新闻，又有点电视剧的色彩，这也是当前传媒业发展的一个趋势，就是虚构和非虚构的合流。从社会发展来看，是国计和民生的合流，从电视传媒发展看，是非虚构和虚构的合流。第三，满足了湖北经视自身竞争的需要、寻找自身转型的需要。湖北经视不仅是要做大，而且要做强，还要做好，那么必须从过去地面的小民生向大民生升级。

二　未来怎么去落实大民生这个定位

笔者认为应该有三个拓展和提升。第一，拓展内容领域。我们现在看到的是小民生向大民生转型的内容。比如，既有报道的内容又有活动的内容，既有客观记录的内容又有主观干预的内容，有客观的报道也有主体的引领，既有本地的也有跨区域跨行业的，这些内容在未来恐怕要更有深度的结合。使客观的报道向主观干预、设计和引领的方向拓展，从本地的内容向全国性甚至是世界性的内容拓展。第二，拓展形式。现在是媒体融合的现实，我们必须看到今天很多观众不再从传统的电视来观看电视，而是通过网络和手机来看电视，那么在这种三网融合已经成为现实的状态下，湖北经视必须拓展形式，有三种互动形式相结合的新的形式出现。第三，拓展品牌。目前的品牌更多的是省级地面的品牌，这种品牌要扩大，那么它的活动营销、学术营销和产业营销要有更大的规划和安排，这种品牌的内涵无非是人无我有、人有我优、人优我特、人特我绝。从目前的情况看，在内容的总量上具备了大民生的内涵，但是在品质上，在资源的整合力度上，还有拓展的空间。那么，在竞争对手眼中的优势在哪儿，笔者认为，特别重要的是独家的资源和整合后形成的独家资源。这一点"有欢乐送"设置的民生基金和"民生法治"这些从民生新闻中拓展的独家活动，它的含金量和产业开发应该有更高的追求。

（本文发表于《新闻前哨》2011 年第 2 期）

第三章

中国电视文艺新动向

当前中国电视文艺评论的忧与思

作为中国电视艺术事业的一个重要组成部分，电视文艺评论在中国电视艺术多年的发展进程中，发挥了自己独特的作用，做出了自己独特的贡献。当前，电视文艺评论正面临着内容、形式、渠道、队伍等多方面的挑战。对此，笔者既心存忧虑又充满期待。

之所以对中国电视文艺评论的现状深感忧虑，是基于电视文艺评论的外部环境和自身存在的以下情形。从外部环境来看，近年来无论是从政府还是社会，以及电视艺术生产创作一线，对于电视文艺评论的重视和投入并不令人满意。而以网络评论为代表的各式草根表达，在相当大的程度上淹没了电视文艺评论家的声音。从电视文艺评论自身来看，随着一批知名的、有影响的老一辈电视文艺评论家的逐步老去与淡出，新生代的电视文艺评论家尚未形成有影响、有分量的队伍。具体来说，当前电视文艺评论存在"三不"现象，即不主流、不专业、不受关注。所谓的"不主流"是指不少电视文艺评论自说自话，远离时代主流、远离迫切的社会关注、远离电视艺术文本，不能够把握主流价值并创造性地运用到具体的评论之中，呈现出驳杂的状态。所谓的"不专业"是指不少的电视文艺评论缺乏专业的素养，缺乏马克思主义经典文艺理论的功底，缺少中西方文艺评论的素养，不能够用专业的水准去解读电视文艺作品与产品，评论便显得浅显而缺乏说服力。正因如此，不少电视文艺评论因其本身思想性、艺术性与可读性的不足，不能够产生较大的影响力与感染力，其"不受关注"也是必然的了。

面对上述这些令人忧虑的电视文艺现状，笔者认为应当从政府、社会和行业多个角度，高度重视电视文艺评论队伍的建设、学科的建设、学术的建设与平台的建设，给予这些方面更大的投入与支持。唯有如此，才能使电视文艺评论的局面得以改善，从而发挥其更大的作用，保障电视艺术文化生态整体的健康、良性格局。对于电视文艺评论未来的发展，笔者认为应当在高度、深度和温度上予以提升。具体来说，就是推动电视文艺评论的主流化、专业化和大众化。

所谓"主流化"，意味着我们的电视文艺评论应当秉持社会主义核心价值，紧扣时代脉搏，关注社会现实，以高度的责任感和使命感引领时代风尚。只有这样，才能使电视文艺评论达到一定的高度。所谓"专业化"，意味着我们需要建立和推动新一代年轻电视文艺评论家队伍的发展壮大，建立和推动电视文艺自身的学科和学术水平提升。我们需要更具思想含量、学术含量和实践含量的专业电视文艺评论。评论者要具有鲜明和独特的思想魅力，学术界要建立相对公认的评论标准和模式，在对实践的指导方面要有强烈的针对性、对象性价值，只有这样才能达到电视文艺评论的专业深度。所谓"大众化"，意味着在平台拓展上我们不仅要借助传统的专业期刊报纸，而且要善于运用广播电视，特别是网络新媒体，以此营造更多的评论平台，营造电视文艺评论良好的外部环境。从电视文艺评论自身来看，如何找到令百姓更喜闻乐见的表达方式，而避免过多的宣教味和学究味，增强电视文艺评论的贴近性和鲜活感，这应是电视文艺评论未来要努力的方向。

总之，电视文艺评论在中国电视艺术30多年的发展中，曾经发挥了巨大作用，但目前正面临着较大挑战，存在着若干令人忧虑的现象。笔者认为只有在主流化、专业化和大众化上做出更大努力，予以更多的重视和投入，达到应有的高度、深度和温度，才能释放出电视文艺评论的魅力与活力，为推动中国电视艺术的良性健康发展做出更大贡献！

（本文发表于《中国电视》2013年第2期）

文化真人秀节目热播的"问"与"思"

2013 年 7 月 11 日，由爱奇艺、河南卫视联合制作的《汉字英雄》播出，初赛阶段就多次跻身全国卫视黄金时段收视排名的前 10 位，复赛阶段收视热度持续升级，最高收视率一度达到 0.9%，至 8 月 16 日更是成为省级卫视排名前三的热播节目；8 月 2 日，由中央电视台制作的《中国汉字听写大会》在科教频道播出，首期节目播出后即迅速成为微博最热话题，点击率超过 18 万次，第四期就跻身中央电视台综合频道，与科教频道在周五晚黄金时段同步播出，第五期收视率更是高达 2.17%，收视份额为 5.93%，受众累计达 1.15 亿人次。

这两组数据以最为直观的方式将《汉字英雄》《中国汉字听写大会》这两个文化真人秀节目在 2013 年的热度展现无余。与此同时，以解读中国姓氏文化为主题的《知根知底》（河南卫视）、以弘扬中华传统诗词文化为宗旨的《中华好诗词》（河北卫视）、以普及成语知识为目的的《成语英雄》（河南卫视）等一批以中国传统文化作为主要内容元素，并注重营造文化气息的同类节目也引起了热烈的反响与好评。

在很多专业人士看来，文化内涵较为深厚的内容是不适合在电视这种以直观影像作为表现方式的大众媒体中呈现的。因此，电视从业者一直对这些内容"自觉"地予以规避。但令人意外的是，这些内容竟然在 2013 年摇身一变成为荧屏新宠。是什么因素导致如此景观的出现？这些节目是否具有可持续发展的空间，在热播的同时又存在哪些问题呢？笔者力图从内容选择、形式探索、传播策略等不同层面，对文化真人秀节目热播的深层原因进行观察与思考，并对这类节目潜在的问题展开探索。

一 内容选择：传统文化元素的简化与提取

中国传统文化博大精深、底蕴丰厚，电视媒体在发展过程中不止一次从中汲取营养，但要直接将它呈现于荧屏上却是难之又难。过于深厚、抽象的文化内容很难寻找到恰当的直观影像呈现方式，而这也是一直以来文化类电视节目寥寥可数的直接原因。即使有个别的文化类节目出现，也无一例外地因收视率太低而难以持续发展。为了在激烈的竞争中生存，一些电视媒体在很大程度上被迫弱化甚至放弃了自身的文化责任，不得不将更易于获取收视率的综艺娱乐节目或电视剧作为主要的发展方向。

那么，文化内容当真难以呈现于电视荧屏上，并无法获得观众的喜爱吗？《中国汉字听写大会》《汉字英雄》《知根知底》《中华好诗词》等文化真人秀节目的热播为我们提供了不同的答案：文化内容不仅应该而且可以呈现于电视荧屏上，同时也能够受到广大受众的热烈欢迎。究其深层次原因，就在于这些节目探索出了一条新路：对过于厚重、抽象的文化内容进行提炼，从中简化并提取最具有代表性的文化元素呈现出来。这些元素既拥有丰富的文化内涵，又便于接受和记忆，因此在传递与展示传统文化厚重底蕴的同时，也能引起观众的兴趣与共鸣。

对比这些成功的文化真人秀节目，可以发现它们都找到了一个极其生动可见的"点"，通过这一个"点"拉起了内蕴丰富的"面"，点面结合地将传统文化以直观可感的方式展示出来。这个"点"在《中国汉字听写大会》与《汉字英雄》中是珠圆玉润的汉字，在《成语英雄》中是言简意赅的成语，在《知根知底》中是内蕴丰富的姓氏，在《中华好诗词》中是优美深邃的诗词……这些既是中国传统文化最为精华的代表元素，同时也是家喻户晓、与生活息息相关的文化元素，将厚重文化与受众兴趣完美地结合在一起。因此，文化真人秀节目的制作过程便简化了许多，无须再绞尽脑汁地思考怎样展现厚重抽象的传统文化，而只需以丰富有趣的形式呈现相对简单、直观具象的元素就已足够，再适当激活汉字、成语、诗词等传统文化元素的历史意义与文化价值，加之与时俱进的理解与阐释，便能使其在当代语境中重新焕发出崭新的生命力。而在节目的策划与设计中，也可将展示内容以这些文化元素为切入口，扩展延伸到更为宽泛的文化内涵中。

传统文化元素的简化与提取是文化真人秀节目在内容选择方面做出的重大贡献。这种本土化创新无疑为中国厚重抽象的传统文化找到了一条以直观影像呈现于电视荧屏的简便途径，并为其他文化类节目提供了颇具价值的借鉴思路。

二 形式探索：文化内涵的娱乐化表达

文化真人秀节目的热播固然在很大程度上体现了电视媒体内容为王的特性，但形式上的探索仍然是不能忽视的重要因素。因为文化内涵属于抽象范畴，要想将其呈现到以视听语言作为表述元素的电视荧屏上绝非易事，以往的文化类节目已经不止一次地陷入不接地气、曲高和寡、叫好不叫座的尴尬境地中。如何在传统与现代、厚重与时尚、文化与娱乐之间找到最佳契合点，是长久以来电视从业者思考的重要问题之一。以《汉字英雄》《中国汉字听写大会》《成语英雄》《中华好诗词》等为代表的文化真人秀节目做出了崭新突破，多方面探索和尝试了如何对文化内涵进行电视娱乐化的表达，以丰富多彩的手段与技巧使本来极易失于枯燥沉重的知识文化元素呈现出清新可人、喜闻乐见的荧屏面貌。

首先，节目参与者的设置与选择别出心裁。文化真人秀节目通常都由主持人、选手、评委组成，有的还设有考官，如《中国汉字听写大会》。

主持人的素质与风格直接决定了节目呈现出来的基本面貌，因此文化真人秀节目对于主持人的要求甚高，除了通常所具备的非凡口才、快捷反应、幽默表达，更要有渊博的文化知识。如《汉字英雄》《知根知底》中的马东，《中华好诗词》中的王凯等都是家喻户晓的著名主持人，有较好的观众号召力，同时也有与文化真人秀节目相匹配的"人文范儿"。他们在节目中或诙谐幽默或侃侃而谈的主持风采为节目的成功提供了基本保证。

选手作为真人秀节目的核心元素，最为吸引眼球。以手写汉字作为呈现形式的《中国汉字听写大会》《汉字英雄》，都是以十几岁的青少年作为参赛选手，与以成人选手为主的娱乐真人秀节目有着直观的差异性。当青少年选手以蓬勃的朝气站在舞台上思考、纠结、快乐、自信、失望、痛苦，最本真地展示自己的个性与水平时，除了会深深地引起同龄人、家长、老师等相关受众群的关注之外，也会吸引更多成年受众为他们的努力付出与优秀表现喝彩。《中华好诗词》中的选手则是来自不同年龄段的各行各业的草根人士，挑战由明星组成的守关者，当草根选手们一路闯关向前时，普通观众极易由于移情心理作用，从中分享他们的努力与快乐。

　　评委在真人秀节目中是另一个看点和焦点。《中国汉字听写大会》中的刘丹青、程荣、张伯江、谭景春等评委都是现代汉语研究的专家学者，以专业、严谨的态度对考题进行评判解析，凸显权威性；《汉字英雄》中的张颐武、于丹、高晓松则是观众熟悉的电视"名脸"，虽非专业汉字研究者，但均学识渊博且具有很好的表达能力，在解析知识之余更将节目现场的气氛调节得恰如其分；《知根知底》中的纪连海是精挑细选出来的文化名人，将中华姓氏文化以草根式的轻松幽默娓娓道来，引人入胜。

　　其次，节目在形式上注重对丰富性、趣味性、故事性、竞技性、贴近性等效果的探索，将文化真人秀节目中厚重的文化内涵置换为轻松的休闲娱乐，知识文化内容则在欢笑中不知不觉达人心底。

　　《中国汉字听写大会》借鉴了体育比赛的形式，全国32支代表队分8组进行对决，优胜者进入复赛、决赛，并最终角逐冠亚军。比赛带来的竞技性、悬念性直接刺激着观众的收视热情，而场外嘉宾的点评大大增加了信息含量与文化意蕴，短片则将小选手的个性特点呈现出来，注重了故事化表达，第二现场的设置又将家长、老师、对手的情绪变化尽收其中，增加了比赛的真实感、紧张感与趣味性。《汉字英雄》首创具有中国传统文化特色的"汉字十三宫"闯关形式，初赛单人闯关，复赛则升级为两两对抗和四人车轮战，节目的刺激性与悬疑性更加强烈。《知根知底》致力于趣味性、贴近性的表述方法，明星选手的加入、主持人与选手之间的插科打诨、寻访姓氏发源地的短片呈现、轻松有趣的竞猜互动，以及皮影、剪纸、舞台表演等多种艺术形式的融合等，都力图避免文化类节目的单一厚重，想方设法打造一个寓教于乐的平台。

三　传播策略：多屏时代的联动化手段

　　多屏收看、跨屏互动已成为当下的主流趋势，电视媒体要想在激烈的竞争中占得先机，就必须了解互联网、手机等新媒体不同的特点和优势，充分采取多方联动的手段与技巧，对电视节目进行整合传播。

　　"网台联动"是近年来中国视频行业频繁出现的词语之一，但却一直处于雷声大，雨点小的境况中，网台之间多以资源互换、宣传推广、渠道共享等相对表层合作的方式呈现出来。文化真人秀节目却第一次将这种初级合作推进到了深度联动阶段，成功开创了多屏时代的电视、互联网、移动端全新联动模式，在凸显文化价值的同时更将商业价值的潜力挖掘出来。《汉字英雄》堪称网台联动首个成功案例，为业界带来了弥足珍贵的经验与范本。在节目制作过程中，爱奇艺网站与河南卫视全线联手，按照1:1的比例共同投资，共享产权与资源，在制作、推广、招商等诸多层面与不同环节上实现了真正意义上的全方位深度合作，完全打通了电视台和视频网站之间的壁垒。这种新尝试使《汉字英雄》不仅在荧屏上大放异彩，更在网络中不断升温，而网络的互动又为电视节目带来了更多观众，形成了良性循环，远远超出了两个平台简单相加的效果。

与节目同时推出的同名手机应用程序（APP）"汉字英雄"则在另一层面大获全胜。这款APP能够实现观众在节目播出过程中的实时互动，既可以同现场选手一起答题，也可以挑战题库获得积分，优胜者即有机会到节目现场与小选手们一决胜负。节目播出首周的APP下载量便突破10万，截至2014年2月底，第二季的下载量更是超过了340万之多，不仅提高了节目的参与度和关注度，更成功地将对观众的吸引力延伸至电视节目的播出时间以外，增强了观众的忠诚度。

四　问题与思考

文化真人秀节目在多方面进行的开拓创新为电视媒体尤其是真人秀节目的未来发展提供了宝贵经验，其中最为显著的就是通过本土创新找到了社会效益与经济效益的最佳结合点，赋予真人秀节目更为丰富的文化内涵，使其真正走出了长久以来备受诟病的泛娱乐化误区。

但是我们不能因文化真人秀节目引发的巨大正面影响就盲目乐观，忽视目前已经出现的弊端与未来可能出现的问题，只有敢于直面这些问题，并深入思考、寻求解决方法，才能让中国电视媒体本土原创的道路走得更加健康、更加开阔。

首先，文化资源的快餐化消耗必须避免。中国传统文化博大精深，若不能找到电视媒体的恰当表述方式，尤其是在当下收视率依然为主要影响因素的现实面前，极易将其作娱乐化、简单化、粗俗化、浅表化处理。将传统文化精华当作吸引眼球、提高收视率的工具和手段，怀揣猎奇、炫技的错误心理，故意挑选刁钻古怪、晦涩难懂的词语、成语、典故、诗词等，以求难倒选手与观众，这种行为必然会破坏传统文化的真正魅力，从而彻底背离电视节目弘扬传统文化的初衷。

其次，不符合时代需求的文化糟粕必须剔除。传统文化形成于特定历史时期，随着社会不断向前发展，不可否认其中会有不符合当代价值观念的内容，对于这些内容应予以筛选剔除，不能放任其呈现于电视媒体上。如果确有需要，则应让评委做出与时俱进、合乎情理的阐释，以免误导观众。比如，在《汉字英雄》第二季的节目录制现场，评委于丹与高晓松就因古代女子"三从四德"观念发生争执，最后不得不现场换题。

再次，对有限资源枯竭的可能性必须防患于未然。尽管中国传统文化确乎博大精深，但也并非无穷无尽，况且要找到适合电视媒体表达的内容更要经过层层精心筛选、提炼，若节目长久办下去，必然会面临资源枯竭的可能性。《知根知底》讲解姓氏文化，而姓氏是有一定数量的；《中国汉字听写大会》《汉字英雄》以手写汉字为主，难度适中又能引起观众兴趣的字词也并非任取任予；《中华好诗词》等节目也面临同样的问题。要避免未来资源枯竭的困境，媒体必须对传统文化从不同的层面与角度进行深挖细掘，高效率地发挥其潜力。

最后，我们必须看到，中国电视媒体依然面临着严重同质化的现实，文化真人秀节目的成功极有可能引发新一轮的克隆、跟风。一些浮躁的电视从业者会趁机一哄而上，将传统文化进行快餐化、娱乐化利用，在攫取了一时利益之后即弃之如敝屣。管理决策层应对此辅以相关约束，媒体自身亦应秉持自律精神，唯有如此才能保护本土原创的可持续发展。

总之，文化真人秀节目是中国电视从业者在当下激烈的竞争环境下，从传统文化中探索出来的一条本土原创道路，不论是对中国传统文化的传承与发扬，还是对媒体自身的生存与拓展，都具有重要的引领性意义，应给予充分的肯定和鼓励。但是对于未来可能出现的问题，也应未雨绸缪，避免走向快餐化与庸俗化。

（本文与王锟合作，发表于《电视研究》2014 年第 5 期）

电视综艺节目，需在引进与
原创之间寻求平衡

2013 年 7 月 26 日，国家新闻出版广电总局召集九家卫视召开内部工作会议，以"特急"的规格将《关于进一步规范歌唱类选拔节目的通知》（下称《通知》，坊间亦称"限唱令"）下发到所有卫视。《通知》除了对各卫视歌唱选拔类节目的数量、播出时段进行调控外，还要求各卫视对参赛选手、导师等做好把关和引导；针对引进国外节目模式的现象，总局要求卫视提高原创节目比重，对引自境外的节目模式要严格管理和调控。

就"限唱令"颁布的背景而言，2013 年度中国综艺选秀类节目特别是歌唱类选拔节目火爆荧屏。据不完全统计，在限令发布之前的 2013 年上半年，央视与各地方卫视已呈现了 30 多档综艺真人秀节目。这些综艺选秀类节目从数量上以歌唱类选拔节目为主，以《我是歌手》（湖南卫视）、《中国最强音》（湖南卫视）、《中国梦之声》（东方卫视）、《快乐男声》（湖南卫视）、《中国好声音》（浙江卫视）等前后接续播出的节目为代表。

本年度歌唱类选拔节目的热播，展示了制作播出方优良的制作水准，其上佳的收视率表现也体现了观众对部分此类节目的喜爱，同时节目对"草根逆袭"等正向价值的传播也值得肯定。此类节目在本年度之所以呈现出一些亮点，这与 2012 年《中国好声音》等节目成功的示范效应有关，也是中国电视综艺娱乐节目尊重市场规律、尊重市场思维的培育、尊重市场在资源配置与产业发展中的调节作用的结果。

但同时，本年度歌唱类选拔节目在热播的同时也反映出不少问题，亟待矫正。具体来说，这些问题集中体现为：

第一，此同类节目在多个省级卫视的同档期同时段中扎堆出现，呈现出节目内容严重雷同等同质化问题。这反映出中国综艺节目的原创创新研发能力依然亟待提高，需要电视制作和播出机构的制作人、广告投放商和传媒领导者的多方支持与承担风险的胆识。

第二，部分节目中所展现的如一夜成名、奢靡铺张、媚俗不雅等内容，不利于正向价值观和社会风尚的塑造。

第三，在具体的节目操作手法中，也呈现出一些问题：（1）明星"变脸"不当。如今的明星综艺再也不是简单的唱歌、访谈节目一统天下，本年度艺人在综艺节目中身份与角色转变现象突出，部分"变脸"处理得并不妥当，这让精彩与荒谬的转换往往就在一念之间，使观众大呼"颠覆三观"。（2）现场噱头不宜或过度。本年度部分娱乐节目在噱头处理时，对于冲突元素的运用往往有失考虑。例如，音乐选秀类节目中的评委常有发飙式点评、选手的家人冲上舞台攻击评委、评委之间因"怄气"而影响比赛公正性等问题，值得警惕。（3）人为"编剧"过度，特别是制作方过度编造选手及选拔环节中带有虚构色彩的"好故事"，使电视内容的真实性和电视媒体的公信力受到较大影响。

市场作为综艺娱乐节目发展的指挥棒之一，有其积极意义和巨大能量。但同时，也要看到市场调节同样有其局限性，极易导致如上述本年度歌唱类选拔节目的问题。此时，政府作为综艺娱乐节目发展的另一个指挥棒，需要发挥其匡扶的作用。面对前述本年度歌唱类选拔节目中出现的一些问题，以及这些具体不足所折射出的中国电视综艺娱乐节目的整体性问题，《通知》的出台在如下方面进行了尝试，产生了多重效应。

一　政府在传媒管理和服务方面
寻找更为恰当的角色定位

从政府角度而言，《通知》的出台，也促使政府在传媒管理与服务方面不断探索，寻找更为恰当的角色定位。

在尊重市场规律的前提下，对市场调节无法涉及或难以奏效的领域，如中国电视综艺原创力、价值观引领和舆论导向等方面，政府主管部门必须有所作为。政府主管部门在妥善调节上述问题时，需要刚性与弹性并举，在尊重市场和果断出手之间寻求原则性和灵活性的有机结合。政府必须在传媒管理中将传媒的公益性，调节到适当位置；但同时政府的调节之手又不能对传媒限制过多、过严、过死，也即政府需要找准既服务传媒发展，又起到社会引领作用的恰当角色定位。

因此，政府主管部门在操作时需要有清醒而敏锐的判断力、果断而果敢的执行力，以及原则性和灵活性相结合等引领手段的成熟度。具体来说，"判断力"是指政府主管部门对综艺选秀节目问题把握的准确度；"执行力"是指政策出台的时机和时效"正是时候"；引领手段的"成熟度"是指"限唱令"是"限"而不是"禁"，既有助于矫正问题，又给了该类节目制作方、播出平台、社会各方一定的自由调适空间。这势必对无论是政府主管部门持续提高监督、管理、服务水平，还是对塑造良好的传媒机构生存发展生态、社会文化风尚生态都有重大意义。

进一步放眼中国电视事业与产业的协调方面，政府需要积极而有效地协调传媒产业发展与公共服务之间的关系。改革开放以来，特别是自20世纪90年代中后期开始，在市场化、产业化的浪潮中，在"娱乐至死"的环境下，一些中国传媒机构与公司过度追求效率，过度强调产业、收视率、票房，出现了不少为人所诟病的问题，如原创力不足、恶性竞争、低俗化、收视率至上等问题，严重损伤了中国传媒的口碑、形象和尊严。这些问题影响到社会层面，成为造成一些领域道德失范、诚信缺失，一些社会成员人生观、价值观扭曲的重要原因。而传媒公共服务既是一个国家公共服务的重要组成部分，也是文化建设的重要领域。传媒掌握的社会资源是公共信息通道、交流平台与传播效力，它营造了一个可供大众共享的空间，其公益性的践行在国家与社会中扮演的角色尤为重要。从长远的和整体的角度来说，事业与产业的关系需要调整到不偏废又相得益彰的状态。

二　引进与原创应是辩证统一的

就传媒内容生产角度而言，电视传媒的内容生产必须保持平衡的状态，保持国内与国外、本土与全球、原创与引进、热内容和冷内容、单一与多元等内容结构的平衡，各卫视平台与相关传媒机构需要在平衡中找差异，在差异中求发展。

同质化竞争并非洪水猛兽，同质化竞争对于刺激质量提升、价格下降有一定意义；按照市场营销规律，同质化和差异化竞争同时存在，各有利弊。但对于过度同质化的现象，我们是需要警惕的。《通知》的出台使传媒必须正视内容生产的结构性问题，正视愈演愈烈的传媒特别是卫视之间的恶性竞争。各家传媒机构，包括此类节目的制作方、播出方可以借此机会从单一歌艺秀的"争斗"中稍稍冷静下来，思考中国综艺节目多样化选择的问题，进而助推电视内容结构更趋向差异化、多样化、原创化。特别是针对中国综艺娱乐节目原创力短板问题，总局在《通知》中提到：相关传媒机构要改变对引进节目模式的依赖心理，各播出机构要从资金、人员、机制上扶持节目研发创新工作，提高原创节目比重；总局也同时出台了相对具体的鼓励原创的措施。因此，如果传媒重视并正视"限唱令"的出台，反而会促进这些媒体在激烈的电视业竞争中逐步具备成熟的研发机制、灵活调整策略的能力和高度的应变能力，促进其在内容生产方面完成升级改造。

近年来，在中国电视内容生产中，具有较大市场覆盖和影响力的综艺娱乐节目大多来自海外，即所谓的引进海外产品和版权。这似乎带来如下"结论"：引进"洋版本"等于高收视率和高收益。但与此同时，反对上述现状的声浪也持续不断。引进"洋版本"成为业界、学界和社会的争议焦点。对于这一争议，有两种相反的观点和倾向：一种是"关门主义"，一种是"西方至上主义"。

对此，我们的观点是：一方面我们应以开放的姿态融入世界，通过"洋版本"的引进与世界进行对话；另一方面坚持民族文化主体立场，引进与借鉴绝不等于全盘抄袭。电视节目引进与原创是辩证统一的关系。电视节目引进与原创不是一个非此即彼的绝对敌对关系。没有节目引进不意味着我们本土节目就一定会有原创出现且取得成功，有了引进节目也不代表着我们本土节目就一定会失去原创能力。我们应以开放积极的心态，以全球视野，顺应前沿潮流趋势，参与市场竞争，研究基本规律，大胆向国内外一切优秀节目学习取经；同时，主动推进本土优秀原创节目走出去，增强本土原创节目的传播力、影响力和竞争力。我们需要将学习和借鉴世界理念与秉持和坚守本土立场相结合，融会贯通，锻造具有当代文化特色的新的文化形态和内容，这才是我们的应走之路。

三　社会文化生态应更趋理性

从社会风尚塑造角度而言，全民竞歌这个过于单一、部分内容和价值观呈现出非理性状态的大众文化潮流与急功近利的诉求，需要通过"限唱令"这一契机而适当"刹车"、"降火"，使整体社会文化生态更趋理性。

中国综艺娱乐节目在珍惜生存机会、扩大市场利益的同时，更需要在对低俗内容的把关力度、重视节目中的话题引导与价值取向方面，与社会风尚互动。娱乐是人类的本性与必需，娱乐对人类发展而言是正当的、必然的。因此，"限唱令"不是限制"娱乐"这一人类的生存手段，也不是限制"娱乐节目"这一正当的电视艺术样式和媒体生存手段，而是更多地针对当前中国电视荧屏中诸如一夜成名、奢靡铺张、性格混乱、拜金媚俗、娱乐碎片等不够健康、不具正能量的价值观，以及过度娱乐化、放弃媒体社会责任的电视生态。进一步看，任何文化固然需要在自由状态中通过交流和辨别而进行自觉选择，同时任何文化也需要有一定的范式与规则，特别是高品级的目标与示例进行匡扶；自由与矫正相结合，这是社会文化生态健康与理性地存在和发展的基本保障。

"限唱令"也体现了政府与社会各界对"娱乐至上"与"娱乐至死"的关系的思考，这一思考未必有明晰的答案，但需要我们不断地问询。一方面，主张"娱乐至上"者常常是文化激进主义者，他们更喜好来自草根的某种力量，以颠覆某种既定的传统；他们更看重以快感为中心的审美诉求，更在乎数量庞大的大众阶层。于是，大众文化、时代偶像、草根英雄成为他们赞赏和拥戴的对象。因此，他们会把娱乐视为一种代表时代、代表前沿的革命性、积极正向的对象，并为此鼓与呼。另一方面，"娱乐至死"是倾向于文化保守主义的观点。这种观点是站在精英主义立场上，对未经改造、提炼和加工过的所谓娱乐，持一种谨慎、提防乃至反对的态度。这派观点认为娱乐来自人性落后的、原始的、粗鄙的欲求和力量，如果不加遏制，任其膨胀，将使人类丧失思考的能力，丧失清醒的、严肃的状态，将摧毁人类的道德、尊严和理性。因此，娱乐对人类具有极强的腐蚀性和腐化作用，是不得不严控的对象。我们无法用简单的对与错来界定这两种观点，当前中国电视文艺的一些状况和诸如"限唱令"一类的力图矫正问题的力量，给我们又提供了一次正反两面思考的机会。

总之，面对2013年度歌唱类选拔节目的火爆，我们一方面要肯定其亮点和价值，另一方面也要深刻思考其呈现出的乱象与问题。"限唱令"

的出台，如果内容和实施得当，将是对电视歌唱类选拔节目的一种引领，促使在政府传媒管理与服务中找到更恰当的角色定位，在传媒内容生产中保持平衡状态、塑造理性社会风尚等方面产生积极意义。

（本文与刘俊合作，发表于《传媒评论》2014年第2期）

2012 年中国电视文艺的几大
亮点及几点思考

一　2012 年中国电视文艺的亮点梳理

（一）全景展示 21 世纪文艺辉煌成就，净化优化电视文化生态

第一，《为时代放歌》等十八大献礼制作成亮点。

由中宣部文艺局监制、中央电视台出品的 10 集大型纪录片《为时代放歌》，首次全景展示了十六大以来文艺战线取得的新成就和新突破。该片呈现了十年来中国各个文艺门类的优秀作品、代表人物，从诸多方面反映了十年来中国文艺的发展。其中所呈现出来的每一部作品，每一个文艺形式都是经过层层筛选的，具有一定代表性。

文献纪录片《科学发展铸辉煌》将十年间我们在建设中所取得的成就予以全景式的描摹，该片具有全面、权威、深入、细腻、经典五大特质。该片的成功，让我们对如下三个问题有了思考的空间：在当今新媒体日益大众化的时代，传统电视的生存空间何在？在众多地方电视媒体纷纷抢夺娱乐滩头的当下，央视的生存空间何在？在面对"外强我弱"的传媒环境时，中国电视的生存空间何在？① 此外，形式多样、品质不凡的献礼综艺晚会的推出，同样代表着 2012 年度十八大优质献礼制作的成果。

第二，"限娱令"对中国电视格局与文化生态的矫正。

自 2011 年 10 月国家广电总局下发《关于进一步加强电视上星综合频道节目管理的意见》（坊间亦称"限娱令"），至今已有一年多的时间。一年间，"限娱令"的实施对整个中国电视格局和文化生态产生了积极的

---

① 胡智锋：《无愧于大国大台的时代巨制——七集大型文献纪录片〈科学发展铸辉煌〉观感》，《光明日报》2012 年 11 月 6 日第 07 版。

效果。

在"限娱令"启动前后，曾饱受质疑，多家媒体多年打造的品牌娱乐节目面临"下课"危机。但一年的实施实践证明，"限娱令"对于净化中国电视荧屏，淘汰劣质作品，为实现优胜劣汰的节目格局做出了有力的推动。如果仅从表面来看，"限娱令"似乎打压了那些强势的、以综艺娱乐见长的电视媒体。但深入来看，这一限令使得强势媒体更加自律，用有限的时间制作出了更加精良的节目。

一方面，就强势娱乐媒体而言，"限娱令"锻炼了这些卫视频道在激烈的电视竞争中逐步提高研发机制、策略调整和灵活应变的能力。同时，由于同质化节目的大量减少，被各卫视力保下来的王牌节目更加凸显出强者愈强的"马太效应"。"限娱年"反而出现了中国近年来最成功的娱乐综艺节目——《中国好声音》，这一点值得思考。从强势娱乐卫视的顺利转型来看，"限娱令"不但没有成为"紧箍咒"，而是成了催其奋进的"号角"。

另一方面，"限娱令"的出台迫使不以综艺娱乐见长的卫视媒体从一个惯性中摆脱出来，这个惯性是：为了提高收视率而盲目跟风当下流行的娱乐节目。这些娱乐弱势卫视不得不另谋出路，重新发现并打造专属于自己的核心竞争力。"限娱令"对于娱乐节目数量与时间的限制，以及对创新与多元尝试的鼓励，使相对弱势的媒体诉求差异化发展的道路，强化特色定位，顺势而上地显示出差异化竞争的优势。例如，云南卫视推出了国内首档特警选拔类节目《士兵突击》，宁夏卫视全力打造独具特色的财经频道，青海卫视在被第一财经收购之后走出了一条全媒体道路，旅游卫视则继续以鲜明的旅游特色从众多省级卫视中突围。此外，电视媒体"新闻立台"的理念再次回归，各省级卫视开设了30余个带有人文公益元素的道德建设类节目等，都体现了"限娱令"实施的作用与影响。有学者甚至预言：对各式娱乐节目进行公益性的包装，渗透人文情怀，好看但又不过度的娱乐将成为今后电视节目娱乐的着力点。①

娱乐是人类的本性与必需，娱乐对人类发展而言是正当的、必然的。因此，"限娱令"不是限制"娱乐"这一人类的生存手段，也不是限制"娱乐节目"这一媒体的生存手段，而是更多地针对当前中国电视荧屏中

---

① 苗棣、赵肖雄：《2011：中国电视娱乐节目的新动向》，《电视研究》2012年第3期。

诸如一夜成名、拜金主义、娱乐碎片等不够健康、不具正能量的价值观，以及过度娱乐化、放弃媒体社会责任的电视生态。"限娱令"对中国电视乃至社会文化生态的矫正作用是显而易见的，中国电视文艺低俗化问题得到有效惩治，这对塑造中国电视正向价值观的引领作用有积极意义。在未来，伴随着电视媒体合理评估体系的完善，以及电视媒体对文艺自觉自律观念的深入领悟，对娱乐节目矫正的政策必将为中国电视事业的健康发展打下坚实基础。

（二）电视剧：历史、情感、谍战剧热播，现实题材蓄势待发

在十八大召开、"限娱令"实施，以及电视主管部门的大力调控等背景下，中国电视媒体尤其是卫视频道对电视剧保持高度依赖，依赖程度甚至有所上升。2012 年，历史古装剧、现代情感剧、谍战剧依然保持高收视率与高收益，现实主义题材作品略显不足但蓄势待发。下面分类试述2012 年中国电视剧的亮点。

第一，历史题材电视剧在 2012 年保持了旺盛的创作状态。尽管部分作品依然存在着不实演绎和戏说的成分，但相较以往，这些作品在思想的严肃性、历史的真实性和制作的精致性等方面还是有所提升，并达到较为稳定的状态。

以往被认为缺乏吸引力的主旋律历史题材电视剧 2015 年频出亮点。2012 年，以《国家命运》《我们的法兰西岁月》《焦裕禄》《杨善洲》《粟裕大将》《刘伯承元帅》等为代表的此类电视剧，在人物塑造、叙事手法、历史还原、模式开拓等方面表现上佳。如电视剧《国家命运》艺术地再现了我国研发"两弹一星"的艰辛历程，场面宏大，情节跌宕起伏，平均收视率达到 1.77，单集收视率超过 1.9，在央视一套黄金时段 32城市的全年数据中排第三位。[①] 再如，电视剧《焦裕禄》打破以往对英雄人物惯有的"高大全"式的塑造，还原了一个受过高等教育、具有幽默感、饱含人情味、略带传奇色彩的焦裕禄形象，吸引了不同年龄段人群的关注。

古装剧在 2012 年虽然没有出现像《甄嬛传》那样的顶级力作，但也有像《木府风云》《苏东坡》这样具有史诗气质和体现大历史观的作品，

---

① 新华网（http：//news. xinhuanet. com/local/2012 - 12/29/c_ 114199706. Html）。

以及《宫锁珠帘》等穿越题材作品。《木府风云》在央视一套黄金时段播出时平均收视率达2.67，收视份额达7.36。该剧虽然是一部古装历史剧，却不是历史的演绎，而是"指向颇具'当代性'的主题内涵：在民族纷争中寻找团结和融合，在家族内部的争斗中趋向同情和宽容，在伦理规约中追求真挚爱情"①。值得注意的是，古装剧在2012年和2013年跨年之际，突然发力，《楚汉传奇》和《隋唐英雄》两部投资不菲、演员阵容强大、拍摄手法创新的作品，在开播之后迅速豪居各大省级卫视收视前列。

此外，作为近代史题材的年代剧《跑马场》以20世纪远东三大跑马场之一的青岛跑马场为叙事中心，不仅对一座中国近现代史上的焦点城市进行了回望与记录，也是一部跌宕起伏，反映彼时中华民族救亡图强的作品。该剧"表现了一座城市和她的性格，体现了积极进取的精神和情感的力量，带有一种此前电视剧所匮乏的文化与历史的力量"②。《民兵葛二蛋》讲述了山东胶东地区农村抗日的悲壮故事。以《民兵葛二蛋》为代表的抗日题材电视剧在年末表现抢眼，这既是该类题材电视剧叙事创新的结果，也与彼时中日关系因钓鱼岛问题而引发的紧张状态等背景有关。

第二，家庭（伦理）剧和青春（偶像）剧等现代情感剧，依然是2012年具有较高收视保证的电视剧类型，此类剧的热播也是对当前我国现实主义题材电视剧创作失位的弥补。

据不完全统计，2012年东方卫视播出的电视剧中家庭伦理剧比例高达32%，北京卫视播出的电视剧中家庭伦理剧的比例高达40%。一年间，同类题材被播出的电视剧已经达到几十部。③ 2012年，《金太郎的幸福生活》《掌门女婿》《新女婿时代》《瞧这两家子》《媳妇的美好宣言》《儿女情更长》《家有公婆》等家庭剧，"突破了以往一些家庭剧为设置冲突而将家庭剧变成'家斗剧'的套路，以柴米油盐的琐碎、锅碗瓢盆的碰撞等生活细节，营造出了日常家庭生活的温暖和喜感，挖掘出了人生意蕴和生活道理，强调了真善美是支撑社会核心价值的力量"④。此外，作为较为特殊的家庭剧，《温州一家人》不仅具有上述特征，还展现了它的史诗品格，用"齐家"层面的命运浮沉展现了"治国"层面的30年改革时

---

① 阎晶明：《人间大爱与民族融合》，《人民日报》2012年8月31日第24版。
② 丁亚平：《时间和空间的交错》，《现代传播》2012年第7期。
③ 新华网（http：//news. Xinhuanet. com/local/2012－12/29/c_ 114199706. html）。
④ 韩业庭：《主旋律与艺术美协奏共鸣》，《光明日报》2013年1月7日第07版。

代变迁史。

而青春（偶像）剧方面，2012 年度不仅有展现 80 后、90 后年青一代生活悲喜的《北京爱情故事》《北京青年》《小菊的春天》《小菊的秋天》等电视剧，也有展示他们父辈年轻时代生活图景的《知青》《山楂树之恋》等作品。值得注意的是，本年度的青春剧不仅停留在展示青年人小情小感、靓丽美貌、浪漫爱情、碎片琐屑的层面，而是更具社会维度的深描和时代维度的回望。当 80 后、90 后年轻人开始直面社会，感知人生磨难与困境时，当他们与父辈的代际鸿沟逐渐因时代变迁而拉大时，上述电视剧的出现既有助于鼓励年轻人勇于面对挑战，积极思考人生，也有助于代际之间的互相理解，血缘伦理价值观的重塑。此外，《火蓝刀锋》《麻辣女兵》等剧，虽非严格意义上的青春剧，但是它们将视角投向 80 后、90 后的军旅生活，人物、语言、情节都更为轻灵，更具活力，也更好地将当代青年个性化的生态与民族国家的宏旨相融合。这些作品同时展现了军人和青年人两个维度的生活状态，也同时引领了军人和青年人两个维度的精神追求。

第三，就谍战剧而言，虽然在 2012 年纪录片和解密类节目（如北京卫视《档案》）大量运用纪实历史文献再现等手法，赢得了相当多的观众关注，夺走了不少喜好谍战题材电视剧/节目的受众，但此类电视剧在本年度的热度依然保持，个别作品在叙事创新、制作精良等方面表现不俗。《悬崖》在省级卫视频道首轮播出时，凭借紧张抓人的剧情、严密周延的逻辑和大气精致的场景吸引了不少观众，"收视也位列全国黄金档前三名。临近大结局时，还以 1.064 的佳绩在全国卫视同时段收视夺冠。在搜狐视频的观看平台上，此剧点击率呈现攀升趋势，尤其是在春节期间，此剧占据了日均点击排行榜的冠军位置"。此后该剧在央视一套、八套多次播出时依然表现良好，央视还专门将此剧的剧长和剧情进行了精致改编。另一部国家安全题材的电视剧《誓言今生》在江苏地面频道播出时便牢牢占据了头名位置，收视率飙升至 8% 以上；在央视一套黄金档开播大红，首日便迅速在网络引起话题关注。① 有学者思考该剧时认为："最终能够站在地平线上回望历史、仰望苍天的依然是那些能够坦然面对自己所

① 搜狐网（http：//Yule. Sohu. com/20120205/n333784034. shtml）；中国新闻网（http：//www. chinanews. com/yl/2012/02 – 03/3643435. shtml）；搜狐网（http：//yule. sohu. com/20120208/n334071861. Shtml）。

坚守的人生理想与精神信念的人——不管50年的历史疾风卷起了多少烟尘，黄以轩最终都因其所恪守的理想与信仰而信步古今。"①

第四，虽然本年度反映现实矛盾、社会发展与问题的现实主义题材电视剧佳作不多，广度与深度需要进一步提升，但一些作品的出现（例如：反映医院生存现实困境，医患关系亦纠葛亦共生的电视剧《心术》；反映时代变迁、城乡矛盾、情感纷扰的电视剧《小麦进城》；反映母爱人性、农村生活的电视剧《樱桃》；反映拍卖行业商道与情理义利的电视剧《青瓷》；等等），让我们看到了此类电视剧蓄势待发的空间。前述的部分2012年度热播的家庭剧与青春剧，也不同程度地提高了对时代变迁中现实矛盾的探察与反映，值得肯定。

当然，我们在考察上述亮点时，也必须注意到因过度开发而导致雷同题材扎堆的不良现象，其背后体现了中国电视剧市场的"急"现象：投资方急于收回成本，编剧急于剧本速成，演员急于上镜，策划者急于盲目"创新"……"一部戏火了，一波戏跟风而上。根据近日中国首届电视剧编剧奖讲坛上的统计，全国上半年800部电视剧收视率破'1'的仅占5%。急功近利的电视剧投机行为，并没有换来高收视率。"②

（三）电视综艺：央视和省级卫视"三驾马车"的娱乐节目表现抢眼

2012年，中国电视综艺的亮点总体上可以概括为："好声音"一马当先，"三驾马车"并驾齐驱，央视品牌表现不俗。本年度中央电视台加省级卫视"三驾马车"（浙江卫视、湖南卫视、江苏卫视）的常态综艺节目，依然是占据中国电视综艺荧屏最高份额的节目。其中，央视《星光大道》不断走群众化路线，尝试将群众文化和主流价值引领结合，成为现阶段央视最具号召力的综艺节目。央视《我要上春晚》借助春晚的影响力而特别推出，成为央视充分整合大台优势资源而推出的年度综艺品牌。在年末，《我要上春晚》的特别节目《直通春晚》掀起了一股收视热潮与网络热议，央视通过该节目与各地方卫视进行合作的成果，以及央视对台湾、香港和内地明星评委的号召能力，展现了央视品牌的向心力。央

---

① 贾磊磊：《因恪守信仰而信步古今——电视剧〈誓言今生〉价值取向》，《光明日报》2012年2月17日第3版。

② 新华网（http://news.xinhuanet.com/local/2012-12/29/c_114199706.htm）。

视综艺节目一直在娱乐与品位之间寻找最佳平衡点与结合点，《星光大道》"百姓娱乐平台"的宗旨与《我要上春晚》"开门办春晚"的理念异曲同工，突出了大众参与性、娱乐性，为有才艺、天赋与特长的普通百姓提供了自我展示的舞台。此外，央视"春晚三十年"在年初也形成了一股社会话题小高潮。30 年来，春晚作为中国年度最重大的综艺仪式，仍然是检验中国电视综艺发展方向及成果的标识。央视春晚是具有社会学编年意义的综艺影像留存，存放着一个民族的时代记忆，乃至日后的历史记忆。

由于"限娱令"等因素的影响，省级卫视中以娱乐为主打的湖南卫视在本年度的地位有所下降，特别是前半年该台的收视下滑较为严重，这也给了江苏卫视和浙江卫视追赶的机会。根据索福瑞收视率调查公司前半年统计数字显示：从 2012 年 4 月开始，湖南卫视便已拱手让出第一的位置，由江苏卫视接手领跑。截至 5 月底，"芒果台"只能排在东方卫视、山东卫视之后，排名第六。而江苏卫视则从第 15 周开始，连续 7 周占据首位，浙江卫视紧随其后位居次席。① 不过，下半年由于浙江卫视的《中国好声音》异军突起，湖南卫视在暑期及时调整了节目创制、播出策略，江苏卫视的表现相对而言不如上半年优异。总之，2012 年全年的省级卫视电视综艺格局，基本形成浙江卫视、湖南卫视、江苏卫视这"三驾马车"并进的局面。在年终 CSM 的 35、71 城市收视统计中，特别是晚间收视统计中也证实了这一点。

在省级卫视的综艺节目中，2012 年最抢眼的毫无疑问是浙江卫视的《中国好声音》。该节目把明星元素、草根元素、情感元素、悬疑元素、互动元素有机融合，并借助网络、手机媒体的介入，运用市场化运作的方式，获得了空前的成功。7 月 13 日，在没有做太多宣传的情况下，浙江卫视推出了中国版"The Voice"——《中国好声音》。播出首期，收视率就达到 1.4；第五期时，收视率已超过此前中国最火的综艺节目《非诚勿扰》；第六期时，收视率已经破 4，创下了中国地方卫视综艺节目收视率的新高；第一场半决赛时，收视率破 5；总决赛收视率一度破 6。在网络上，节目播出期间及播出后的相当一段时间，《中国好声音》始终遥遥领先地占据着百度搜索榜和微博排行榜的首位。决赛当晚，关于《中国好

---

① 人民网（http://media. people. com. cn/n/2012/0627/c14677 – 18389355. Html）。

声音》的微博话题量达到了5200万条。① 如今，此节目已经被它的原版输出国、输送方回购，成为中国电视文艺打破长期一味"克隆"状态，开始反攻其他国家和地区电视荧屏市场的成功案例。可见，无论是社会现实还是节目模式，都要在进入电视表达之后进行话语实践再造，通过《中国好声音》我们看到，在后选秀时代的综艺节目，不是买到模式就可以高枕无忧，必须进行再中国化的过程，并力求：形式创新注重融合，内容创新关注现实，模式创新注重市场。

此外，江苏卫视的《非诚勿扰》尽管没有2011年表现抢眼，但依然高居电视综艺一线品牌的领军地位。湖南卫视综艺节目整体影响力有所下滑，但还在第一集团军当中，其《快乐大本营》《天天向上》等节目依然发挥着强势综艺品牌的效应，2012年最新推出的《百变大咖秀》等节目也一度获得不错的收视。不过，我们从2012年、2013年等近几年的跨年歌会中，可以看出如东方卫视、深圳卫视、山东卫视、安徽卫视等多家地方卫视的实力和影响力也不容小觑。

二　对2012年中国电视文艺景观的几点思考

我们看到了2012年度中国电视文艺的诸多亮点，在对中国电视文艺发展给予褒奖与肯定的同时，更需要大略指出如下几点现阶段亟须思考的问题，以供电视文艺的管理者、创作者、研究者共同探讨。

（一）政策的推出应继续注重刚性与弹性的有机结合

从近年来主管部门出台的相关政策来看，这些政策既着眼于大局，同时也留有一定的灵活度，政策的刚性和弹性有机结合，《关于进一步加强电视上星综合频道节目管理的意见》（下称"限娱令"）和《关于纪录片产业发展的若干意见》（下称《意见》）便是实例。一方面，这些政策着眼于传媒和时代发展的需求，"限娱令"对低俗化的矫正、对电视文化生态的提升起到了应有作用，而《意见》的出台对推动纪录片产业的发展

---

① 新华网（http://www.Zj.xinhuanet.com/newscenter/headlines/2012 – 10/01/c_113268019.Htm）；新浪网（http://tech.sina.com.cn/roll/2012 – 09 – 27/16067663472.Shtml）；搜狐网（http://roll.sohu.com/20121009/n354512075.shtml）。

也起到了积极的推动作用。另一方面，我们也注意到了这些政策的弹性："限娱令"是"限"而不是"禁"，这为中国电视文艺在艰难中依然保持探索的热度留有了余地；《意见》对纪录片产业发展的目标和方向进行了设定，但对运作主体没有提出具体要求，这给中国纪录片的生产、传播、运营以足够的空间去探索适合自身发展的路径。我们在未来的政策制定过程中，应积极汲取这一经验，继续保持政策刚性与弹性的有机结合。

（二）现实主义题材的文艺创作亟须更大的支持力度

现实主义题材电视文艺作品，对当下的中国无疑具有特殊意义。在当今这样一个剧烈转型的变革的时代，现实主义题材作品有助于呈现社会发展的正向成果和矛盾问题，有助于提高我们对时代中国的全面认识，有助于弥合与整合复杂价值鸿沟和碎片价值取向，有助于在社会学意义上为岁月变迁存照。但是，当前现实题材的中国电视文艺创作存在明显不足，这需要各方推行更大的激励举措。我们曾针对古装戏的戏说风潮、历史剧的亵渎红色经典现象、谍战剧的悬疑惊悚手法过度使用等问题出台政策加以监控，成果显著，正面效应明显。这些已有经验可以应用于未来对现实题材作品的鼓励支持中，通过地位赋予、经费支持等方式推动此类作品的成长。

（三）中国电视文艺的发展需要关注时代命题

贡布里希在他的巨著《艺术的故事》开篇便提示我们："我们要牢牢记住，艺术这个名称用于不同时期和不同地方，所指的事物会大不相同，只要我们心中明白根本没有大写的艺术其物。"① 白居易所谓的"文章合为时而著"，也是这个意思。我们看到，当前优秀的中国电视文艺作品无不把握时代感，体现时代感：抗战题材作品的提升，解密类节目的热播，现代情感剧作的火爆，都因其紧扣了当代人的时代情感与心理的需求。只有深刻理解时代命题而创作饱具时代性的作品，同时避免作品题材的扎堆、品质的粗陋、格调的粗鄙，中国电视文艺才能获得观众的肯定、时代的肯定。

---

① ［英］贡布里希：《艺术的故事》，范景中译，杨成凯校，广西美术出版社2008 年版，第15 页。

(四) 中国电视文艺应坚持走本土化路线

在中国电视进入充满竞争和博弈的新阶段，如何实现突围，"本土化"道路应当是不二选择。所谓"本土化"，相对于全球视野而言意味着民族和国家，相对于全国视野而言意味着区域和本地。[①] 坚持走本土化路线，把中国文化、本地文化的优秀元素更多地引入中国电视文艺的创作生产与传播当中，这考验着中国电视人的智慧和担当能力。2012 年以《中国好声音》为代表的作品，便很好地体现了本土化探索的成果。可见，无论是前者的本土化"原创"，还是后者的本土化"改造"，都可以成为本土化的成功案例，只有深刻理解"本土化"的内涵才能让中国电视文艺豪具民族气派、大国风范、地域品级。

(五) 中国电视文艺创作应在满足多样化观众需求方面多加探索

中国电视文艺创作在坚持主旋律、主流价值体系的同时，应给满足观众多样化需求留有足够的探索空间。即在主旋律的坚守之外，让不同年龄、职业、性别的观众得到多元满足，如电视剧可以主要满足中老年观众的需求，综艺娱乐可以主要满足青年观众的需求，给这些不同种类、题材、手法的电视文艺样态和作品以空间，最终会体现出中国电视文艺的张力和活力。观众是评判中国电视文艺优劣的最终评委，他们决定着中国电视文艺的最终价值。中国电视文艺需要不断探索观众情感与心理需求，以获得认同与赞誉。

(六) 中国电视文艺的运作应探索更为丰富的市场化手段

现代社会，传媒在提升竞争力时，各种要素如果不能构建为一种产业化的组合和运作模式，必然在很大程度上缺乏内在的生命活力。中国电视文艺在未来发展中，需要注意更多地摸索多样的市场化运作方式，重视市场化的评判标准，在营销手段、价值评估、产业培育、市场预期等方面多加思考，而非单纯依靠政策干预的方式进行运作。本年度《中国好声音》在向海外输出方购买版权的基础上，成功地向我们展示了一个制播分离的

---

① 胡智锋：《创意与责任——中国电视的本土化生存》，中国传媒大学出版社 2010 年版，第 285 页。

优质案例，同时该节目还将目光投向了整个音乐产业链。又如，中国电视剧是所有电视文艺品种中走市场化走得最早的，相对来讲到现在发展得也较为成熟，如今许多中国电视剧制作公司对海外市场也已蠢蠢欲动。这些市场化的运作方式、视野和成效，将有效提高中国电视文艺的国内国外影响力，更好地满足观众的需求，值得进一步探索。

　　总之，2012 年的中国电视文艺，在优质献礼片制作，"限娱令"的有效实施，历史古装、情感、谍战等题材电视剧的热播，央视及省级卫视综艺节目的提升与抢眼个案，纪录片经典作品呈现与平台搭建等方面呈现亮点；同时，在政策刚性与弹性的有机结合，现实题材创作不足，坚持作品时代气质的追寻，坚持中国文艺本土化路径，创作的主旋律与多元化并存，探索更为丰富的市场化运作手段等方面值得进一步探讨。这些亮点与思考，既彰显了中国电视文艺在过去一年里的成就，也反映出一些发展中的问题，更体现了我们对中国电视文艺未来健康、有序、蓬勃发展的深切期盼。

　　　　（本文与刘俊合作，有删节，原文发表于《艺术百家》2013 年第 1 期）

"星光"求变的启示

2013年新年伊始，《星光大道》改版升级，强势登陆央视综合频道周六黄金档。升级后的《星光大道》在舞台效果、选手水准、评委阵容等多方面获得提升、加强，也得到了普遍关注与好评，收视率进一步提高，可以说是老牌栏目锐意创新的一次尝试。

"杨柳翻新枝"可以别开生面，但对于一档有口碑的老牌栏目来说，创新毕竟是有风险的。是客观环境所迫还是内在动力使然？当前媒介环境下，电视综艺节目发展面临着观众兴趣点多样、多变以及欣赏水平提高，电视剧、纪录片、新闻节目以及层出不穷的综艺节目竞争激烈，"三网"融合背景下娱乐形式、体验方式和传播平台变化等一系列的挑战。面对这些外在压力，《星光大道》必须求变求新，同时这些外在压力也促成、激发了《星光大道》节目创新的主体意识的自觉。

自觉之一是对象自觉，树立群众意识，将内容生产与当下的群众文化结合，凝聚草根大众的力量。《星光大道》以"会聚全球能人，打造百姓明星"为宗旨，参赛选手没有国籍、地域、职业、年龄、学历、性别等条件限制，零门槛、零距离。节目播出以来，已经成功打造了阿宝、凤凰传奇、阿尔法、郝歌等家喻户晓的"草根明星"。选手才艺表演没有形式、内容、风格等具体要求，音乐、舞蹈、杂技、相声、小品等，不管是民间绝活儿还是民族风情，不管是传统技艺还是流行文化，都可以在《星光大道》的舞台上自由绽放。节目播出以来，西北民歌、云南深山民歌、雪域高原民歌、桑植民歌等有着浓厚地域特色的音乐文化，都曾因为节目选手的精彩表演而被社会广泛关注甚至流行起来。

自觉之二是运行自觉，树立市场意识，将经营管理与市场规律结合，向质量要效益。优胜劣汰是市场无情的法则，传媒市场也不例外，媒体资源的调配和价值的回报永远与节目的质量水准紧密挂钩。高达3.3999亿元的独家冠名权，充分体现了《星光大道》的市场价值。此次改版升级以精品化为目标，确立"呈现精致化，去粗糙化、随意性，加快节奏，增强美学欣赏品位"的思路，把市场对电视节目娱乐性、互动性、技术性的需求当作节目诉求，采用国际上最为流行的"裸眼3D"视觉技术以及最新的声音传播与收录技术等，增加市场竞争的砝码。

自觉之三是传播自觉，树立品牌意识，将宣传推广与品牌建设结合，重视价值引导。价值引导主要表现在其抵制"三俗"，传递正能量，高扬媒体的社会责任。如讲述选手的动人故事，发掘他们的心路历程，展示他们的生活观念等，宣传积极的人生观、健康的生活观和正确的价值观；再如，对选手公益形象的塑造，持续举办"爱心行动"，让周冠军和月冠军、往届优秀选手一起，为弱势群体奉献爱心，帮助基层群众解决实际困难；又如，对嘉宾权威形象的塑造，选择有公信力和社会影响力、观众喜爱的嘉宾参与节目点评。

《星光大道》以上三种主体意识的自觉相互联系，彼此促进。对象自觉有助于进一步明确创新方向，运行自觉有助于进一步寻找创新动力，传播自觉有助于进一步明确创新路径。这三种自觉抓住了"群众"、"市场"、"品牌"三个关键词，它们正好对应着电视节目内容生产、运营管理和宣传推广三个重要的环节。这三种自觉不仅是《星光大道》改版升级、锐意创新的重要内容，也为中国电视综艺节目发展提供了诸多理论启发和实践借鉴。

（本文与周建新合作，发表于《人民日报》2013年5月3日第24版）

赵忠祥在中国电视发展进程中的意义

在中国电视半个多世纪的发展进程中，许许多多的电视人为之付出了艰辛和心血，创造了令人瞩目的辉煌和业绩。赵忠祥先生就是其中一位产生了重要影响的人物，他对中国电视做出了历史性的贡献。

一　中国电视的见证者和创造者

作为第一代中国电视人，赵忠祥先生自 1959 年参加工作以来，50 年如一日，始终坚守在第一线，伴随着中国电视一路走来，见证了中国电视从诞生到发展，再到壮大成长的全过程。

50 年来，赵忠祥先生参与了中央电视台新闻节目、专题节目、综艺节目等几乎所有的节目类型的播音、主持、录制和创作工作，如《新闻联播》《正大综艺》《动物世界》《人与自然》《中央电视台春节联欢晚会》等，这些节目或者栏目都是家喻户晓、妇孺皆知的电视知名品牌，至今依然是荧屏佳作，在宣传教育、综艺娱乐、知识传播等方面发挥着重要作用，深深地影响着一代又一代中国电视观众。因此说，赵忠祥不仅见证了中国电视发展史，更是直接参与并创造了中国电视的发展史，是中国电视的见证者和创造者。

二　中国电视内容创新的践行者

中国电视 50 多年的历史在每一发展阶段上，都出现了一批优秀的电视人，他们为电视节目内容创新做出了宝贵的探索，推出了一批又一批极具代表性的电视节目、栏目。赵忠祥先生是他们当中的杰出代表。他在每个阶段都自觉地承担了媒体人的责任，出色地完成了媒体人的任务，既是中国电视节目内容创新的践行者，又是中国电视节目内容创新的推动者。

（一）播音：优秀的宣传者

1959 年，赵忠祥先生进入中国中央电视台的前身——北京电视台，担任播音员，播报这一时期国内外重大新闻，他是中国第二位电视播音员、第一位男播音员。这是中国电视的创建期，处在以"宣传品"为主导的阶段，电视节目体现出以导向正确、凸显意识形态宣传功能的"宣传品"特质，在节目创新方面，主要体现为借鉴、模仿其他历史积累较长、较厚的传媒样式与艺术样式。例如：从邻近的广播、报纸、通讯社那里学习、借鉴和模仿①，在文字风格上模仿《人民日报》（"人民体"）；在播报方式上模仿人民广播（"广播体"）；在报道体裁上则模仿的是新华通讯社（"新华体"）。其尚未形成自己鲜明独立的传媒特征与艺术特征。在担任《新闻联播》播音员期间，赵忠祥先生以昂扬大气、端庄严肃、明亮硬朗的播音方式赢得了广大观众的喜爱，并在实践创作中逐渐形成了影响至今的"新闻联播体"。除此之外，他于 1979 年随邓小平同志访美期间采访卡特，成为新中国第一位进入白宫采访美国总统的记者。在这个阶段，他多次随同党与国家领导人出国采访报道，先后采访过几十位国内外政要，这不仅为更好地完成党和政府的新闻宣传任务做出了贡献，也为中国电视的创新发展做出了可贵的探索。

（二）解说：独特的创作者

1981 年，《动物世界》开播，赵忠祥先生一张一弛、饱含深情、诗情画意的拟人化解说，迅速征服了中国广大观众。他的解说通过语流的变化、节奏的掌握、情感的渗透形成了一种细腻清新的风格，既不同于传统的新闻宣传报道的高昂，也不同于国外纪录片的严肃，而是充分融入了他的独特思考、观察与表达，极具个性和创造性。

这个时期中国电视处于以"作品"为主导的阶段，电视从业者的职业化、专业化追求得到了极大的尊重和肯定。在电视形式、观念上

---

① "在艺术中，每一种事物都是创造的，它们永远不是从现实中搬来的。正是由于这一基本特征，才使得所有种类的艺术的基本创造物融合无间（即使它们具有了相似性）。也正是由于这一基本特征，才使得各门艺术可以互换（置换）。"参见〔美〕苏珊·朗格《艺术问题》，腾守尧译，南京出版社 2006 年版，第 98 页。

追求个性、原创性和独特性①，成为这一时期节目创新的突出特点。赵忠祥先生在《动物世界》的解说中大胆创新，逐渐形成了一种属于自己的解说风格，也为中国电视艺术的发展做出了贡献。正是因为该栏目产生的良好的社会影响力，所以由赵忠祥先生主持解说的另一档栏目《人与自然》于 1994 年 5 月 11 日开播，该栏目的风格和内容与《动物世界》相似，其宗旨是"讴歌生命，关注环境"，同样受到了社会的广泛关注。

（三）主持：出色的引领者

1981 年，赵忠祥先生主持"北京市中学生智力竞赛"，1983 年在中央电视台主持"五四蒲公英青年智力竞赛"获得更大的成功，其间经常说的一句话"答对了，加 10 分"，成为当时的年度流行语。也是在这个节目中，中国电视首次使用了节目主持人这个称谓。之后，主持人作为一个电视"工种"在专题节目、综艺栏目、文艺节目中广泛出现。主持人的出现标志着中国电视开始由广义的大众传播向人际传播转变，实现了大众传播与人际传播的时代性结合。赵忠祥先生在这一里程碑式的创新变革中成功转型，由先前的播音员"华丽转身"为电视主持人，曾先后主持过 15 届中央电视台《春节联欢晚会》和国庆 45 周年、50 周年，中国香港、中国澳门回归等大型晚会，以及《正大综艺》等著名电视综艺栏目，也因此走向了他电视职业生涯的又一高峰，成为中国电视主持界名副其实的标杆性人物。

20 世纪 90 年代中后期以来，中国电视进入以"产品"为主导的阶段，电视传媒市场化程度不断加深，电视的内容与市场和观众的收视日益紧密地结合在一起。产业化、集团化、市场、效益、效率、收视率、受众需求以及成本核算、营销、广告等影响着电视实践②。中国电视全面进入了以"产品"为主导的阶段，其评价标准就转换成它的市场价值的实现，

---

① "汇天下之精华，扬独家之优势"是这一时期中国电视的一个重要口号，再加上思想上的空前解放，因个性、原创性和独特性的追求得到肯定。参见时任广电部部长吴冷西在第 11 次全国广播电视工作会议（1983 年 3 月 31 日至 4 月 10 日）上的报告《立志改革，发挥优势，努力开创中国广播电视新局面》。

② 黄升民：《媒介产业化十年考》，《现代传播》2007 年第 1 期。关于"媒介产业化"这个提法的由来、定义，以及理论体系，详见黄升民《媒介经营与产业化研究》，北京广播学院出版社 1997 年版。

比如较高的收视率、较强的广告拉动能力或者市场的回收能力、开发能力，能否形成产业链、创造市场价值等。这种背景下，中国电视一方面为了节约成本，规避风险，相互克隆模仿，放弃个性化追求，鲜有节目创新或者是个人风格的突破；另一方面盲目迎合观众，陷入了"泛娱乐化"甚至是"三俗"的境地不能自拔，在市场效益和社会效益的选择中放弃了社会价值的维护，在金钱和责任面前放弃了社会责任担当，在随波逐流和坚持道义面前迷失了角色定位。

如今，赵忠祥先生虽已年过六旬，但仍活跃在电视荧屏上，也敢于与时俱进，打破已有的成熟主持模式，顶住各种压力和争议，在节目形式上进行创新，尝试不同的主持风格和表达方式。例如，与吴宗宪搭档主持东方卫视的《舞林大会》，秀舞蹈，秀日语，以一种活泼洒脱的方式赢得了观众的赞许，在收视上大获成功。另外，在很多电视节目唯收视率至上的情形下，他在《动物世界》《人与自然》以及大型活动的主持当中，依然坚持"绿色收视率"，既重视广告收入，更关注观众口碑，积极传播主流社会价值观、人与自然和谐相处的理念，呼吁人们了解自然，保护自然。

从播音员到解说员再到主持人，从"宣传品"到"作品"再到"产品"，赵忠祥先生以自己的实际行动为中国电视内容生产的创新发展做出了自己突出的贡献，成为中国电视发展每个关键期的旗帜性人物。除此之外，他还著书立说，如"岁月"三部曲：《岁月随想》《岁月情缘》和《岁月缤纷》，这些著作极具文献价值和理论价值。而这些不管是物质层面还是精神层面的财富，都值得一代又一代中国电视人在实践和学习中细心理解和慢慢琢磨。

（本文与周建新合作，发表于《当代电视》2010 年第 12 期）

重现变革时代的集体记忆

电视剧《人活一张脸》自播出以来，以其贴近生活的时代观照、鲜活的语言对白、精彩的表演吸引了观众的眼光。更加宝贵的是，这部电视剧有着丰富的社会现实意义。

改革开放以来，中国用30年的时间，走过了西方国家上百年甚至几百年时间走过的现代化道路。在迅猛发展、激荡变革的当今时代，中国人的精神世界经受着严重的冲刷和洗礼。《人活一张脸》就是一部记录改革开放这段历史并为人们留下鲜活的集体记忆的电视剧。它选择了改革开放的最初15年作为叙事背景，将贾裁缝、潘凤霞一家的悲欢离合、酸甜苦辣置于其中，以"四两拨千斤"的艺术化表现手法，以小见大地将那个改革开放的时代展现了出来。编剧力求对过往的生活及其真实性进行全面的挖掘，这表现在编剧对若干时代符号的把握上，如下乡知青返城高考需要的"介绍信"，如反映当时人们物质理想的"七十二条腿"、"三大件"；如物质奇缺年代的象征符号"粮票"、"肉票"；如反映那个特殊年代备战备荒的"三线建设"；如反映经济搞活、市场经济的"下海"、"倒爷"、"投机倒把"等。

在现实题材中创建背景真实性的难度并不大，而在真实的时代背景中，塑造典型的人物、编织引人入胜的情节是现实题材的难度所在，所以该剧编剧最主要的功力也体现在这里，那就是他在四个横截面的真实情景中合理处理了情节的真实性、合理性、可看性之间的关系。最能体现编剧功力的是第四个截面，在这一阶段，人物同样都是陷入了困境，不同的是老大宝文陷入了经济困境和婚姻困境，老二宝武在"帮"与"不帮"之间遭遇着亲情困境与道德困境的双重挤压，而老三宝君遭张静陷害陷入了道德困境，三者之间的困境在父亲大寿、锅炉被骗两个高潮事件上多次发生碰撞，情节矛盾不断走向激化，整部戏逐渐掀起高潮，主人公命运的悲欢离合、情感的酸甜苦辣此刻紧紧抓住了观众的心。

"人活一张脸，树活一层皮"，中国人"好面子"。究其本质，"面子"关乎一个人的"尊严"，人要生存，还要生存得有尊严，剧作探讨了一个有关中国人深刻的精神道德问题，那就是在现实生活之中到底运用什么手段维护自身尊严。将各位主人公置于"陷入困境—摆脱困境"的叙事情景之中，让主人公不断地失去尊严（丢了面子）之后再努力地找回尊严（找回面子）。"面子"在剧中担当了设置情节、组织矛盾冲突的主要手段。如何让自己有"面子"使得每一个人物都充满矛盾感：现实与理想、物质与精神、需求与满足之间总是出现矛盾，为了实现理想、精神、需求，主人公就要在现实中不断努力，通过不断地丰富物质而达到精神的满足，由此编剧设置了符合这种矛盾特点的多重假定性情景，使得主人公自然而然地走入情节，情节再自然而然地推动人物性格与心灵不断丰富和深化。

新中国成立尤其是改革开放以来，迅猛发展的社会给包括"孝悌观"在内的传统道德观形成了很大的冲击。《人活一张脸》将一个典型的中国家庭带入了改革开放的历程中，给当代观众重构了一个正常的中国家庭所应该有的生活状态和伦理关系，并力图从这个家庭的伦理变迁对中国当代伦理道德的变革轨迹有所管窥和思考。作品主要描绘了两对伦理关系：一是父母与子女的关系，即"孝"的表现；二是兄弟之间的关系，即"悌"的表现。父母与子女的关系，主要表现在贾裁缝和潘凤霞对三个儿子和一个女儿人生道路的选择以及对待爱情、对待生活的态度上，更表现在儿女对父母贾裁缝、潘凤霞充满尊敬和爱戴的挚爱真情。该剧把大哥宝文塑造成了一个典型的中国"长子"的形象，在家中忍辱负重、任劳任怨，为了减轻父母的负担宁愿入赘赵家，并在家庭多件大事中取舍有道、勇挑重担，他以实际行动赢得了弟妹们的尊重，深度挖掘和表现了"悌"的内涵。作品通过对"孝悌观"的表现，重构了当代中国渐行渐远的传统道理伦理观念，这种重构带给观众的不仅仅是直面生活的现实意义，更重要的是还有着倾向鲜明的教育意义。

作为一个艺术样本，《人活一张脸》的社会意义，是一部纪录片无法做到的，是一本社会学的著作无法做到的，它留给观众的回忆，有温馨，还有感动，它留给社会的是永远直面当下生活的现实主义精神。

（本文与张国涛合作，发表于《人民日报》2010 年 1 月 5 日）

2012 年国产电视剧生产与传播盘点

在迎接党的十八大背景下，在"限娱令"确定的基调中，2012 年中国电视剧市场依然供销两旺，行业前景看好导致投资热情攀升，推动国产剧年生产量创出历史新高，各级电视台对电视剧的依赖有增无减，晚间黄金时段和白天时段仍然是优质电视剧的天下。但与往年相比，2012 年国产电视剧表现相对平淡，表现在电视剧题材突破与叙事探索鲜有亮点，精品佳作屈指可数等方面。以下分四个方面对 2012 年国产电视剧的生产与传播作一简单盘点和描述。

一 电视剧生产：产量创纪录，有喜亦有忧

尽管广电总局还未公布最终数据，但权威人士在人民网发布的消息足够令人振奋，2012 年国产电视剧产量突破 1.7 万集[①]，逆势增长 13.77%。由于年初时有业内人士预测，由于演员片酬居高不下，网络版权销售低迷的电视剧行业应该会在该年度成为制作"小年"。也有业内人士甚至预测，2012 年电视剧产能将会整体缩减 15%。在这样的行业背景下，2012 年国产剧生产量再创新高，应该还是出乎很多人预料的。面对这一产量，业界有喜有忧，喜的是进一步巩固了中国作为世界电视剧第一大国的地位，电视台和观众可以选择的优质剧目大大增加；忧的是由于播出渠道有限，其中一部分电视剧肯定无缘播出，势必造成更多的人力、物力资源的浪费。

国产剧产量的逆势增长，有三个原因。

[①] 王丹彦：《2012 国产电视剧产量破 1.7 万集：文以化人变以求新》，人民网（http://media.people.com.cn/n/2013/0111/c40606 – 20167799.html）。

一是电视剧投资的推动强劲。在 2012 年宏观经济不太景气的背景下，文化产业尤其是电视剧产业仍然获得了投资界的关注和青睐，1.7 万集电视剧至少需要投资达 70 亿—80 亿元，与多年保持 50 亿元的投资规模相比，2012 年投资的增长幅度非常明显。

二是制作机构数量与实力增长迅速。2012 年广电总局公布的广播电视节目制作经营许可证合格机构 5363 家，而 2007 年仅有 2442 家，五年内翻了一番还要多，机构的增加直接导致了电视剧投资项目的增加。广电总局电视剧管理司在 2004 年突破国有民营的限制后，连续多年为几十家民营制作公司颁发电视剧制作许可证（甲种），这一举措大大调动了民营公司投资与创作的积极性，这些民营制作公司体制灵活，机制得力，在市场上如鱼得水，实力大增，目前有的民营公司每年制作量已经达 300 集以上。

三是电视台的需求仍然旺盛。出售首轮播映权尤其是卫视播映权是电视剧制作机构主要的盈利方式。大部分电视台尤其是卫视频道除了保持黄金时段传统的两集连播外，三集连播也渐成为主流选择，中央电视台第八套甚至在暑期采用五集连播的方式拉抬收视率，还有一些频道在白天时段开辟首轮剧的播出，这样对首播剧的需求相对增大。但面对如此巨大的生产量，每年电视台正常播出量也只有 6000—8000 集，这意味着每年几乎要积压近万集，加上前两年的库存，目前国产剧库存量已超过 3 万集，不仅增加了电视台选择的难度和失误的概率，也浪费了大量的人力、物力与智力资源。

二　电视剧播出：题材集中单一，类型化播出初显

据网易娱乐行业报道，① 在年底总结过去一年电视的时候用了"告别没有好剧的一年"这一个断语，虽然有些绝对，但还是基本反映了 2012 年中国电视的一个特点。

"限娱令"对电视剧的积极影响非常明显，让电视剧获得了更多的播出时间，如湖南卫视不得不取消黄金时段（19：30—22：00）原本一直

---

① 《告别没有好剧的一年——2012 年荧屏怎一个"斗"字了得》，网易娱乐报道第 228 期（http：//ent. 163. com/special/2012nzch2）。

火爆的娱乐节目带，推出"金芒果剧场"，与晚间22：00之后的"独播金鹰剧场"形成电视剧的"双核"支撑。但是在实际操作中，各地电视台所播出的电视剧出现了两个比较集中的现象。

一是抗日题材和家庭伦理题材挑起荧屏大梁，国产剧题材的集中程度为近年来所罕见。2012年江苏卫视共播出电视剧19部，其中抗战剧比例达到47%，几乎囊括了2012年所有的新型抗日剧元素，例如《战旗》《雪狼谷》《向着炮火前进》等打着偶像抗日的旗号；《火蝴蝶》是抗日言情剧；《红娘子》则是女性抗日传奇剧。北京卫视2012年播出电视剧共22部，其中家庭伦理剧占据40%的比例，《经营婚姻》《谁来伺候妈》《我和老妈一起嫁》《岳母的幸福生活》《新女婿时代》《买房夫妻》等剧目无不是围绕家长里短、买房家产、婆媳争斗等社会话题。此外，东方台、安徽台播出家庭伦理剧占全年播出比例都在30%以上。抗战题材的先天题材优势明显，而且在叙事上找到了偶像化、传奇化、娱乐化的策略，从而成为既"正确"又"好看"的类型剧。家庭伦理剧之所以被青睐主要原因是其关注社会现实生活，但大部分剧目更多表现的是小情小爱，作为关注社会现实生活的题材，比较符合管理层和电视台的需要。

二是国内电视剧主要播出平台呈现出类型化播出的传播特征。央视一套黄金时段多年来以播出主旋律题材为主，2012年依然保持主旋律台的本色，先后播出了如《我的法兰西岁月》《焦裕禄》《营盘镇警事》《杨善洲》《阿丕书记》《知青》《温州一家人》《我的土地我的家》《长白山下我的家》等，占全年播出比例的50%以上。2012年与其他以购买为主的电视台相比，湖南卫视电视剧的渠道来源则以自制与购买并重，包括《新白发魔女传》《天涯明月刀》《偏偏爱上你》《我家有喜》等。湖南卫视的独播剧和自制战略获得一定的差异化竞争的优势，但在题材上多以翻拍剧或抄袭他国热播剧为主，被网友冠以"翻拍台"称号，而且因为部分翻拍剧情画蛇添足，人物表演夸张，"烂剧不断"，导致湖南卫视的剧场在2012年不再有突出的优势。

浙江卫视2012年抗战剧占据很大比例，但同时谍战剧占到全年播出比例的1/4，其中《青芒》《五号特工组》《密使》等剧对浙江卫视收视率有较大的贡献。2012年安徽卫视播出的电视剧多以中年主妇钟爱的情感题材为主，包括《心术》《蚁族的奋斗》《爱情公寓3》《爱情闯进门》等在内的偶像剧和都市情感剧高达50%，另一大类民国剧多是苦情剧。

东方卫视 2012 年播出电视剧 19 部，其中家庭剧比例达 36%，大量家庭伦理剧都是婆婆与媳妇、岳母与女婿的斗争，《我的经济适用男》《要过好日子》《媳妇是怎样炼成的》《金太狼的幸福生活》《丈母娘来了》《新女婿时代》等剧作都充满了"家斗"的特色。这种类型化播出特征在目前频道专业化的背景下值得鼓励，正是由于湖南台多年来的培养和浸染，才形成了年轻观众占多数的收视结构，而这正是其他频道所缺乏的。

三　电视剧创作：题材突破鲜见，叙事创新乏力

2012 年，国产电视剧题材主要集中于古装戏、情感戏、谍战戏、抗战剧等。很多观众的一个共同感觉，就是这些剧目中不同程度地存在着同质化、离奇化、过度化等的创作倾向，题材突破不但很少见，而且叙事的探索与创新更是乏善可陈。下面仅将 2012 年在题材与叙事上有所突破和创新的电视剧简单梳理一下。

2012 年播出的大量古装戏中，《木府风云》算是突出的一部，它突破以往民族题材重民俗风情展示，忽略情节设计的特点，有意识地选择了强情节、快叙事的叙事策略，赢得了收视和观众，并在中央电视台第一套和中央电视台第八套黄金时段获得连续播出的机会。

2012 年情感戏中，《北京爱情故事》由于及时关注了漂泊中的北京男男女女的友情与爱情，契合了当下社会年轻观众的关注点，营造了比较广泛的话题性。《北京青年》是将成长主题与出走叙事巧妙地结合在一起，虽然让观众感觉不太真实，情节也比较拖沓，但是俊男靓女的组合还是赚得了一些人气。《心术》准确来说是一部医生护士谈情说爱的青春偶像剧，但是该剧部分情节关注社会焦点难题——医患关系，使得该剧在同期剧作中脱颖而出。2012 年的情感大戏当属《樱桃》，这部戏将中国传统的苦情叙事与煽情叙事，紧密结合起来，诠释了母爱。这也是赵本山团队一反常态走悲情、煽情路线的一个意外收获，故事也许俗套，人物似曾相识，剧情也极尽悲剧煽情，但这并不妨碍观众被感动。

2012 年在一系列中传奇抗日剧中，《红娘子》《正者无敌》和《民兵葛二蛋》算是有个性、有创新也有人气的三部。前两剧都是宅门文化与抗日主题的巧妙结合，而后者则将一个具有流氓习气的葛二蛋成长为一个抗日战士进行了细致入微的刻画。

在 2012 年为数不多的军旅题材电视剧中,《火蓝刀锋》成为荧屏的扛鼎之作,全剧抓住成长与斗争两条主线,展现了新一代中国海军陆战队战士的刀锋精神,这与亮剑精神似乎有异曲同工之妙。

但是,2012 年国产剧在创作上存在两个不容忽视的误区和问题。一是抗战题材剧中普遍出现传奇色彩的人物与情节,娱乐化现象越发严重,有的剧为了表现我军的神勇就可以让他飞檐走壁,为表现敌人的愚蠢就可以让小孩子轻松偷袭得手,为让情节更丰富、更好看就可以设计女角色围着主角转,这些很不严肃的情节经不起推敲,其真实性更是令人质疑。二是家庭生活伦理题材设计的琐碎化、无聊化,由于在这个题材领域多年来"大兵压境",写出一点新意确实有些为难编剧,于是,出现人为编造痕迹严重的情节设计也不意外。

四 一些启示

2012 年,一些电视剧无论是失败还是成功都具有启示意义,如中央电视台第一套播出的《我的法兰西岁月》制作较为精良,宣传也到位,但收视率不太理想。这说明,传统的主旋律叙事模式如果缺乏创新,则仍然难以赢得更大市场。充满政治隐喻、意识流、意蕴丰富且唯美的《圣天门口》,并没有获得电视台和观众的普遍认可,由此可以看出中国观众目前还不太适应后现代的叙事方式,个性化、实验性、文学性的探索与追求仍然存在被观众忽视的风险。《山楂树之恋》由电影改编成电视剧,证明无论是电视剧改编为电影,还是电影改编为电视剧,都无法逃脱"炒冷饭"的嫌疑,其中电影改编为电视剧的风险更大,因为情节被稀释之后肯定会变成索然无味的鸡肋。

希望今后的国产剧更加遵守市场的规律,自觉满足大众的审美需求,通过不断创新与探索推动中国电视剧走上健康、繁荣发展之路。

(本文与张国涛合作,发表于《中国广播电视学刊》2014 年第 4 期)

2013 年中国电视剧：收视困境与创新乏力

2013 年，国产电视剧依然延续了 2012 年相对平淡的荧屏表现，无论是收视数据，还是社会影响，都难觅堪比往年的精品佳作。究其原因包括 2012 年国产剧收视疲软，导致回报渠道受阻；经济大环境低迷，投资热情趋于理性；监管力度加大，政策风险增加；等等。因此，一路高涨的电视剧生产规模在 2013 年出现"拐点"。以下从四个角度对 2013 年国产电视剧市场做一简单盘点和描述。

一　监管强化

2013 年是合并后的国家新闻出版广电总局的开局之年，也是行业管理部门加强媒体生态管理与调控服务的强化之年。纵观有关电视剧的管理政策，主要有 6 月初出台的《卫视综合频道电视剧播出调控管理办法》，10 月份推出的《关于做好 2014 年电视上星综合频道节目编排和备案工作的通知》等。这两个文件或通知对 2013 年国产电视剧的生产创作、发行购销、荧屏播出产生了很大的影响。

在上半年抗日神剧、古装雷剧和偶像狗血剧充斥荧屏的背景下，2013 年 6 月 4 日，国家新闻出版广电总局下发《卫视综合频道电视剧播出调控管理办法》，被视为近年来大力净化荧屏、强化电视剧调控与管理的重要动作。其实仔细梳理一下，该办法更多是对多年来加强卫视频道电视剧调控与管理的一个系统总结，其中的 21 条都是已有的规定，只有第 6 条是全新的内容：

第 6 条：卫视频道黄金时段年度播出现实题材电视剧总集数，应达到当年黄金时段所有播出剧目总集数的 50% 以上。

此条是对近年来国家新闻出版广电总局大力提倡现实题材政策的一个细化与量化。不过落实此条规定，关键是要限制古装剧。

第9条：卫视综合频道黄金时段年度播出古装剧总集数，不得超过当年黄金时段所有播出剧目总集数的15%。

第10条：卫视综合频道黄金时段原则上不得接档，连续排播两部古装剧。

这两条针对性非常强的规定，意在遏制古装剧、武侠剧、戏说剧、穿越剧等无节制霸占荧屏的现象，从而真正改变卫视频道电视剧的题材格局。对于此前最受关注的"抗日剧"的管理内容虽然没有出现在文件中，但在实际操作中，自2013上半年之后上星播出的抗战剧都必须通过国家新闻出版广电总局的审查。在监管强化的政策背景下，10月份推出的"加强版限娱令"使用"优化节目结构，丰富节目类型"的手段，进一步限制电视剧、综艺娱乐节目的播出空间，更加强化了对电视剧的管理和调控。在这样的背景下，古装剧受到节制，现实题材剧成为市场热点，下半年《咱们结婚吧》《老有所依》《小爸爸》《辣妈正传》《小儿难养》等剧轮番登上荧屏，正是强化监管、调控结构的直接结果。

二　收视困境

2013年电视剧荧屏热点零落，在央视与省级卫视共播出的800多部作品中仅有两部电视剧收视率为2%，分别是上半年收视冠军《百万新娘之爱无悔》（平均收视率：2.119%）和下半年收视冠军《咱们结婚吧》（平均收视率2.013%）。全年卫视市场收视排名靠前的电视剧中，《特种兵之火凤凰》《陆贞传奇》《因为爱情有晴天》《隋唐英雄》《璀璨人生》《新洛神》《天天有喜》《笑傲江湖》等剧位列其中，这些剧或者是胡乱改编历史的古装雷剧，或者是充斥大量狗血桥段的偶像剧，再加上陷入舆论讨伐旋涡的抗日神剧，三者形成了上半年荧屏收视的热点。

与这些应该"口诛笔伐"的热点相对比，一直被作为行业发展方向的"大制作"[①] 在2013年竟然集体遭受冷遇。从开年大戏到接踵而至的投资过亿的电视剧无一例外都收获了低回报，甚至差口碑。作为四家省级

---

① 杨伟光：《时代呼唤电视剧大制作》，《新闻战线》2003年第9期。

卫视的开年大戏《楚汉传奇》绝对属于近年来少见的大制作，投资总额高达 2.4 亿元、每集制作成本高达 300 万。但该剧 1 月播出时，四家卫视频道中最高收视率刚破 1%，最差收视率仅 0.17%，平均收视率不到 0.9%。导演高希希坐拥《新三国》的成功经验、老戏骨陈道明潜心多年的打磨，这种黄金组合的意外折戟实在出乎市场的意料。不过通观全剧，过于现代风格的解读、拖沓的文戏、参差不齐的表演，被认为是被观众抛弃的重要原因。2013 年，央视一套共播出三部古装大戏《赵氏孤儿案》《花木兰传奇》《大秦帝国之纵横》，投资均超过 5000 万，甚至过亿，但收视表现也均不温不火。在整个市场中，郭宝昌、陈宝国合力打造的宅门续篇《大宅门 1912》，由管虎、张涵予、刘烨和黄渤的"全金马阵容"打造的《火线三兄弟》，由郑晓龙续拍的 20 年前的经典《新编辑部故事》，由张国立、陈小艺担纲主演的电视剧版《唐山大地震》……这些拥有名导演、大明星、好编剧的大制作平均收视率均未过 1%，大大出乎业界的意料。这其中固然有续集效应、"炒冷饭"、审美疲劳、表演夸张等原因，但是大题材、大制作的集体迷失，无疑加剧了国产剧的人气流失和口碑损耗。

纵观 2013 年，一方面是雷剧、神剧与狗血剧横行当道，另一方面是大制作、大题材的集体迷失，这种令人摸不到头脑的收视困境让整个市场找不到方向了。尤其是多年来历史剧作为荧屏的扛鼎之作，2013 年的表现难免让业界心寒，这一现象势必会影响到未来两三年内电视剧投资趋势与创作方向，尤其是历史正剧谁人来投、谁人来做是一个很大的疑问。

三　创新乏力

2013 年，国产剧中主旋律剧、古装历史剧、都市生活剧在艺术探索与叙事创新上均有所创新和提高，但从力度来看显然都属于"量"的累积，而缺乏"质"的突破，所以给予"创新乏力"或"创新乏术"的评价也不为过。近年来，革命历史题材剧有放弃主旋律似的宣教式解读，进入娱乐化的青春偶像演绎的趋势，这种消费历史、消费革命虽然提升了主旋律题材的收视效果，但对革命历史的真实性存在莫大的伤害。2013 年下半年，央视一套黄金时段先后推出的《寻路》《陈云》《聂荣臻》等剧都没有走偶像化路线，在某种程度上也是对革命历史偶像化演绎的"反正"。其中《寻路》用巧妙的构思处理历史而没有偏离革命精神的内在感染力有可取之处，为重大革命历史题材拍摄探寻出一条"新路"。① 不过赶在 2013 年底播出的史诗大剧《毛泽东》意图用百集的篇幅塑造一个有温度的伟人，"我还希望它能展现中国现代史的内在发展脉络"②，这种"以人见史"的叙事策略明显区别于以往"以史带人"的叙事套路，期待《毛泽东》能为革命历史人物剧创出一条新路。

被严格调控的古装历史剧，在 2013 年还是出现了不少题材的突破与叙事的创新。在题材突破方面，《大明按察史》《新施公案》是对古装探案剧的拓展，《赵氏孤儿案》《楚汉传奇》《楚汉争雄》《隋唐演义》《隋唐英雄》《精忠岳飞》是对战国、秦末汉初、隋末唐初、南宋等历史阶段题材的拓展，《茶颂》是对少数民族茶文化题材的拓展。其中，《赵氏孤儿案》大幅运用悬疑化叙事，情节虽然稍显拖沓但却有看点，在价值观上忠于原著深入探讨舍生取义的精神大义，应该说是近年来一次较为成功的经典重述；虽然其平均收视率 1.5% 的成绩也难言其胜，不过在古装戏中它已经属于一部敢于深入人心、细腻刻画的历史正剧，因此也收获了良好的口碑和社会评价。《茶颂》将民族尊严与茶叶紧密相连，既充满新意又兼具中国元素，在叙事上将民族大义与商战元素紧密结合，实现了对少数民族题材表现的策略创新。由宁财神编剧并导演的《龙门镖局》是 2013 年难得的一部非常有后现代特色的大型古装喜剧，编剧力求借助古装的躯壳实现对现实的映射与观照，将商战、人情、爱情、偶像、幽默等各种元素融为一体，台词耐人寻味、观剧需要智商，兴许这在新媒体多屏收视时代是一个发展方向。

2013 年国产剧的最大亮点还在于都市生活剧方面。国家新闻出版广电总局每次加强管理的结果，都是电视台推出一批反映家长里短、你情我爱，貌似绝对安全的都市生活剧作为应对。但 2013 年下半年集中播出的都市生活剧中明显出现了"一老一小"两个题材创新方向。所谓"老"就是以《老有所依》为代表的"养老"题材，所谓"小"就是《辣妈正传》《小爸爸》《小儿难养》为代表的"养儿"题材。在《老有所依》作

---

① 周润健：《尊重历史，用心拍摄——主旋律电视剧〈寻路〉"走红"的启示》，新华网（http：//news. xinhuanet. com/local/2013 - 07/14/c_ 116529017_ 2. htm）。

② 吴名慧：《电视剧〈毛泽东〉开播有"温度"的史诗作品》，华夏经纬网（http：//www. huaxia. com/hn - tw/hnsy/xwsc/2013/12/3679360. html）。

品中,导演赵宝刚抛弃了自己长年拍摄理想化偶像剧的一面,而是用接地气的质朴与写实,让这部作品成为了 2013 年较为难得、具有现实意义的诚意之作。而"养儿"题材也是近年来都市生活剧走向泛滥,各种伦理关系几乎被利用殆尽之后,编剧绞尽脑汁开发出的一个新的题材领域。接连登陆卫视的多部"养儿"类作品力求以轻松时尚的方式拆解成长的烦恼,从中可以看出编剧对观众的逢迎以及对电视剧娱乐消遣功能的深刻认知。最后还有一部剧必须提到,那就是下半年的收视冠军——《咱们结婚吧》,从制作角度看,该剧无疑给当下都市生活剧吹来了一股清新之风——不做作、不狗血依然能有好收视。

作为郭靖宇导演的第五部传奇剧——70 集大戏《打狗棒》获得了市场与观众的好评,虽然这部剧里仍然有着前四部不变的戏剧元素:宅门、抗日、土匪,甚至不变的戏剧场景:佛堂、山洞、药房、牌位、刑场,以及恒定的传统价值观,但是丰富而有个性的人物、扎实而有张力的情节是这类剧吸引观众的主要元素。在 2013 年传奇剧纷纷落败的背景下,《打狗棒》的成功无疑为这类剧的创作提供了一个启示。

四 反思与警示

2012 年、2013 年,连续两年电视剧荧屏表现不佳。是偌大的市场没有生产优质的电视剧,还是优质的电视剧根本没有得到播出机会?是生产创作环节,是发行营销环节,还是收视终端,到底是哪里出了问题?我们必须对这些问题有一个深入的反思。

(1)在生产创作环节,过度的商业化已经明显伤害到电视剧品质的提升。"制播分离"催生了电视剧市场,较高的市场化程度又推高了电视剧的市场规模。但近年来电视剧市场显然已经出现了过度商业化的现象,如题材在短时间内的过度集中(跟风炒作)、剧本粗糙、演员成本虚高、剧集人为注水拉长等。整个市场对于商业利润的狂热追求,已经妨害到电视剧作为一种艺术产品进行生产与创作的基本规律,市场不断冲击底线的结果,自然是优质电视剧成为市场的"稀缺品"。

(2)在发行购销环节,暗箱操作显然已经影响到优质电视剧登陆荧屏。2013 年 10 月份网易娱乐爆出的"国产剧市场的贪腐内幕"仅仅是冰山一角,庞大的电视剧市场中由于各个市场主体根本不对等,电视台的垄断地位势必会导致形成以其为核心的发行营销机制，各种贪腐问题由此而生。尽管市场还存在一定数量的优质电视剧，但是发行营销环节出现的不正当竞争因素，致使大量不及格的作品涌上荧屏，势必会挤压优质电视剧的播出机会。由此，出现全年荧屏无佳作的结果就不难理解了。

（3）在播出终端环节，已成主流的多屏收视对电视观众形成明显分流。电视剧不具时效性且篇幅巨长的特点，其最适合的观看方式其实不是追随荧屏的被动收视，而是运用移动设备的自主观看。目前，互联网带宽已经不再是电视剧下载的瓶颈，移动屏（iPad、智能手机等）的普及让观看无处、无时不在。2013 年，《龙门镖局》的荧屏收视虽然欠佳，但视频网站的点击率高得惊人，可见青年观众的观剧习惯已经是多屏收视。在多屏收视时代，电视剧的评价指标要从单一的收视率转向收视率与网络点击率共存的评价机制，只有这样才能客观而全面地评价一部电视剧的观众接受程度。因此，电视剧生产与创作也必须注意到这一趋势带来的挑战，从而尽早寻求应对之策。

总之，2013 年电视剧的荧屏表现平淡，引人深思的问题还有很多。

（本文与张国涛合作，发表于《中国广播电视学刊》2014 年第 2 期）

第四章

中国电视纪录片新亮点

建构国家纪录平台　　留存民族文化记忆

中央电视台纪录频道（中英文双语）自 2011 年 1 月 1 日开播以来，累计观众规模已突破 2 亿，平均每天约有 2000 万观众收看纪录频道，城市和中高学历观众成为纪录频道主要收视人群，收视份额连续保持着稳定提升的良好态势。大型纪录片《美丽中国》以气势恢宏的现实中国图景，深厚博大的历史文化容量、丰富精致的影像魅力受到广大观众的热烈关注。

纪录频道开播以来令人振奋的收视表现，既坚定了人们对纪录频道生存的信心，也唤起了人们对其未来发展的憧憬：在为时代中国存像，与大千世界共鸣的发展理念下，纪录频道如何积极传播国家形象，增强国家媒体的品牌力量，推进纪录片繁荣发展，平衡社会文化生态和满足受众的多元需要？换言之，纪录频道将承担怎样的责任与使命？

一　纪录频道应肩负建构国家级
纪录平台的重要责任

第一，内容层面。中国电视的生产先后经历了"宣传品、作品、产品"为主导的三个发展阶段。在"宣传品"为主导的阶段，纪录片承担了"形象的政论"的时代责任。在"作品"为主导的阶段，纪录片创造了多元化的类型与样态，引领了中国电视作品生产的潮流。文献类如《毛泽东》《邓小平》《孙中山》等；历史类如《话说长江》《话说运河》《故宫》等；纪实类如《望长城》《远在北京的家》等；政论类如《大国崛起》等；探索发现类如《发现之旅》《探索·发现》等；真实再现类如《记忆》《圆明园》等。然而，进入以"产品"为主的阶段，娱乐成为电视的主打内容，纪录片只依靠单体节目创作的优势已不足以形成规模，难以适应产品时代规模化生产与国内外双向传播的现实需要。主流媒体、社会制作机构中所蕴含着的巨大的潜在制作能力迫切需要一个更为广阔的平台。

第二，载体层面。电视内容生产与传播先后经历了节目、栏目、频道三个发展时期。在节目为主导的时期，纪录片是备受尊敬的高端品质节目。其后，从"讲述老百姓自己的故事"开始，纪录片进入了以栏目为主导的时期，以央视《生活空间》、上海电视台《纪录片编辑室》等为代表的纪录片栏目推出了一批优秀的纪录片制作团队和作品。21世纪以来，随着频道专业化的探索，地方电视媒体开始尝试以频道为载体整合纪录片资源，但由于区域覆盖的限制，很难获得更为广阔的发展空间。

第三，国际层面。纵观全球发达国家推动纪录片发展的成功经验，建构国家级纪录平台是其重要的战略举措。通过国家级纪录平台的建构，整合全球资源，打造产业链，大幅提升传播力、影响力和经济效益。

不论从内容层面，从载体层面，还是国际层面，都可以断言：建构国家级纪录平台是推动纪录片发展的必然诉求和现实选择，央视纪录频道理应肩负起建构国家级纪录平台的重要责任。

二　纪录频道应担当留存民族文化记忆的光荣使命

当前，与中国迅速发展的政治经济形势与国际地位相比，中国的文化软实力明显不足，对外传播力尤为薄弱，与中国和平崛起的大国地位不相匹配。不可否认，在提升文化软实力和传播力方面，新闻宣传与艺术演出、展览、影视剧等多种娱乐文化产品发挥了积极的作用，但是，在众多载体和手段中，纪录片所具有的不可替代的独特功能尚未得到充分发挥。

新闻资讯及娱乐类产品相比，纪录片的客观、真实，具有更高的可信度与公信力，可以更容易地实现不同意识形态及文化形态之间的交流和传播。那么，央视纪录频道应以什么内容与方式来全面立体地传播、塑造国家的正面形象？我们认为，留存民族文化记忆应是央视纪录频道担当的光荣使命。

第一，记录历史。面对着全球"和平与发展"大主题下不断爆发的区域冲突、经济危机、环境污染等突出问题，中华文化优秀传统中所蕴含的自然观、社会观、哲学观、伦理观等对于今天的世界依然具有普遍意义与价值，应当发挥越来越重要的作用。中国在崛起，世界看东方，央视纪录频道应当积极挖掘、留存、展现五千年中华文化各个历史阶段独特的文化遗产，进而传播其独特价值，为世界贡献和谐发展、科学发展的智慧源泉，也为国家提供不断前行的精神动力。

第二，记录现实。转型期的中国构成了有史以来最丰富多彩、最复杂多元的现实存在，央视纪录频道应当以客观真实的影像，完整立体地呈现当下建设中国特色社会主义的伟大实践与创举，以生动感人的人物、故事与细节，去呈现转型期中国社会的真实景观。

第三，记录世界。随着中国对于全球事务的深度参与与推进，中国也更加主动地打开了放眼全球的国际化视野。中国文化的核心是和谐与包容，央视纪录频道也应自觉地定位于具有国际视野和世界胸怀的频道，有责任将开放的中国形象和主流价值真实传递出去，体现一种大国的风范与包容，也有责任向正在崛起的东方大国人民展现多彩的世界，体现多元文化的融合。

在记录历史、记录现实、记录世界的进程中，央视纪录频道将留存中华民族文化的过去和现在，也见证创造中华文明的未来，在多元文化的融汇中形成一种大气魄大格局，彰显中华文化充满生机的文化魅力，进而为文化的大发展大繁荣作出独特的贡献。

三　纪录频道应体现时代前沿的发展理念与高端品质

在 21 世纪中外电视传媒频繁交流、融汇碰撞的今天，央视纪录频道应当成为国家利益、先进文化与先进生产力的代表，秉持体现时代前沿水平的发展理念，集中打造本土化、国际化、专业化的专业水准、高端品质。

第一，本土化。植根中国，从灿烂辉煌、丰富多彩的中国历史与现实土壤中挖掘素材，并用符合中国百姓的价值诉求、审美趣味和风格气质进行加工、提炼与处理。在世界纪录片的大格局中彰显中国风度、中国气质和中国样态，以独具中国魅力的影像来成就纪录片的中国学派，进而为世界纪录片贡献中国人的独特内容、风范与创造。

第二，国际化。一要"有效"。根据国际通行和大多数国家的观众易于接受的方式来进行策划、设计与制作，促进不同文化背景观众的认同，实现更好的传播效果。二要"有益"。拓展纪录片生产创作的视阈，在题材、体裁、生产制作与传播的方式上，借鉴不同国家、不同区域的纪录片创作理念和形式，丰富与创新中国纪录片的风格样态、方法手段。

第三，专业化。央视纪录频道不应只是现有影像的简单汇集，而应从国家的高度，确立涵盖生产与传播各个环节的国家级专业化理念，进而设计体现国际前沿、国家水平的价值标准、艺术标准和技术标准，达到高标准、高水平、高质量，以专业化的水准与品质，实现高端引领。

我们期待，央视纪录频道，在建构国家级纪录平台、留存民族文化记忆、引领纪录片行业发展等方面，勇于担当，不辱使命，为不断满足广大观众精神文化需求，提升国家文化软实力和对外传播能力作出重要的贡献。

（本文与杨乘虎合作，有删节，原文发表于《光明日报》2011 年 2 月 16 日第 03 版）

2013 年中国电视纪录片的收获与缺失

纵观 2013 年中国电视纪录片的发展，在政策扶持、平台建设、作品呈现等方面有了较大收获，而在创作题材、创作定位、人才培养等方面尚有若干缺失需要克服或补足。

一　平台建设成绩突出

就年度纪录片发展的收获而言，首先体现为政策扶持力度进一步加大。2010 年，国家广电总局出台了《关于加快纪录片产业发展的若干意见》，这是国家政府部门第一次对中国纪录片发展正式提出整体性政策指导。受政策推动的影响，三年后中国纪录片的制作量、首播量都是 2010 年的三倍。

在此基础上，2013 年国家新闻出版广电总局通过调研，继续推出或酝酿推出一些扶持纪录片发展的政策。例如，在对 2014 年上星频道的调控政策中，规定上星频道平均每天必须播出 30 分钟的国产纪录片，34 家上星频道全年纪录片播出量即增加 6000 余小时。例如，正在酝酿之中的九大推动纪录片产业发展的政策建议，其中包括增加上星纪录频道数量，增加纪录片播出需求，形成适度的市场竞争局面，以对纪录片的质量、价格进行拉动；也包括增加政府的扶持资金，鼓励部分民营企业向海外营销中介机构发展，利用国际节展推动优秀国产纪录片"走出去"等。再如，相关部门在设计纪录片管理模式时，逐步改变搞立项审批和成片审查制度的方式，而是尝试着实施纪录片题材公告，把大量将要拍摄的纪录片题材进行信息汇集，向行业和社会发布，让行业内相互了解，避免题材撞车，有利于投资者决策，也有助于政府展示其所鼓励的题材；同时在评奖时也突出纪录片频道、专家和观众的意见。

　　第二，平台建设取得较大突破，特别是中央电视台纪录频道的持续发展和中国纪录片制作、播出联盟的成立。近年来，纪录片平台建设是中国纪录片发展的突出亮点，而央视纪录频道是平台建设的旗帜。开播三年来，央视纪录频道推出了如《舌尖上的中国》《故宫》《超级工程》《春晚》等品质上佳的作品；广告收入呈逐年迅速增长趋势，2013年超过4亿元。在纪录片产业发展、对内与国际合作、纪录片教育等方面也作出了重要贡献。特别是在国际传播方面，央视纪录频道就如何提高中华文化的国际传播力和影响力进行了积极探索，在世界各大影视、纪录片节展，包括戛纳、东京、香港、北美节展和几大专业节展上，以其作品和策展等方面的表现，显示了中国纪录片平台的吸引力和影响力。同时，央视纪录频道还注重与海外著名电视机构、纪录片制作机构开展逐步深入的合作。

　　除自身平台建设外，为突破"人才、精品、市场"的瓶颈，2013年央视纪录频道发起了中国纪录片制作联盟和播出联盟。中国纪录片制作联盟，目前凝聚了国内100多家纪录片制作机构，覆盖了纪录片生产的整个链条，通过联盟内多种模式的合作，逐步推动建立中国纪录片行业标准；中国纪录片播出联盟，则将全国32家省级电视台和60多家市级电视台联合起来，成立"中国纪录片联播网"，在这些电视台的地面频道开办每天30分钟的"纪录中国"栏目。两个联盟的成立，使全国的纪录片制作和播出队伍紧密合作，实现了全国行业资源有效整合。这一举措还将给有实力的制作机构，特别是民间制作机构的发展以机会，有助于使社会化制作成为中国纪录片产业增长的重要力量。能否实现健康的产业社会化，是一个产业繁荣发展的重要标准。

二　彰显民族魅力，尝试国际表达

　　一则以纪录片《京剧》《茶，一片树叶的故事》等作品为代表，体现了中国纪录片创作者对民族文化魅力的探究与呈现。2013年播出的此类作品，不仅聚焦于传统文化与民族符号的阐释说明，更意在通过纪录和讲述折射出时代变迁、家国兴衰和个人命运的意蕴，通过民族魅力的当代呈现，传递中华民族的正能量。

　　二则以央视纪录频道"魅力世界系列"、《丝路》《环球同此凉热》等作品为代表，中国纪录片在"中国作品、世界表达"方面的探索取得进展。特别是纪录频道"魅力世界系列"作品值得关注,它是以"中国视角、世界故事"为创作原则,用中国人的视角讲述全世界不同国家、不同民族、不同文化、不同社会的故事,寻找和体现具有普世价值的情感共鸣点,并逐步将"魅力系列"打造成中央电视台国际合作及传播的文化品牌。央视纪录频道已经为观众呈现多部魅力系列作品,如《魅力肯尼亚》《魅力斯洛文尼亚》《魅力印度尼西亚》《魅力希腊》等,取得了积极的反响。央视一套周日晚间 22:30 固定编排的"魅力纪录"时段也成为纪录片的收视热点时段。

此外,展现我党奋斗发展历程的作品《苦难辉煌》,记录青歌赛 30 年的作品《青歌赛》,呈现华人在东南亚奋斗历程的作品《下南洋》,呈现中国地方历史、社会文化变迁与风貌的作品如《青岛制造》,包括正在拍摄的《舌尖上的中国》(第二部),也是 2013 年纪录片领域值得关注的作品。

三 现实题材创作缺失

就年度纪录片发展的缺失而言,第一,现实题材创作不足的现象依然存在,中国纪录片创作呼唤持续的精品力作。当前优秀的中国纪录片作品以历史人文题材居多,而引自海外的作品则以自然类为盛。我们急需反映现实生活、现实社会的优秀纪录片;同时,我们也不能对反映现实作狭义理解,仅将其归为呈现社会矛盾、社会问题、社会边缘的内容。现实生活是丰富的,普通人的生活与梦想、一个群体的变迁、婚姻健康养老问题、衣食住行柴米油盐等都可成为题中之义。在当下这样一个剧烈转型变革的年代,现实题材作品有助于提高我们对时代中国的全面认识,有助于弥合与整合复杂的价值鸿沟和碎片化价值取向,有助于为岁月流转与变迁存照。

2012 年热播的现实题材纪录片《舌尖上的中国》,是近年来该题材作品中难得的佳作,其在内容生产、产业效益、社会文化话题引领、国际传播等方面彰显了中国纪录片的实力。但随后的 2013 年,虽然也有前述诸多包括现实题材作品在内的纪录片热播,中国纪录片作品的数量与质量依然保持了发展势头,但单部作品的影响力却远不及《舌尖上的中国》。"后舌尖"时代,中国纪录片呼唤持续的精品力作的出现。作为对外传播国家形象与文化魅力、对内提升民众认知与审美素养的电视纪录片,其创作需要不断砥砺、不懈努力。

第二，在纪录片创作定位中，如何让严肃性、专业化的内容获得大众化的接受，这一问题有待进一步解决。

纪录片因经常呈现严肃性、专业化的内容，直接指向对观众精神品级的提升等因素，而被称作影视艺术中的"贵族"。但当中国纪录片在平台建设、创作能力、作品数量、产业发展等方面的提升令人瞩目，并以此逐步走向大众之时，便势必会呈现出一个问题，即如何让专业化的内容获得大众化的接受，如何在对观众有所引领的同时召唤积极、有效的大众参与。我们固然反对一味将精英文化的核心部位做低端化处理，反对为了追求故事化、高吸引力的叙事效果而放弃忠实记录的品格，同时，我们也反对纪录片创作者从整体上一味陷入主观世界的意图，而放弃了使纪录片在更大范围进行更为有效的传播可能。

2013 年纪录片《京剧》的播出，再次引发上述反思。一方面，从戏剧专业人士的角度来看，该片不够深入，有"媚俗"倾向；而另一方面，从观众接受的角度来看，该片不够清晰，一些专业术语没有得到很好的阐释，解说词有堆积过满、过于华丽之嫌，带有"媚雅"倾向。当然，这一"贵族"与"大众"的矛盾与问题从世界范围内来看也并不好解决，这正考验着中国纪录片人的智慧和创造力。

第三，优秀的纪录片创作、运营人才缺乏。近几年中国电视纪录片的发展速度明显加快，但优质纪录片作品的数量和质量，以及纪录片产业的运营状况，却从整体上跟不上平台建设、产业发展等方面的步伐。造成这一问题的重要原因在于纪录片领域的人才储备不足。

由于纪录片"贵族"式的、相对而言小众化的传播与接受特性，也由于近十几年中国纪录片的发展曾经陷入停滞，一段时期内中国优秀的纪录片人才未能源源不断地有效补充，所以当这一领域发展再入繁荣期之时，明显感到后备人才缺乏。这种缺乏是全方位的，既包括高素质的创作人才，也包括优秀的产业运营人才，还包括具有国际视野能承担国际化合作任务的人才。而且正是由于纪录片是电视文艺中精神层级较高的种类，要想创作深刻的作品，需要付出的才能、才识、才情或许比其他一些类型的电视文艺作品更甚，所以其对优质人才的需求就更为严格和迫切。

（本文与刘俊合作，有删节，原文发表于《光明日报》2014 年 1 月 18 日第 12 版）

中国电视纪录片的美学新走向

2012 年，是中国纪录片在国家导向、政策支持以及平台搭建之后进入常态化发展的一年。自 2010 年以来，纪录片发展产生战略意义的转变，在国家层面，依据"精心打造中华民族文化品牌，提高中国文化产业国际竞争力，推动中华文化走向世界"的需求，纪录片塑造国家形象的作用受到重视和强调；在政策层面，2010 年 10 月国家广电总局发布第 88 号文件《关于纪录片产业发展的若干意见》，对中国纪录片发展加大扶持力度；在平台建设上，2011 年元旦，中央电视台纪录片频道开播，搭建起聚集纪录片资源，整合创作力量的有效平台。以上三个层面的推动，使随后一年的纪录片创作呈现良好的势头，恰逢建党 90 周年、辛亥革命 100 周年纪念，宏大叙事的纪念性作品大量涌现，使中国纪录片发展呈现令人兴奋的局面。

度过 2011 年这一特殊历史时段，2012 年的纪录片发展格局，将在一定程度上反映出，中国纪录片政策势能趋于平缓之后，在过去政治意识形态需求、特殊节点纪念等需求推动之外，纪录片自身是否逐渐积聚了长期、稳定发展的势能，在日常状态下能否保持持续、稳定、良好发展的状态？这是关乎纪录片长远发展的关键。

事实证明，2012 年的纪录片创作终于没有令人失望，半年时间内，纪录片引发的社会热潮不断出现：《春晚》《金砖之国》《舌尖上的中国》《大鲁艺》《信仰》《中国手艺》等频频引发观众热议，这些作品的成功，一定程度上说明了中国纪录片整体质量的全面提升。我们从中选取《大鲁艺》《春晚》《舌尖上的中国》这三部具有典型性的作品进行分析，它们分别代表了传统的历史文献类题材、制作精良的社会现实类题材以及新近呈现的国际化风格的日常化题材。虽然这三部作品题材内容不同，叙事风格迥异，但都获得较高收视率，引发社会关注。从这三部作品的分析入手，我们应当可以看出纪录片所呈现出的美学走向。

一 《春晚》：现实题材与传播时效

《春晚》是为纪念央视春节晚会30周年而制作的5集纪录片。30年来，春晚已经演变为中华民族传统文化的新民俗，承载着每一个中国人的家国情怀和集体记忆。然而，大多数中国观众却不甚了解这道光影声色精神盛宴背后的故事。纪录片《春晚》是第一部以纪录手段真实表现30年来春晚幕后艰辛与付出的作品，第一次告知了"一个熟悉的却未曾知晓的春晚"。该片在2012年大年初一晚播出，播出后便引起巨大的社会反响，成为中国现实题材纪录片时效性创作的成功范例，对近年来人文纪录片创作有巨大突破。

第一，实现了中国纪录片创作近年来现实题材的突破。20世纪以纪实美学为主导对现实生活极度关注，在进入新世纪后没有得到很好的继承，在近年来产生影响的纪录片作品中，现实题材作品寥若晨星，与此同时文献纪录片和历史题材纪录片则佳作不断。从观众诉求看，国内观众和海外观众更需要通过客观真实的影像，看到真实的中国、现实的中国。因此，中国现实题材的纪录片创造处于呼之欲出的状态。此时，《春晚》选取了春节晚会这一海内外所有华人高度关注的热点，以龙年春节晚会为切入点，记录与回顾了30年来中国现实社会的发展变迁，因而带来巨大的社会反响。这是近年来中国纪录片首次在现实题材方面取得的成功，对于打破几年来纪录片题材局囿于历史题材与文献题材的局面，开辟在市场体系中现实题材创作的新思路，具有很好的典范意义。

第二，实现了现实类纪录片创作模式上的突破。过去，在纪录片诸多特质中"真实性"、"文献性"一直被强调，"时效性"被忽略，纪录片往往更强调"时效性不强"而成就反复、多次播出的延伸价值。而纪录片《春晚》第一次强调了纪录片的"时效"和"速度"，创作人员将新闻节目的操作方式和传播方式有效运用于纪录片拍摄中，作品以龙年春节晚会从筹备到播出作为结构全片的主线，对于这一动态过程进行把握，采取一边拍摄、一边制作、一边播出的操作模式，实现与动态过程的同步结构、同步完成、同步播出，将新闻的时效性和纪录片的艺术性高度结合，用纪录片的方式快速反映、回应热点，这在历史上还是首次，开辟了社会现实题材纪录片创作的全新模式。

第三，实现了纪录片传播效果上的突破。纪录片《春晚》选择在2012 年大年初一，这个全国观众对春晚话题需求最旺盛的时间点播出，从而引发了观众大规模热议，作品将春节联欢晚会诞生过程中创作者内心的欢乐和痛苦展现出来，用真实的幕后历程、真实的人物故事、共同的集体回忆，成功引导大多数观众对春晚、对时代的深层次理解，纪录片播出后，观众对春晚的评价较过去发生很大转向，表现出近年来少有的理解、认同与肯定。因此，《春晚》纪录片是对春晚 30 年的一次纵深挖掘，成功确认了央视"春晚"的文化价值，完成了对央视春节联欢晚会的延伸传播；与此同时，也印证了纪录片这种最能够直击人心的真实力量，实现了自身品牌的确立。由此可以说，《春晚》实现了双重传播效应。

二　《舌尖上的中国》：本土题材与国际表达

7 集纪录片《舌尖上的中国》于 2012 年 5 月播出，播出后很快成为网络热点话题，在不到三天的时间内，达到近 500 万播放次数，7000 条的互动热议，在《光明日报》举办的评选活动中，《舌尖上的中国》热播被网民评为 2012 上半年中国文化产业五大事件之一，并居于"创意中国榜"榜首，成为上半年中国最有影响的文化现象；由这部纪录片所催生的经济价值和社会价值，正在持续发酵。而从加强中国文化软实力建设，促进中国文化国际传播的层面来看，《舌尖上的中国》起到了巨大的示范作用。

第一，在加强中国文化软实力及有效传播中国文化价值的背景下，《舌尖上的中国》如何找到被国际接受、认同的载体，建构国际世界对中国文化的认同具有很大的启示意义。

作品以"美食"这一现实而普世的命题作为切入主题，用纪实而非演绎的手法，通过对中国人日常生活场景的记录，让海内外观众真切感受到中华美食独特的魅力以及独有的韵味，从而建构起对中国人"民以食为天"的美食文化的认同。最终，通过美食勾勒出的中国文化，超越了地域、阶层、民族、国家和意识形态的鸿沟，成为被世人普遍接受的价值共识。由此获得了中国文化走向世界的真切、可靠的抓手和有效途径，对今后整个中华文化走向世界具有战略性的标尺意义。

　　尤其值得关注的是《舌尖上的中国》叙事手段的独到之处，作品将对美食的展示放置于当下，放置于鲜活的日常生活中，从而使叙事具有亲近性、接近性，对美食的展示不重结果，而重过程，不仅让观众知其然，还了解其所以然，超越了过去对静止、物化类题材作品的表达。为今后纪录片展示医疗、保健、养生、中国功夫等相似性题材，提供了可资借鉴的标本。

　　第二，就对内影响而言，《舌尖上的中国》对于强化民族文化的凝聚力、向心力，唤起国内观众乃至海外华人对数千年祖先文化的认同与自豪、提升民族自信心，也有重大意义。作品超越了对美食本身的展示与纪录，将食物作为一种乡土之味、自然之赐、岁月之赏，从而使整部作品散发着清美悠远的文化感、历史感。具体到叙事策略上，为了赋予美食深厚的文化历史韵味，作品在三个层面进行了探索：

　　其一，对物态层面的延伸。《舌尖上的中国》在展示美食制作过程中，不仅抓取对食物的呈现，还尽可能地揭示食物背后的故事、记忆中的味觉拌和着情感被诱发出来，儿时母亲的慈爱、乡土的亲情，对故土家族的依恋和怀念，常常使人潸然泪下，引发了人们的共鸣，唤起了情感记忆、文化记忆，从而使作品具有独特的文化品质和审美价值。

　　其二，对制度层面的挖掘。一种美食背后往往蕴含着传说，很多美食成为民俗风尚、婚丧嫁娶、节日庆典等民俗礼仪不可或缺的元素，是往来馈赠、社交礼仪的重要组成部分，由此也显现了中国传统文化中独有的宗族生活的特点。《舌尖上的中国》刻意挖掘了美食背后蕴含的地域特点、价值观、生存方式、生活方式、家族制度，美食便成为一种载体，积淀着民族群体的记忆与密码。

　　其三，对精神信仰层面的揭示。一种美食之所以传之久远，与一个民族的生存环境，以及在这种环境下孕育的对赖以生存的自然之力和自然环境的崇拜，对某种生存方式的追求与向往有关。这些向往与追求在历史中积淀为某一地域的精神信仰，最终升华为民族的精神信仰和美好理想。《舌尖上的中国》在展示美食的同时，也深入揭示了美食背后所蕴含的民族整体的精神追求和理想寄托，展示了一个民族对美好理想的渴望。

　　第三，从创作层面看，《舌尖上的中国》找到了传统美食节目各自优势的结合点。过去传统的美食节目一般分为两类：一类是与旅游节目相伴随的专题类美食节目，这类节目大致展示美食精致考究的制作过程，展示美食自身的精致高雅，重观赏品味，但失之风雅，具有知识性和观赏性，但较少接近性和亲近性，从而导致有可视性但缺乏必视性；另一类美食节目是当今风行的大众日常化的服务类做菜节目，这类节目往往直接展示各种菜肴的制作工艺、流程，注重服务性和实用性，但有失俗浅。

而《舌尖上的中国》则抓住两者的优势，规避劣势，摆脱厨台庖肆，走向开阔、自然和鲜活的日常民间，通过记录日常百姓生活中美食的形成，让美食具有接近性的同时，又不失美感和韵味，上通天籁，下接地气，从而形成了顶天立地独特的艺术品质。

三　《大鲁艺》：历史回忆与现实观照

《大鲁艺》是配合毛泽东同志在延安文艺座谈会上的讲话发表 70 周年而推出的 10 集历史文献类纪录片。进入 21 世纪尤其是近几年来，纪录片的文献价值与革命历史建立影像资料的诉求相结合诞生了革命历史文献片。这类纪录片因为国家政府的强大支持近年来力作不断，成为目前中国成就最高的一种纪录片类型。这些作品从革命史实入手，采取宏大叙事，通过艺术表现的润饰，具有波澜壮阔的风格。

（一）宏大的历史纵深感和厚重感

《大鲁艺》第一次大规模地抢救性记录了 80 多位平均年龄 90 岁的老鲁艺人的口述、回忆，深情讲述了 70 年前的延安鲁艺时期的峥嵘岁月，作品利用三重影像以 20 世纪 40 年代来自不同群体和视角的历史资料影像、鲁艺艺术家口述纪录影像，以及作品创作者重访鲁艺的纪实影像——全景展示了延安鲁迅艺术学院的诞生、成长、发展的全过程，具有很大的史料价值。在此基础上，作品对史实回顾没有仅仅停留于简单展示层面，而是进一步深入挖掘了诸多历史现象背后蕴含的背景和隐含的秘密，并做了深层的剖析和思考，比如，为什么延安会令四面八方成千上万的热血文艺青年抛家舍业，跋山涉水而来？《在延安文艺座谈会上的讲话》是在怎样的思想背景下诞生的？等等，从而使作品具有纵深感和厚重感。

（二）颇具诗化的艺术表现方式

《大鲁艺》所展示的这段中国文学艺术史上独特的阶段，是风云激荡、充满激情诗意的特殊历史时期，在表现和再现这段特殊历史的方式上，该片也同样构架了诗化的艺术框架。作品开篇以当年鲁艺美术家的木版画为主要表现内容，为观众呈现了一幅生动的延安风情画卷；作品还选取了延安鲁艺时期《延安颂》等40多首经典的歌曲和乐曲作为背景音乐，渲染了情感，突出了主题，唤起历史的沧桑，强化作品的力度和厚度；另外，又创作了《延安生活》《陕北情》《陕北高原》等9首原创乐曲，并采取现代配器和配音。这些艺术元素的编配，渲染了鲁艺独有的艺术韵味，形成了酣畅淋漓诗化的华彩篇章。

（三）极富感染力的昂扬向上的民族激情

《大鲁艺》所展示的20世纪40年代延安文艺创作繁荣期的作品，无论是交响乐《黄河大合唱》、新歌剧《白毛女》、新秧歌剧《兄妹开荒》，还是随后涌现出的一大批戏剧、美术、电影等各种艺术样式的文艺作品，都充满了民族自豪感，形成了独特的鲁艺风格和鲁艺精神，这些作品，在今天仍然激荡着豪迈之情，唤起观众的情感共鸣。此外，《大鲁艺》在展现这些优秀作品艺术魅力的同时，也展示了这些作品创作者的创作激情和革命友情，他们在鲁艺相会相识，共同为民族、为国家、为民族的解放而奋斗，在亲密无间的合作中结下了终生不渝的战斗友情。至纯至真的友情交织着创作激情以及投射到作品中所散发出的真情，在《大鲁艺》中呈现得淋漓尽致，动人心魄，感人至深。

（四）发人深省的思考与反思的力度

作品展示的很多内容，无论是对鲁艺时期困难但辉煌的历史追忆，还是对文艺家个人经历的介绍，都引发人们思考。当年一批具有独立思想、人格与自由意志的现代知识分子，怀抱着艺术梦想，放弃优越的生活，从海外、从大都市奔赴偏远山区，他们把个人情感与才华融入对时代、对现实生活的描摹讴歌，与人民群众打成一片，获得滋养，从而使艺术创作摆脱了小资情调，诞生了一大批代表一个民族、一个时代艺术高度的经典之作，迄今为止，仍旧散发着长久的艺术魅力。由此，也引发我们思考文艺的本质，思考艺术和人生、艺术与国家、民族以及与社会现实生活的关系。另外，那段岁月对鲁艺艺术家的影响，使他们一生保持健康从容的理想光芒和青春激情，这些革命浪漫主义情怀对漫长人生所产生的刻骨铭心的影响，也引发我们反思理想情怀、精神信念与生命本质的关系。

另外，《大鲁艺》区别于其他同类历史文献题材作品的最突出特点，就在于对现实的突出观照注重"时"的观念，表现出鲜明的时代精神、清晰的时尚风格以及注重播出时机的传播意识。

《大鲁艺》在讴歌抗战时期进步文艺家追求光明自由、追求救国抗日的爱国主义情怀和高尚昂扬的民族精神时，也着意突出了这种理想主义、英雄主义和爱国主义对今天的现实性意义。今天这个时代复杂多变，物质至上、拜金主义、个人主义、消费主义充斥于多元的思想价值体系当中，时代急需昂扬向上的精神启迪，而鲁艺时期对献身、爱国、理想的精神追求，正是这个时代特别需要的。尤其是在十七届六中全会关于推动社会主义文化大发展大繁荣的背景下，如何使文学艺术具有想象力、创新力和号召力，《大鲁艺》所揭示的内容具有非常深刻的启示。

《大鲁艺》在艺术表现手法上采取了内容的历史性和呈现方式时尚性的结合。作品运用大量动画、特技和特效，对历史影像、老照片、杂志、报纸等文艺作品进行最时尚的包装和重新制作，使作品超越了过去历史题材节奏缓、影调怀旧的窠臼，具有清新、现代的时尚感。

另外，《大鲁艺》播出正值《在延安文艺座谈会上的讲话》发表70周年，切入时机准确，抓取传播艺术的历史节点，实现了传播效应的最大化。

四　融合与对接——当今纪录片的美学走向

通过对以上三部具有代表性作品的分析，我们应该大体可以看出纪录片创作整体显现出的新的特点和走向，无论是《舌尖上的中国》对本土题材的国际化呈现，还是《大鲁艺》所着意追求的历史题材框架下对时代与现实的观照，以及《春晚》所强调的新闻时效性特质与纪录片艺术品质的结合，都表现出一个共同之处，即融合与对接。

（一）历史与现实的融合与对接

从纪录片创作内容的时间纵向维度上考量，社会人文类纪录片的题材内容无非包含两大类别：历史与现实。在纪录片开始复苏乃至繁荣的20世纪八九十年代，题材内容多以反映现实为主，从《话说长江》《望长城》及至《生活空间》，作品表达的都是社会现貌。

　　进入世纪之交后，中国纪录片创作产生了转向，纪录片创作者潜心挖掘历史资源，在历史题材领域开辟出一片新天地，一类作品适应市场化环境需求，借鉴电影戏剧等创作理念和表现手法，与科技成果相结合，运用数字特技手段，将历史内容展现得气势恢宏、磅礴厚重，如《故宫》《圆明园》《大国崛起》《敦煌》等；另一类则挖掘利用历史影像资料，清新沉静地梳理逝去的文化历史，如《百年中国》《甲子》《梁思成与林徽因》。历史题材的优势，一方面在于其与现实的时空距离所带来的审美张力，另一方面的优势，毋庸讳言，也规避了现实题材创作中存在的诸多限制，因而历史题材纪录片在每年作品中占据很大比例。

　　与此同时，现实题材的关注度则呈现较为乏力的局面，这种现象虽然归因于客观创作环境的局限，归因于电视产业化过程中在收视率考量标准下纪实美学潮流在市场中的衰退，但更多则因为纪录片创作本身在市场条件下，没有寻求到现实题材的有效发展路径。然而，对现实生活和主流话语的疏离，最终一定会导致纪录片社会影响力的衰减。因此，从纪录片创作主体层面看，只有紧贴现实，为明天记录今天，才能发挥纪录片在历史长河中资料文献的价值；从纪录片观赏者的客体诉求看，只有记录紧贴社会现实的题材，才能反映时代脉搏、社会情绪、文化思潮，也才能引起观众的兴趣，实现对现实社会的影响，真正确立纪录片的社会地位。

　　近年来，从《再说长江》《华尔街》《金砖之国》，以及最近的纪录片成功之作可以看出，很多纪录片题材正在向现实转向，《春晚》对现实题材的突破，《大鲁艺》对现实的观照，以及《舌尖上的中国》在美食基础上展开的对中国现实社会百姓生活的描摹，显示了纪录片创作中历史资源逐渐与现实内容的融合对接，体现了现实题材在市场化新环境下的回顾与突破。

　　现实题材资源之无穷无尽，画面之鲜活生动，内容之丰富变幻，将成为今后纪录片创作的新天地，呈现的新景观。因此，可以预见，历史与现实的对接，将是今后纪录片创作在内容上的新趋势。

　　（二）本土化与国际化的融合与对接

　　正如本书开篇所述，当今纪录片的发展被纳入加强对外传播能力和国际舆论影响力建设的大框架下，纪录片作为一种最具国际化特性的艺术形式，其对历史和现实真实的呈现、超强的公信力和说服力，对于营造良好的舆论氛围，塑造正面的国家、民族形象，尤其是对提升中国媒体的国际传播能力，提升国家整体软实力，具有不可替代的功能和作用。因此，国际化必将是纪录片未来创作呈现的发展态势。

在这一发展态势下，纪录片从题材的选择、艺术方式的呈现，以及传播效果的考量等方面都应该注意本土化与国际化的融合与对接。在这方面，《舌尖上的中国》的成功值得后继者借鉴学习，它将"美食"这一极具民族地域色彩又带有世界普世性质的题材，借用国际化的表达方式赋予其鲜明的民族化韵味，全篇在高密度的信息呈现，快节奏的剪辑把握，结构上的多条线索上并进，以及细节及两极镜头的运用、山水自然的视觉冲击、地域特色的奇观展示等方面，显示了当今成熟的纪录片国际化标准范式。

因此在题材方面，既要加强中国文化标志性元素，更要注意选择国际社会熟悉关心的全球话语体系内题材。在表述方式上，不能拘泥于传统的纪录片创作理念和手法，而应该探索打破区域性的文化障碍，以跨文明、跨语言、跨族际的思维和表达方式，赢得国际观众普遍的心理共鸣和情感体验。

随着国家推进国际传播的要求，国产纪录片制作将与国际接轨，采取国际化的话语体系和标准，国际化的生产方式以及国际化的运营模式应该是中国纪录片本土化与国际化融合与对接的方向与路径。

（三）特殊化和日常化的融合与对接

通过对 2012 年三部成功的纪录片作品加以分析可以发现，如果说《大鲁艺》是为配合《在延安文艺座谈会上的讲话》发表 70 周年推出的特别节目，缘于政府宣传的需求；《春晚》是在春节积聚海内外华人集体情感的特别时刻，央视为发挥春节文艺晚会与纪录片协同效应所进行的一次成功探索，出于媒体自身的需求；那么《舌尖上的中国》则可以算是为满足中国百姓的日常需求而创作的作品。从《大鲁艺》到《春晚》到《舌尖上的中国》，我们可以看出纪录片创作从满足特殊需求、制作特别节目到满足日常需求制作常态节目的转变。

从分析纪录片作为特别节目的创作来看，虽然其优势在于背后有强大的政府支持，可以实现传播效益的最大化，但其局限也在于特别时刻的短期性播出，更大的缺陷在于，纪录片一直依附于外在力量的推动，没有获得自身独立发展的势能。因此，为满足纪录片逐步丰富、发展的需求，纪录片日常化题材、日常化创作播出愈加受到重视，尤其当纪录片专业频道搭建之后，在特别节目之外，纪录片的日常化创作、日常化题材、日常化播出将成为不断发展壮大的纪录片的重要组成部分，成为纪录片行业的发展趋势。

在这方面，国外的纪录片同行积累了丰富的经验，韩国的《纸张之路》、法国的《海洋》都是在现实中发掘值得关注、值得思考、值得挖掘的题材，以日常软性的内容，精彩的故事结构、优秀的艺术品质，获得观众认可，成为经典之作。

更为重要的是，大量的日常化纪录片创作的质量水准，也是一个国家纪录片是否成为市场条件下独立发展的产业，能否作为重要的艺术样式遵循自身创作规律，能否成为常态下满足观众长期稳定需求的重要标志。因此，在今后纪录片逐渐确立自己独立的地位之后，在大量市场需求下，为保持纪录片稳定、良好、可持续发展，创作一定会加大日常纪录片的创作与发展。

总之，纪录片作为颇具审美价值的电视艺术样式，作为电视产业化中不可忽略的产品类型，作为电视节目样式中的一大部类，应该适时吸纳新的不同类型艺术理念和创作方式，适时保持与国际纪录片的发展水平与趋势走向同步，适时了解电视观众的现实精神需求，适应新的传播趋势和传播介质的规律，在与不同题材、不同类型、不同领域及不同国家的不断融合与对接中，持续发展，完善自身。

（本文与赵曦合作，有删节，原文发表于《中国电视·纪录》2012 年第 12 期）

中国纪录片产业发展的春天

　　进入 21 世纪以来，电影、电视剧、动漫等成功实现了产业的探索。相继步入产业发展的良性轨道，与之相比，纪录片产业的发展却相对显得滞缓和冷寂。中国纪录片产业发展的春天何时才能到来呢？可喜的是，自 2010 年秋季以来，中国纪录片产业的发展终于进入了一个全新的时期，正在一步步走进春天。推动这一进程的主要有三个方面。

　　一是产业政策的适时出台。2010 年 10 月，国家广电总局下发《关于加快纪录片产业发展的若干意见》，首次在政策层面明确提出，国产纪录片是形象展示中国发展进步的重要文化传播载体，纪录片产业是重要的文化产业。这标志着纪录片的文化功能与产业属性，在国家层面获得了政策的保障与扶持。

　　二是国家级平台的全新搭建。2011 年 1 月 1 日，中央电视台纪录频道面向全球正式开播。这一纪录片国家级平台的搭建，对于塑造国家形象、传播主流价值、推动文化产业发展、构建文化生态具有极为重要的意义与价值。它与上海电视台纪实频道、中国教育电视台纪实频道、湖南电视台金鹰纪实频道、重庆电视台科教频道、辽宁电视台北方频道共同奠定了中国纪录片主流媒体播出平台的基础格局。

　　三是产业发展的初步探索。目前，中国纪录片骨干企业正在崛起，生产制作团队趋向整合化，资金来源逐渐多元化，产业经营效益大幅提升，产品交易日益活跃，一个涵盖了创意研发、生产制作——交易播映多个环节的纪录片产业链雏形基本形成。

　　面对未来，需要深入思考的是，如何真正让纪录片产业的春天形成可持续发展的格局和景象。

　　第一，加快形成强有力的政策保障与促进机制。放眼全球，法国、加拿大、澳大利亚、新加坡等国家都注重通过税收、金融和政府基金对纪录片进行资助，如法国政府每年投资约四亿欧元支持纪录片产业。因此，中国纪录片产业的培育与发展，迫切需要在现有政策指导下积极出台可行性举措，充分发挥政策的杠杆作用，形成强有力的保障机制，对包括制作机构、播出平台、营销机构在内的纪录片产业先行者与成功者，特别是对国产纪录片的优秀之作予以资金扶持与奖励，激励纪录片产业加快发展。

第二，加快形成层次分明、丰富多元的播出渠道。播出渠道和平台不足是长期以来制约纪录片产业发展的瓶颈。加大播出渠道建设应重点打造三类平台：第一类是国家级平台。充分发挥央视纪录频道的引领与高端效应，努力将其建设成为具有时代气质、世界眼光、中国特色、主流风范的国际传媒文化品牌，提升中国纪录片产业的竞争力；第二类是全国性的卫星频道。选择条件成熟的纪录片地面卫星频道。适时升格为卫星频道，改变地面频道覆盖区域受限的现状，有力地提升纪录片的传播力；第三类是新媒体平台。随着媒介融合进程的加快，互联网络、IPTV、手机电视等新媒体已经在纪录片的传播与交易方面显示了不俗的业绩和影响力。搭建一个以主流媒体为主体，以新媒体为有力补充的多元播出平台。将使得纪录片传播载体的类型与层次更加丰富。

第三，加快形成较为完善的纪录片产业链。按照产业链的环节与要素做大创意前端，拉动终端交易市场，做强生产与制作。实现纪录片产业横向和纵向产业资源的高度有效整合，打造较为完善的中国纪录片产业链。为此，首先，需要在选题标准、形态标准、技术标准、价格标准等方面探索建立中国纪录片的产业标准。其次，积极建立制播分离运营机制。拓宽纪录片的投融资渠道，鼓励社会资本进行纪录片创作经营。最后，培育市场主体，打造纪录片龙头企业，推动跨国、跨地区、跨行业的资本资源重组与联合，推动形成具有较强竞争力、传播力、创造力的中国纪录片企业群，打造中国纪录片产业联盟，巩固国内市场，进军国际市场。

（本文与杨乘虎合作，发表于《中国广播电视学刊》2011 年第 5 期）

六集大型纪录片《船政学堂》四题

由中央电视台与中共福建省委宣传部、福建省广播影视集团联合制作的大型历史人文纪录片《船政学堂》在央视纪录频道隆重推出。这部人文纪录片的推出恰逢中日甲午海战 120 周年，因此具有特殊的意义与价值。

一　历史文献的意义与价值

作为我国第一部全面完整地记录船政学堂历史由来与发展脉络的纪录片，该片实现了多项历史文献记录的突破，包括晚清政府围绕船政学堂的筹备、建设，朝野各方重要文献资料的披露，再如郭嵩焘、严复等人的日记、书信等资料的呈现，以及英国、法国、美国、日本等各国与之相关联的历史档案记录，其中的许多历史文献都是首次披露。这些文献的披露真实、生动，为我们呈现出一个令人信服的船政学堂历史脉络全景。在此基础上，该片的创作者更深入地对这些重大历史事件进行了具有重大意义的挖掘，让我们感受到船政学堂的兴衰，不仅仅是中国近代海军建设的最初标志性成果，而且对近代中国的工业、军事、外交乃至思想、文化、教育等重要领域都具有开创意义的探索与创新。正是这些宝贵历史文献的披露和内在重大历史意义的发掘，使得《船政学堂》这部历史人文纪录片，获得了突破性的历史文献价值。

二　影像空间价值的呈现

《船政学堂》在影像的建构上，精心设计，精彩打磨。作为一部对重大历史事件和故事进行梳理的纪录片，如何让影像的呈现既赋予其历史的质感，又富有现实的动感，同时还可拥有影像的冲击力与感染力，这的确是一个难题。不少同类纪录片在影像的设计与呈现过程中过于偏重历史影像的质感，在历史文献的发掘与呈现上狠下功夫，却由于缺乏与现实的互动，而令人产生过远的距离感。而有的历史纪录片或者选择以现实的互动作为重心，更多聚集于当下的感受与理解，也许可以获得现实呼应，但却容易缺失历史本源的质感，而显得过于时尚。《船政学堂》这部纪录片，难能可贵的是在历史影像与现实影像的平衡上作了很好的设计与展现，达到了较好的平衡。一方面该片遍访相关联的欧亚数个国家和地区，搜寻发现了大量与船政学堂有关联的文物、资料等具有历史本源质感的对象，并对其进行了多角度的影像记录。同时，对相关联的历史人物的后人和国内外专家学者也给予了生动的记录，从而构筑了当代人可以感知、回应的现实影像。除了这两种影像的平衡处理，该片还动用了群众演员，对重要历史人物和相关联的历史故事与事件进行了情景再现，这些演员朴实、生动而逼真的表演营造了该片颇有艺术感染力的再现影像。这三种影像的汇合，构建了该片既具历史质感，又具现实动感，同时诗意盎然的立体影像空间。这是该片在艺术上，特别是在影像建构上所做出的成功探索。

三　情感建构与表达

《船政学堂》自始至终洋溢着一种浓烈而深挚的激情，该片所表现出来的民族激情、爱国激情和时代激情极具感染力，令人感叹不已。

一方面，该片没有停留在就事论事的简单层面，而是把船政学堂的创建放在世界历史大格局中，在欧美亚各大洲，特别是各"列强"的对比中表达出中华民族在积弱积贫受尽欺凌之时不甘屈辱，奋起直追的民族精神；另一方面，通过对林则徐、左宗棠、沈葆桢等一大批近代仁人志士为中华之崛起而耗尽心血、奋力拼搏的爱国情怀的表达船政学堂的学子们，从福建到台湾，从中国到世界，前赴后继、代代相传，让我们感受到他们的爱国激情不断向前，绵延不断。

该片不仅在船政学堂的领导者与学员们可歌可泣的故事中让我们深刻地感受到高扬着的爱国激情与民族激情，同时也在中国与日本、中国与欧美的历史比照中，让我们清醒地感受和理解到我们肩负的历史使命与现实的责任，从而激发出强烈的时代激情。该片气韵流畅，其浓烈的民族激情、爱国激情和时代激情给人荡气回肠之感。

四　多方面的启示与思考

《船政学堂》给我们带来了多方面的启示与思考，这包括"中国梦"之思、"中国路"之思与"中国片"之思。

该片从第一集《海国图梦》开始就鲜明地提出了一个重大命题，即从林则徐与左宗棠的"湘江夜话"提出的通过建立船政学堂，建造中国的船舰，进而建设富强的国家，以此开启了那个年代的"中国梦"。100多年后，回望19世纪50年代的"湘江夜话"，同时回望船政学堂40多年间的潮起潮落，近代仁人志士们通过船政学堂的建设，力图建造一个富强繁荣的世界大国的中国梦，对于今人，仍然具有振聋发聩的启示。不管处于劣势还是优势，建设一个繁荣富强，自立于世界民族之林的中国，不仅是近代志士仁人的理想，同样也是今人不可放弃的历史担当。

而以什么方式实现中国梦，该片则通过大量细腻生动的故事表达了对中国特色道路的深刻思考。左宗棠、李鸿章等购买国外先进产品技术的洋务运动思路，对今天依然具有深刻的启示。所谓"中学为体，西学为用"，一方面，强调主权在我，不可由西方人掌控我们的主权，同时又以开放的胸襟，大规模地采用西方的先进技术，这一思路，体现了西学与东学相结合，走中国特色道路的一种探索。此后沈葆桢在创办船政学堂的具体过程中，从师资队伍的构成，到教材的编创，以及理论与实务的结合等方面同时作了前无古人，又迥异于西方的有益探索。船政学堂在短短的几年间就培养出一大批杰出人才，成功地建造了能够捍卫国家海权的船舰，这其中对于独特的中国道路的探索，于今天依然有着重要的启示。在教育、科技、军事乃至文化等各个方面，坚持西学与中学的结合，坚持开放与改革的结合，坚持按照中国国情走中国特色的道路，这是船政学堂给我们今人留下的宝贵精神财富。

《船政学堂》的成功拍摄，还在纪录片创作题材方面给予我们一个启示。中国是一个具有丰厚历史文化资源的大国，众多具有重要历史意义的素材值得我们去认真发掘，这些资源，不仅对于中国，甚至对于世界，都是宝贵的财富。这需要我们充分地挖掘、展现具有历史文化价值的对象，并将其作为中国特色纪录片创作的资源库。我们应当积极自觉地从历史文献的挖掘呈现中不断丰富和拓展纪录片的影像世界，为咨政、育人及存留历史文化而作出独特贡献。

《船政学堂》以强烈的民族激情、爱国激情和时代激情，丰富而生动的历史影像、现实影像及再现影像，第一次立体、全面、深入地揭示出中国近代史上具有重大意义的船政学堂真实的故事与背后的奥秘，感人至深、动人心魄、令人深思，是近年来中国电视荧屏上不可多得的、有分量、有内涵、有价值、有突破的优秀文献纪录片。

（本文发表于《东南传播》2014 年第 9 期）

时代呼唤主流作品

一 大、高、新、奇四看《公司的力量》

十集大型电视纪录片《公司的力量》在央视财经频道热播，这部作品的特点可以用四个字来表达：大、高、新、奇。

(一) 大

大气，有大气魄，片子面对的是一个大议题，有一种大思路，表达的是一个大话题。以往电视上可能也有过关于资本和市场的节目，但是完整地站在人类文明的演进史上，沿着物质文明、制度文明乃至精神文明变迁的轨迹，以公司作为切入点做全景式阐述的纪录片，从未有过。作品看似把公司作为一个聚焦对象，实际上面对的是人类几百年以来的文明形态，折射了历史的沿革、延伸及其错综复杂的历史驱动、历史演变。

从这个角度看，《公司的力量》是继《大国崛起》《复兴之路》之后，中国电视界又一个标志性的大制作，将会载入中国电视发展和纪录片创作的史册中。

(二) 高

《公司的力量》不是简单的经济史，它站在人类文明变迁的高度，表达了一种人文关怀，立意很高、境界很高。它代表着央视作为国家电视台的水准，甚至可以说代表了中国媒体人的水准去看问题。它站在今天的时代高度回望历史，客观、真实、准确地挖掘历史，寻找对于过去和今天都同样有价值的素材，为解决今天和未来我们依然面临的一些困境提供借鉴。

尤为难得的是，作品娴熟地运用了辩证唯物主义、历史唯物主义作为武器，按照历史本来的面目去解读、去传播。片中所选用的素材，不论是欧美还是中国的，都不简单地讴歌或者批判。面对公司给人类文明带来的巨大贡献和灾祸，片子在肯定中让我们看到弊端，在批判中也让我们看到其正在萌芽或蕴含的合理性。

（三）新

片中挖掘了很多鲜为人知的甚至闻所未闻的新材料，也有很多是我们知其然，不知其所以然的历史。比如：资本市场是怎么来的？公司是怎么建立起来的？我们往往只知道结果，不知道过程中的故事；我们知道洛克菲勒和卡内基，但是二人的握手并不知道；我们知道芝加哥大罢工，但我们不知道律师丹诺多次为美国罢工工人做的法庭辩护。我想《公司的力量》对国人会是一堂生动的课。

（四）奇

片名本身的视角就很奇。为什么叫做"公司的力量"，而不叫"资本的力量"或者"市场的力量"？这就是纪录片创造性处理的结果。节目充满了学术含量，但它终归要用影像记录的方式来呈现，它不是说明文，不是学术论文。公司看起来是很日常的、很世俗的、常识性的一种存在，很少有人会用公司去做纪录片的片名，而恰恰这种大家最熟知的，但又不常用的方式，形成了一种奇特的构想。

另一种奇，就是把看似不相关的一些细节引入片子当中，在随笔式、闲笔式的表达中，引发人的反思或者联想。

二 《公司的力量》带给文化传播的启示

（一）纪录片要直面重大的时代命题

《公司的力量》的价值不仅仅在于片子本身，而在于给纪录片的创作一个警醒。

第一点，纪录片有很多种功能和价值，其中有一种是永远不能放弃的。纪录片一定要回应重大的时代命题。纪录片要有大作为，绝不仅仅是风花雪月的记录，而应该是洪钟大吕式的记录。

比如，在今天，怎么看市场经济？怎么看大大小小创造中国奇迹的公司？怎么看历经金融风暴后世界经济的发展？怎么看公平和效率？等等。这些都是今天这个时代面临的一些重大选择和重大命题。《公司的力量》这部纪录片不仅正面触及了这些问题，而且积极地去回应。这样的一种姿态和立场，是纪录片特别难能宝贵的一种品质。

《公司的力量》用自己的方式，对当今中国、当今世界，提供了思考的素材和依据，也提出了自己的观点，这是它的价值所在。这部作品给我们的一个启示就是：中国的纪录片人不要害怕和规避现实，越是主动积极地回应时代，越可能有所作为。

（二）洪钟大吕的主题更要小处见大

创作大片特别容易走向宏大叙事，特别容易出现高举高打的状态；或者说，题材是洪钟大吕，表达方式也是洪钟大吕。《公司的力量》可圈可点的地方在于：选题重大，却尽可能地用小视角、小细节、小故事、小闲笔展开叙述。

比如，律师丹诺和普尔曼公司镇之间的故事。普尔曼在创立小镇的时候，特别强调要建造人类最美好和最有道德感的模范小镇，但是普尔曼在他的工厂里，对工人可以说是极尽盘剥之事，工人忍无可忍，但普尔曼却依然坚守着为股东利益而不是为工人幸福而办公司的个人诉求。片中并没有使用主观评价，只是陈述事实。就在这些事实的陈述当中，我们感受到了：普尔曼道德追求的表述和现实行动相比，是具有讽刺意义的。

（三）用主流作品传播主流价值观

《公司的力量》的出现，对中国的社会生态和媒介生态、文化生态来讲，都有特别的意义。纪录片最基本的要求，就是真实的力量。可是我们今天的文化环境却处处带有强烈的功利色彩。在泛娱乐化的状态下，严肃的内容越来越少。好像是全民在欢歌，在幸福地享受着传媒带来的欢欣和愉悦，媒介生态越来越趋向浮躁和无聊。

今天的中国已经成长为世界上第二大经济实体。与此相匹配，中国的形象、中国的文化软实力，应该认真地去筹划和传播了。经济大厦最扎实的基础在于诚信、稳定、可靠的品质。这是未来中国经济所追求的一个目标。而诚信的经济，离不开诚信的文化、诚信的传媒和诚信的社会。

认真严肃回应社会问题、现实问题的纪录片的存在，对于媒体的泛娱乐化和浮躁的文化选秀是一个非常重要的抑制力量。只有大规模地扶持主流的作品，才有可能引领社会多一些严肃、多一些思考、多一些理性，才有可能营造一种敦实、厚重的社会文化氛围，才有可能形成一种诚信的文化土壤，最终赢得世人尊敬。

（四）以品牌作品提升国际传播能力

从《大国崛起》到《公司的力量》，一以贯之的是广阔的国际视野。中国在逐渐成为一个经济大国，我们急需提升国际传播能力，去平衡世界舆论对我们发展的一些不利因素。面对着中国的崛起，各国可能都有着非常复杂的心态。在这种情况下，国际传播力的提升，对于中国的进步是不可或缺的。

作为国际通行的传媒体裁，纪录片在传播价值、揭示真相、表达观点方面，它的可信度、深刻度是别的作品无法比拟的。像《公司的力量》这样的片子，它代表着中国人、中国的国家电视台，在这样一个时代发出的自己的声音。今天，我们不仅要关注世界怎么评价中国，也应该表达中国怎样看世界。要把这种观点及时、有力、有效地传播出去，这是传播中国软实力的有效途径。

高端大制作，是央视这样的国家电视台应该做，也有能力做的，央视应该打造国家级传媒机构的品牌。而创作这样的鸿篇巨制，离不开一个优秀的团队。团队里有核心人物，也有一些志同道合的合作者。创作了《大国崛起》《复兴之路》《中国故事》《公司的力量》的团队，是一支特别能战斗、特别有品质的团队。

在中国现有的各个纪录片团队中，任学安带领的这个团队在回应时代重大课题方面是最为自觉的。作为团队的领头人，任学安是最有思考能力的一个，他内心有一种责任感。不管外面风云怎么变化，都真正把自己作为国家电视台负责人的一员，作为一个有责任心的中国媒体工作者，主动担当起了这一职责，屡屡将他们的思考呈现给社会，使更多的人受益，实为可贵。

（本文发表于《现代传播》2010 年第 11 期）

谈大型文献纪录片《旗帜》的创作特点

为庆祝中国共产党 90 华诞,中央电视台综合频道播出 10 集大型文献纪录片《旗帜》,这是中国电视人为表达对党的热爱而奉献的一份特殊的生日礼物。全片以翔实的史料、宏大的制作、高远的立意、丰富的细节、全新的效果,为观众奉献了一场视听盛宴,产生了广泛而深远的社会影响。在内容表述、主题表达、制作水准、细节挖掘等各方面,该片都有自己的鲜明特点,具体分析如下。

一 内容上:史料翔实

《旗帜》内容上的"全"有两个层面的含义,即全景式的展示和电视表达手法的全面。

第一,全景式地扫描与展示中国共产党光荣的历史岁月。《旗帜》全片由《开天辟地》《浴血奋斗》《建国创业》《艰辛探索》《历史转折》《滚滚春潮》《扬帆沧海》《世纪跨越》《发展新篇》和《阔步前行》10 个篇章构成,每集分别聚焦一个重要的历史阶段,全面回顾了自第一次鸦片战争以来中华民族谋求伟大复兴的探索历程,详细记述了中国共产党成立 90 年来波澜壮阔的历史。从中共一大正式宣告中国共产党成立,到中共二大宣言、中共三大决议……一直到党的十七大的总体布局;从第一代领导集体的丰功伟绩,到第二代领导集体的英明决策,再到第三代领导集体的宏图大志。每一个历史关头,每一次重要会议,每一项重大决策,都力图展示其前因后果、来龙去脉,生动鲜活地再现历史、还原历史,让观众近距离地感受中国共产党在这 90 年的历程中,为国家、为民族、为人民所付出的艰辛和努力。

第二,采用全面的电视表现手法再现与还原历史。为了增强感染力、说服力和真实感，该片在史料的运用上，不仅有珍贵的文献展示，如大会遗址、日记、文章、手稿、电文，甚至是同期声，还注意对一些重要人物，如相关历史事件的亲历者、见证人，以及相关领域的研究者作深入采访。

二 主题上：立意深远

《旗帜》的主题立意于历史的高度、人类的价值、世界的发展。

该片记述的是中国共产党的发展历程，但是并非就党言党、自说自话，而是站在历史发展的高度，来分析中国共产党从诞生、发展到壮大，承担起挽救国家、民族与人民的历史责任。从摇摇欲坠的清王朝到半封建半殖民地、满目疮痍、民不聊生的旧中国，从农民起义到戊戌变法、辛亥革命，中华儿女一直在不停地探索救国之路，但无一例外都不能领导中国人民改变半封建半殖民地的命运，直到中国共产党出现，才使中国的革命面貌焕然一新。该片尽管讲述的是中国共产党的党史，但是我们发现这部党史永远都跟人民群众有着紧密的联系，从中共一大奋斗目标的提出，到中华人民共和国第一次全国人民代表大会的召开，从土地革命到农村革命根据地的创建，从人民代表大会制的确立到《中华人民共和国宪法》的制定我们均会发现，人民是该片讲述党史的另一条主线，片子意在揭示一个道理：中国共产党始终把"中国人民作为中国土地上的主人，享有充分的民主、自由、人权"。

《旗帜》讲述了中国共产党领导中国人民在革命时期抵御外敌入侵、新中国成立初期进行外交努力、恢复联合国常任理事国席位、迈入世界大国行列的历程。我们发现，中国共产党一直尊重民族独立与自由，一直致力于世界的和平发展，即便在国家综合实力逐步强盛之时，中国共产党依然庄严承诺：和平崛起，永不称霸。

三 细节上：丰富多彩

该片在影像表达上的另一策略是大量细节的展示。

尽管主题宏大、内容丰富，但是关键人物的一个故事、一段话语，往往能起到事半功倍的表达效果。例如，讲到八国联军火烧圆明园这一事件，该片并没有直言痛击，而是引用法国伟大作家雨果的评论；讲到马克思主义在中国的传播，用了毛泽东现场聆听李大钊演讲《庶民的胜利》这一细节；讲到中共一大召开，用《谢觉哉日记》中的几个"〇"说明了当时严峻的形势；讲到抗日战争，用赵一曼视死如归的壮烈事迹以及她那感动天地的遗书映衬出共产党人的态度和追求；讲到《新民主主义论》，并没有长篇大论阐释其重要性，而是引用了闻一多的读后感……除此之外，毛泽东的诗词、领导人的同期声、历史活动的影像材料、先进人物的事迹等丰富的细节，在该片的每一集中都会大量出现，从侧面更加生动、鲜活、有力地凸显着主题，使得观众更加容易接受和理解。

四　体量上：阵容强大

作为一个大制作，《旗帜》制作和采访阵容都非常强大。

该片由中共中央宣传部、中共中央文献研究室、中共中央党史研究室、国家发展和改革委员会、国家广播电影电视总局等部委和中央电视台联合摄制，从大量珍贵的史料运用来看，没有以上部委支持，是难以实现的。此外，该摄制组的主创人员都是参与过《伟大的历程》《百年小平》《大三峡》等重大历史题材纪录片创作的电视精英；除了在北京拍摄外，摄制组还分成 5 个小分队远赴上海、浙江、湖南、江西、湖北等 11 个省市完成外拍任务；分别采用了国家博物馆、新影厂、新华社、国家档案馆、八一厂、电影资料馆以及国外相关专业资料馆提供的珍贵资料共11163 分钟；音效方面，为了让画面和声音呈现出与众不同的完美效果，该片音乐采用中国爱乐乐团 120 名艺术家现场演奏、同期录音的方式完成。由此可见，从组织到拍摄，从编导到后期制作，每一环节都投入了巨大的人力、物力和财力，这是该片获得影响力的基础保障。

据初步统计，《旗帜》采访的嘉宾从党史研究专家到相关政府部门的领导有 60 多位。这些德高望重的专家学者、历史事件的亲历者和政府领导的现身说法有很强的说服力。如南京大学历史系教授茅家琦对太平天国运动的评析、中国史学会会长张海鹏对甲午战争影响的看法、中国人民大学教授李文海对袁世凯复辟帝制的分析、93 岁的奚天然老人对松江县第一次各界人民代表会议的回忆、中共中央党史研究室原主任孙英对"一五"计划实施的评价、原国务委员唐家璇对万隆会议后中国国际形象的思考、国家统计局局长马建堂对"一五"计划期间取得的成绩的回顾、中央文明办专职副主任王世明对十四届六中全会以后精神文明建设的阐释、中共中央党校原常务副校长虞云耀对"三个代表"重要思想的解读毋庸置疑,他们的言论对于该片的形式和内容都是一个重要的衬托与补充,增强了权威性和可视性。

五 技术上:全新制作

《旗帜》采用了当前最先进的技术,如高清拍摄、航空拍摄、三维动画等。

为了达到最清晰的呈现效果,《旗帜》摄制组采用了当前最先进的高清电视制作手段,仅仅在北京完成的高清拍摄素材就有 3000 多分钟。此外,为了让已有的素材达到清晰效果,摄制组还专门作了转录高清处理,转录资料 954 分钟,修复老旧资料 500 分钟。为了呈现最新、最好、最具视觉冲击力的画面效果,摄制组专门成立了航拍小组,对包括广东、陕西、湖南、浙江、上海等 7 个省市的 10 多个地点实施了 20 余架次的拍摄。

为了丰富影像的表现力、强化叙事感,《旗帜》集合了一批视觉效果制作团队,制作了若干个动画镜头,如"长征"、"太平天国"等段落,形象生动,大大增强了画面的视觉吸引力。

六 结语

作为一部献礼片,《旗帜》以史诗般的品格和高远的立意,客观、真实地记录与再现了中国共产党 90 年来的伟大历程,堪称一部党史的影像教科书,具有重要的教育价值和史料价值。同时,该片在文献纪录片的内容、形式、手段等方面的创新与探索,也为同类型创作提供了诸多经验和思考。

(本文与周建新合作,有删节,原文发表于《电视研究》2011 年第 7 期)

参考文献

著　作

1. 段连城：《对外传播学初探》，五洲传播出版社 2004 年版。

2. 郭可：《国际传播学导论》，复旦大学出版社 2004 年版。

3. 胡晓明：《国家形象》，人民出版社 2011 年版。

4. 胡正荣、关娟娟主编：《世界主要媒体的国际传播战略》，中国传媒大学出版社 2011 年版。

5. 李瞻：《台湾电视危机与电视制度》，载《台湾危机》，台湾渤海堂文化公司 2007 年版。

6. 明安香：《传媒全球化与中国崛起》，社会科学文献出版社 2008 年版。

7. 沈苏儒：《对外传播的理论与实践》，五洲传播出版社 2004 年版。

8. 王庚年主编：《国际传播发展战略》，中国传媒大学出版社 2011 年版。

9. 孙书云：《西藏一年》，北京出版社出版集团、北京十月文艺出版社 2009 年版。

10. 张同道、胡智锋主编：《中国纪录片发展研究报告》，科学出版社 2012 年版。

11. 张金海、梅明丽编著：《世界十大传媒集团产业发展报告》，武汉大学出版社 2007 年版。

12. ［法］阿芒·马特拉、米歇尔·马特拉：《传播学简史》，孙五三译，中国人民大学出版社 2008 年版。

13. ［法］让·波德里亚：《消费社会》，刘成富等译，南京大学出版社 2006 年版。

14. ［美］E. M. 罗杰斯：《传播学史：一种传记式的方法》，殷晓蓉译，上海译文出版社 2002 年版。

15. ［美］大卫・赫斯蒙德夫：《文化产业》，张菲娜译，中国人民大学出版社 2007 年版。

16. ［美］赫伯特・马尔库塞：《单向度的人：发达工业社会意识形态研究》，刘继译，上海译文出版社 2007 年版。

17. ［美］罗伯特・C. 艾伦、道格拉斯・戈梅里：《电影史：理论与实践》，李迅译，中国电影出版社 2004 年版。

18. ［美］尼尔・波兹曼：《娱乐至死》，章艳译，广西师范大学出版社 2004 年版。

19. ［美］沃尔特・李普曼：《公众舆论》，阎克文、江红译，上海人民出版社 2002 年版。

20. ［英］贡布里希：《艺术的故事》，范景中译，杨成凯校，广西美术出版社 2008 年版。

21. Bazalgette Cary, *An Agenda for Second Phase of Media Education*, Robe Kubet eds. , *Media Literacy in the Information Age*, New Brunswick, NJ: Transaction Publishers, 1997.

22. Miege Bernard, *The Capitalization of Cultural Production*, New York: International General, 1989.

23. Negus Keith and Pickering Michael, *Creativity, Communication and Cultural Value*, SAGE Publications, 2004.

24. Ryan Bill, *Making Capital from Culture*, Berlin and New York: Walter de Gruyter, 1992.

25. Turow Joseph, *Media System in Society: Understanding Industries, Strategies and Power*, Second Edition, New York: Longman Publishers, 1997.

26. Williams Raymond, *Culture*, London: Fontana, 1981.

论　文

1. 陈振凯：《国家互联网信息办公室挂牌》，《人民日报（海外版）》2011 年 5 月 5 日第 4 版。

2. 陈龙：《媒介全球化与公众媒介素养结构的调整》，《现代传播》2004 年第 4 期。

3. 戴永明、蒋宏：《媒介"封杀"与公民媒介素养》，《新闻记者》2004

年第 5 期。

4. 丁亚平：《时间和空间的交错》，《现代传播》2012 年第 7 期。

5. 段京肃：《略论文化交流中的"逆差"现象》，《国际新闻界》2001 年第 2 期。

6. 高飞：《公共外交的界定、形成条件及其作用》，《外交评论》2005 年第 3 期。

7. 韩业庭：《主旋律与艺术美协奏共鸣》，《光明日报》2013 年 1 月 7 日第 07 版。

8. 胡连利、王佳琦：《我国大陆媒介素养研究的进展与缺失》，《河北大学学报（哲学社会科学版）》2007 年第 1 期。

9. 黄培：《中国电影海外推广的战略思考》，北京广播电影电视研究中心汇编《北京广播影视发展研究文集》，北京出版社 2011 年版。

10. 黄升民：《媒介产业化十年考》，《现代传播》2007 年第 1 期。

11. 贾磊磊：《因恪守信仰而信步古今——电视剧〈誓言今生〉价值取向》，《光明日报》2012 年 2 月 17 日第 3 版。

12. 雷飙：《央视走基层：做懂国情、对人民有感情的新闻工作者》，《光明日报》2012 年 2 月 8 日。

13. 李良荣：《从网络到移动终端：当前的新传播革命》，在"南都岭南大讲坛·公众论坛"上的演讲。

14. 刘笑盈：《打造国际一流媒体》，《对外传播》2009 年第 2 期。

15. 陆地、高菲：《如何从对外宣传走向国际传播》，《杭州师范学院学报》2005 年第 2 期。

16. 苗棣、刘文、胡智锋：《道与法：中国传媒国际传播力提升的理念与路径》，《现代传播》2013 年第 1 期。

17. 苗棣、赵肖雄：《2011：中国电视娱乐节目的新动向》，《电视研究》2012 年第 3 期。

18. 璩静：《新闻战线"走转改"活动成效显著》，《人民日报》2012 年 1 月 12 日。

19. 王国平：《世界奇观，中国讲述》，《光明日报》2012 年 8 月 1 日第 13 版。

20. 王甫、吴涛、胡智锋：《2005：中国电视备忘录》，《现代传播》2006 年第 1 期。

21. 张艳秋：《国外媒介教育发展探析》，《国际新闻界》2005 年第 2 期。

22. 王尧：《〈西藏一年〉从 BBC 到 CCTV 的幕后》，《中国青年报》2009 年 7 月 31 日第 07 版。

23. 阎晶明：《人间大爱与民族融合》，《人民日报》2012 年 8 月 31 日第 24 版。

24. 杨猛：《〈西藏一年〉的真实镜像》，《南都周刊》第 336 期。

25. 杨伟光：《时代呼唤电视剧大制作》，《新闻战线》2003 年第 9 期。

26. 叶皓：《公共外交与国际传播》，《现代传播》2012 年第 6 期。

27. ［美］约瑟夫·奈：《网络时代"公民外交"的利弊》，《纽约时报》2010 年 10 月 5 日。

28. ［英］凯丽·巴查尔格特：《媒介素养与媒介》，张开译，《现代传播》2005 年第 2 期。

后　记

　　电视是一个快速变化着的行业，尤其是近年来，随着全球化与媒介融合的不断推进，电视的代际更替更是以加速度的发展状态，令人眼花缭乱、目不暇接！中国电视除去媒介自然功能外，还承担着相当繁重的政治、市场、社会、文化等诸多功能，其面临的形势，显现的形貌，无法回避的困境与挑战，进一步的走向等，都是我们必须面对并回应的时代性课题。

　　电视尤其是中国电视所呈现出的复杂情形，令电视研究同样处于相当困难的境地。在基础理论层面，有人习惯于从既定的概念或模式出发，不论是政治学、经济学、社会学、传播学、艺术学，总是要找到合适的理论框架特别是西方流行的时尚框架或概念，来"演绎"中国电视，这种努力值得探索，但却因隔靴搔痒或两张皮而令人感觉费解或无力甚至文不对题。在应用研究层面，有人热衷于捕捉热点话题，或就节目生产、传播、运营等做观察与描述，不愿纠结在是什么，为什么等的深思，更喜欢就事论事的，或直入实操的"描述"。这种研究或许可以生动描摹电视实践场景，但却很难有超越实务的高度和深度，去规律性地揭示或解读。

　　追朔以往，我自己的电视研究也曾在理论与实践的探索上徘徊彷徨，是执着于做理论上的深耕，还是投身于火热的实践之中享受描摹生动实践的感受？多年的摸索，我逐渐领悟到，脱离实践的理论构建，或过于紧密地融入实践不能自拔，都可能出不了像样的研究成果！我个人的体会，最好的研究中国电视的方式，还是直面问题！这就是在深入观察、体验、融入到电视实践的过程中，保持冷静的思考状态，从中发现问题、提出问题并努力为解决问题提供自己的思考。

　　以"问题"为关注核心，描摹问题的真实情形，揭示问题的内在实质，对"是什么"、"为什么"做层层解剖，从而分析、梳理、归纳出问题背后带有的普遍性规律或特质，提炼出阶段性的理念，经过逐渐沉淀，这些理念或许可以滚雪球般地汇聚成具有一定理论价值的概念、模式，至少是具有相当概括性的观点。这样的工作，对于理论或许多了一些扎实的实践依据与生动的血脉骨架的支撑，对于实践或许有些超越实操，超越就事论事的更具普遍性或长久性的启示与提醒。这是我这些年做中国电视研究选择的基本方式与思路，也是我希望达到的理论与实践的双向互动的效果。

正是基于这样的思路，本人在 2005 年就将此前的一些以中国电视传媒与艺术生产创作中的问题为主要对象，进行观察、分析、思考、评述的文字整理出版，名曰《会诊中国电视》。又将这期间的以中国电视内容生产与传播中，以创新——提升自己的竞争力和影响力，以责任——提升自己的品质与境界等重要问题和思考为主要对象，整理出版了又一部著作《创意与责任：中国电视的本土化生存》。

沿着这个思路和脉络，本人对于进入新世纪第二个十年的头五年间的中国电视面临的新问题，做了部分的新观察与新解读。重点聚焦于"发展"二字，因为发展问题的确成为了中国电视普遍面临的瓶颈。我无力于全面提出中国电视的多种问题，而是一如既往地以内容生产为主要对象，对于这个阶段电视内容生产的新景观、电视文艺的新动向、电视纪录片的新亮点等不同于以往的"新"问题进行观察与思考，因而名曰《电视发展新论》。

本书是我负责的中国传媒大学"211 工程"三期重点学科建设项目《中国特色电视艺术学学科理论创新研究》的研究成果之一。在即将出版之际，我要对中国传媒大学的校领导、学科建设办公室的领导的支持表示衷心感谢！本书许多成果在整理过程中得到了我的团队成员们的鼎力合作，在此我要向杨乘虎、张国涛、刘俊、张毓强、赵曦、邓文卿、杨宾等青年才俊，尤其是周建新老师表示衷心感谢！

最后我要对中国社会科学出版社的冯斌主任、刘艳编辑及祝晓风先生等为此书出版所做的努力表示衷心感谢！

胡智锋于美国哈佛大学

2015 年 4 月 7 日